widmung

Dieses Buch ist meiner Familie gewidmet – Cathy, Torie, Cody and Cassie. Ich liebe es, euer Ehemann und Vater zu sein. Mein Leben ist reicher durch jeden einzelnen von euch. Ihr bringt mich zum Lachen, und ich sehne mich danach, bei euch zu sein, wenn ich mal unterwegs bin. Danke, dass ihr Jugendmitarbeitern helft, in dem ihr meinen Dienst mit eurer Liebe und eurem Einsatz unterstützt.

inhalt

inhalt

danke...

Es hat zwei Jahre gedauert, dieses Buch zu schreiben. Zahllose Stunden Einsatz – von mir und meinen Freunden. Sie haben mich nach dem Fortschritt meines Projektes gefragt, haben für gute Gedanken gebetet und Zeit mit meiner Familie verbracht, während ich geschrieben habe. Ich möchte mich für eure Freundschaft bedanken und dafür, dass ihr eine wichtige Rolle in meinem Leben und in diesem Buch spielt.

Mein Dank geht an:

- Die Mitarbeiter der Jugendarbeit bei Saddleback Church, deren Namen mir immer als Erstes in den Sinn kommen, wenn mich jemand fragt, was ich an meinem Job am liebsten mag.

- Linda Kaye, Deb Pflieger, Paul Alexander, Andy Brazelton and Susan Pope. Meine Mitarbeiter bei simply youth ministry. Sie dienen Gott und Jugendmitarbeitern, in dem sie meine Bücher, Kassetten und Videos in hilfreiches Material verwandeln. Ihr seid ein Geschenk an mich und andere Jugendmitarbeiter.

- Lynne Ellis, Gregg Farah und Matt McGill. Ihr habt mir geholfen, in dem ihr Kapitel eingeteilt und Sätze so formuliert habt, wie es mir alleine nie eingefallen wären. Dieses Buch ist besser, weil ihr mitgemacht habt.

- Katie Brazelton, Mary McNeil und Susan Reinhardt, die jedes Wort in meinen ersten Entwürfen gelesen und Verbesserungen eingebracht haben, so dass die Lektoren glaubten, ich wüsste, was ich tue. Eure vielen Stunden der Mitarbeit haben mich tief berührt.

- Dennis Beckner, mein Assistent, der mir bei allem geholfen hat. Beim Schreiben, Recherchieren, Überarbeiten – bis dahin, dass er mich am Leben gehalten hat. Danke für deine »Mehr-tun-als-notwendig« Einstellung und deine harte Arbeit.

- Dave Ambrose, Kurt Johnston, Billy Fray and Duffy Robbins, die mein endgültiges Manuskript gelesen haben, es kommentierten, mich mit neuen Ideen herausforderten und Leben in jedes Kapitel gehaucht haben. Ihre brillianten Gedanken haben dieses Buch besser gemacht. Eure Freundschaft und die Zeit, die ihr in dieses Buch gesteckt habt, ehren mich.

- Brian Farmer und John-Michael McGinnis. Freunde, die auch in der Jugendarbeit sind und mir dankbarerweise erlaubt haben, Material aus ihren Emails zu verwenden.

- Deanna Davis, Jeanette Fatigati, Chris Garten, Cynthia Hammork, Brad Hartke, Heather Kaiser, Neely McQueen, Linda Vujnow und Tami Wright. Ehrenamtliche Mitarbeiter, die sich die Zeit genommen haben, Illustrationen und Geschichten zu finden, die ich in diesem Buch benutzen kann.

- Jim Burns, Steve Gerali, Mike Yakonelli, Helen Musick, Chap Clark, Marv Penner, Rick Warren, Jana Sundene, Bo Boshers, Duffy Robbins, Tony Campolo und Richard Ross sind alte Hasen in der Jugendarbeit, die so freundlich waren, ihre Erfahrungen in dieses Projekt einfließen zu lassen. Das hat mich echt umgehauen. Vielen Dank!

- Kurt Johnston, Cathy Fields, Matt McGill, Andy Brazelton, Kathleen Hamer, Lynne Ellis, Brad Johnston, Jim McNeff, Ryan Holladay, Greg und Linda Vujnow und Jeff Maguire. Ihr seid Teil meiner »Lieblingsmenschen« auf dieser Erde. Danke, dass ihr diesen Kapiteln eure Stimme hinzugefügt habt. Ich liebe eure Zusätze und ich glaube, die Leser werden sie genauso lieben.

- Glen Kreun, mein Freund und »Boss« in Saddleback, der dem Herrn seit Jahrzehnten treu dient und mir Durchhaltevermögen vorlebt. Danke für deinen Glauben und deine Unterstützung.

- Und schließlich danke ich all den ehrenamtlichen Mitarbeitern, die überall auf der Welt Jugendliche lieben und mit ihrem Leben Jesus widerspiegeln. Eure Hingabe erstaunt und erfreut mich immer wieder und inspiriert mich, ein treuer Jugendmitarbeiter zu bleiben.

hallo

Nachdem ich mich in den letzten Wochen und Monaten intensiv mit der Bearbeitung dieses Buches befasst habe, wage ich einfach mal folgende Aussage: Du hältst einen der wertvollsten Begleiter für MitarbeiterInnen in der Gemeinde in deinen Händen.

Für Jesus ist der Zustand deines Herzens wichtiger als deine Mitarbeit in der Gemeinde. Wir bei simply youth ministry haben dieses Buch übersetzt, weil wir glauben, dass Gott es nutzen kann, um die Herzen von Jugendmitarbeitern anzusprechen und zu verändern. Wir wollen einfach einen kleinen Teil dazu beitragen, gesunde Gemeinden zu bauen.

Es wäre schön, wenn du uns helfen könntest, dieses Buch »lebendig« werden zu lassen. Auf unserer Webseite (www.jugendarbeitmitvision.de) hast du die Möglichkeit, deine Geschichten zu erzählen, dich mit anderen Lesern auszutauschen und voneinander zu lernen. Schließlich macht es mehr Spaß und ist effektiver, wenn wir zusammenarbeiten.

Natürlich darfst du uns auch sagen, wenn du Fehler in diesem Buch findest oder eine andere Meinung zu einem Thema hast. Wir wissen, dass wir nicht perfekt sind und freuen uns, mit dir gemeinsam in und an Gottes Reich arbeiten zu dürfen.

Viele Menschen haben uns bei diesem Projekt geholfen. Menschen, die ihre Zeit geopfert haben (Daniel – you are the man); Menschen, die Dinge für uns erstellt haben, die wir dann verworfen haben (Hi Sandra); Menschen, die für uns beten (Hollywood); Menschen, deren Ermutigung, Unterstützung und Vertrauen mehr wert ist, als alles Geld dieser Welt (Gregg, Cynthia, Sammy, Stevie, Teddy, Toni, Matt, Misha, Andy, Doug, Josh, Dennis, Jake, Leigh, Jana, Jack und das Team von Saddleback Church und simply youth ministry – love you guys); Menschen, die uns aus der Patsche helfen, wenn wir uns selbst überfordert haben (Danke Lars); Menschen, die dieses Projekt international gemacht haben (Grüerzi Deborah); Praktikanten (Huhu Natalie), Brüder (Markus), Azubis (yeah 2. Auflage – Sammy) und Zivis (Johannes – sag mal, wie kannst du bei diesem Licht eigentlich arbeiten?); unsere Familien, die uns unterstützen und ohne die dieses Projekt nicht machbar gewesen wäre; und natürlich unsere Freunde, die auch ohne dieses Buch unsere Freunde wären – leider kann ich nicht alle eure Namen aufschreiben, denn das wäre ziemlich langweilig (ich hoffe, wir bleiben trotzdem Freunde). Ihr macht das Leben schöner und ich bin froh, euch zu kennen.

So, nun viel Spass beim Lesen und Gottes Segen für deine Arbeit.

Sören Koch
SimplyYouthMinistry Deutschland

PS: Ach so, da fällt mir noch ein... es ist ja so eine Sache mit der männlichen und weiblichen Form (ich meine grammatisch, nicht biologisch). Anstatt jedesmal »Mitarbeiter und Mitarbeiterinnen« zu sagen, haben wir uns auf die männliche Form geeinigt. Liebe Mitarbeiterinnen, bitte fühlt euch nicht ausgeschlossen, minderwertig oder zweitrangig. Wir wissen um die Wichtigkeit von Frauen im Gemeindedienst und sind dankbar, dass es viele von euch gibt, die ihre Gaben und Fähigkeiten in einer Gemeinde einbringen und Jugendliche auf Jesus hinweisen. Gemeinsam sind wir stärker (Ja! – Es fällt uns Männern manchmal schwer, das zuzugeben). Und besonders in der Jugendarbeit brauchen wir junge Frauen, die Teenagermädchen vorleben, wie eine Beziehung mit Jesus in der heutigen Kultur aussieht. Es ist einfach einfacher, wenn man nur eine Form schreibt. Danke für euer Verständnis.

Nochmal die Einladung, bei uns vorbei zu schauen:

www.simplyyouthministry.de
(dort kannst du auch weitere Exemplare dieses Buches bestellen)

bevor es los geht

Als ich anfing, dieses Buch zu schreiben, fragte mich ein Freund: »Doug, kannst du dich überhaupt noch an deine Anfänge als Leiter erinnern?« »Natürlich«, sagte ich und lächelte. »Dieses Buch hat aber nichts mit damals zu tun. Sonst wäre es kurz, entmutigend und nicht hilfreich«, erklärte ich ihm.

In diesem Buch geht es nicht darum, Doug Fields und seinen Start als Leiter zu kopieren. *Abenteuer Jugendarbeit* soll dir helfen, auf das Wesentliche zu achten, damit du lange ein gesunder Mitarbeiter bleibst – egal, ob du haupt- oder ehrenamtlich mitarbeitest. Ich kenne nicht alle Antworten. Aber ich mache schon seit einigen Jahren Jugendarbeit, habe Erfahrungen gesammelt und so viele Fragen gestellt bekommen, dass ich denke, dir einige Tipps geben zu können.

Dieses Buch soll eine reale Unterhaltung zwischen uns beiden widerspiegeln. Stell dir vor, wir würden in einem Restaurant sitzen und über Jugendarbeit reden. Ich möchte dir in deinem Dienst helfen. Deshalb habe ich einige Zeit meines Lebens in dieses Buch investiert. Ich wünsche mir, dass es dir hilft, den richtigen Weg in deinem Dienst zu finden – und die richtige Richtung für deine Arbeit: Jugendliche aufrichtig zu lieben und sie für Jesus zu gewinnen.

Diese Punkte sind mir besonders wichtig:

1. Wenn du Jugendarbeit nicht aus der Vogelperspektive siehst, wird vieles, was du tust, vergeblich sein. Du wirst wahrscheinlich scheitern. Ich habe diese Kapitel geschrieben, damit du entscheidende Wahrheiten, Prinzipien und scheinbar unwichtige Kleinigkeiten der Jugendarbeit besser verstehst. Außerdem bekommst du praktische Ideen an die Hand, die dir helfen, deiner Berufung entsprechend zu dienen.

2. Nimm dir Zeit für dieses Buch. Mach es zu einem deiner Freunde. Lies es mit einem anderen Mitarbeiter und tauscht euch darüber aus.

3. Ich habe in meinem Dienst viel falsch gemacht. Aber ich habe viel daraus gelernt und versuche, dich vor gravierenden Fehlern zu bewahren. Mir ist klar, dass du trotzdem einige machen wirst – ganz egal, wie meine Vorschläge aussehen. Was auch immer passiert: Denke daran, dass du aus Fehlern lernen sollst!

4. Wenn du ehrenamtlicher Mitarbeiter bist und ein Verantwortlicher aus deiner Gemeinde dir dieses Buch gegeben hat, ist das ein Zeichen der Wertschätzung: Jemand möchte, dass du dich weiter entwickelst.
Wenn du selbst Leiter bist, gib dieses Buch an deine Mitarbeiter weiter. Denn wenn du ihnen hilfst, sich zu entfalten und gute Arbeit zu machen, bist du ein guter Leiter. Der Idealfall: Lies dieses Buch, bevor du anfängst mitzuarbeiten.

5. Dieses Buch ist anders als mein Buch *Jugendarbeit mit Vision. Jugendarbeit mit Vision* beschreibt, wie man eine gesunde Jugendarbeit aufbaut und hilft dir, deine Arbeit zu reflektieren und sie auf eine solide Basis zu stellen (falls du *Jugendarbeit mit Vision* nicht kennst: in Kapitel 10 fasse ich die wichtigsten Punkte zusammen.)
In *Abenteuer Jugendarbeit* (das ist dieses Buch) geht es darum, einen besseren Mitarbeiter aus dir zu machen, damit du als Mitarbeiter deinen Dienst überlebst – dass du lange genug durchhältst, um überhaupt eine Jugendarbeit aufbauen zu können. Wenn du dir aussuchen kannst, welches von beiden Büchern du zuerst liest, dann fang mit *Abenteuer Jugendarbeit* an.

6. Dieses Buch unterscheidet sich von den meisten anderen Büchern über Jugendarbeit. Es ist keine »So-machst-Du-es-richtig«-Anleitung. Es ist eine Unterhaltung zwischen uns beiden, bei der ich dir von meinen Erfahrungen erzähle und wir uns über grundlegende Prinzipien der Jugendarbeit austauschen. Dabei rede nicht nur ich. Auch andere, bekannte und weniger bekannte Menschen, erzählen aus ihrem Leben. Alle diese Leute wollen, dass dieses Buch zu einem deiner Begleiter wird, der dir auf deinem Weg als Mitarbeiter und Leiter hilft.

7. Ein geistlich gesunder Mitarbeiter zu werden, hört sich einfacher an, als es ist. Lass dich nicht von Rückschlägen abschrecken. Geh weiter. Freue dich über jede Herausforderung. Lerne durch jeden Schritt, den du gehst. Und lass uns Gott gemeinsam die Ehre dafür geben, dass er so unvollkommene Menschen wie dich und mich dazu gebrauchen möchte, Jugendliche für Jesus zu gewinnen.

Meine Geschichte

Ehrlich gesagt: Ich glaube nicht, dass meine Geschichte irgendjemanden interessiert. Die Lektoren dieses Buches meinten aber, dass ein paar Zeilen über meine Arbeit helfen, damit das Ganze nicht nur praktisch, sondern auch persönlich ist. (Du kannst diese Zeilen getrost überspringen und gleich auf Seite 17 weiterlesen. Falls dich aber interessiert, wo Teile dieses Buches herkommen, lies hier weiter.)

1979 habe ich mit Jugendarbeit angefangen. Das war in meiner Gemeinde in Orange/Kalifornien, einer presbyterianischen Kirche. Ich war 15 Jahre alt und in der 10. Klasse. Mein Jugendpastor, Jim Burns, entdeckte in mir Potenzial, das ich selbst nicht sehen konnte: Leiterschaft. Er gab mir die Gelegenheit, eine Kleingruppe von Jungscharlern in meiner Gemeinde zu leiten. Später ließ er mich Andachten halten. Als ich zwei Jahre später die High School absolvierte, war ich Leiter der Jungschararbeit. Während dieser beiden Jahre haben meine Mentoren viel in mich investiert. Damals, mit 17, habe ich angefangen zu spüren, dass Gott mich in Richtung Jugendarbeit führen möchte. Ich hatte keine Ahnung, dass ich eines Tages ein Buch für Mitarbeiter schreiben würde, die sich, wie ich damals, auf den Start in das Abenteuer Jugendarbeit einlassen würden.

Ich hatte keine Ausbildung. Aber ich liebte Gott und ich hatte einige großartige Vorbilder. Sie investierten in mein Leben und stärkten meine Leidenschaft für Jesus. Nach der Highschool arbeitete ich als Praktikant unter Jims Federführung bei einem Gemeindegründungsprojekt in Südkalifornien, der *South Coast Community Church*. Während dieser Zeit studierte ich Theologie, um meinen praktischen Erfahrungen eine solide Basis zu geben.

1985 hat Jim das Seil durchgeschnitten. Er gründete eine Organisation für Jugendarbeit und überließ mir das Feld in der Jugendarbeit von South Coast. Ich wollte gerne der Leiter sein, hatte aber keinen blassen Schimmer davon, was man als Vollzeitler alles durchmachen muss. Bisher stand ich in der zweiten Reihe und wurde beschützt. Dieser Schutz war auf einmal nicht mehr da. Was habe ich viele Fehler gemacht! (Und eine Menge gelernt!)

Während der nächsten Jahre entwickelte ich die meisten meiner Ideen und Konzepte über Jugendarbeit. Ich habe mit einigen tollen Leitern und ehrenamtlichen Mitarbeitern zusammengearbeitet und einige der besten Erfahrungen meines Lebens gemacht. Während meiner Zeit bei South Coast hat mein Pastor mich ermutigt, zu predigen und Bücher zu schreiben. Genau wie Jim hat er etwas in mir gesehen, was ich selbst nicht sehen konnte: die Begabung, Inhalte weiterzugeben und Materialien zu entwickeln, die Jugendlichen und Mitarbeitern helfen. Er hat immer gesagt: »Du musst Werkzeuge entwickeln. Menschen brauchen Werkzeuge. Wie kann das, was du hier tust, anderen Gemeinden helfen?« Er hat mir geholfen, ein Herz für andere Jugendmitarbeiter zu entwickeln.

Ebenfalls 1985 bekam ich ein Angebot von der Jugendorganisation *Youth Specialties.* Ich sollte in den gesamten USA Mitarbeiter schulen. Ich selbst habe mich nie als Referent gesehen – sie schon. Wieder einmal sahen andere Leute in meinem Leben mehr als ich selbst. Ich kann immer noch nicht glauben, dass sie einen 24-Jährigen auf einer Schulung für andere Jugendmitarbeiter sprechen ließen. Diese Seminare haben mich dazu gezwungen, intensiv über Jugendarbeit nachzudenken und meine Ideen greifbar zu machen, damit sie von anderen angewendet werden können. Meine Partnerschaft mit *Youth Specialties* besteht immer noch, und dafür bin ich sehr dankbar.

1992 habe ich eine Übergangsstelle als Jugendpastor bei der *Saddleback Community Church* angenommen. Ich hatte viel Gutes über Saddleback gehört, da meine bisherige Gemeinde nur 20 Kilometer entfernt war. Ich wusste zwar, dass Saddleback großartige Möglichkeiten für Jugendarbeit bot, wollte selbst aber nur so lange bleiben, bis sie einen hauptamtlichen Pastor gefunden hätten, der sich langfristig in Saddleback einsetzt. Ich wollte nur übergangsweise mitarbeiten und mich dann wieder auf Bücher und Seminare konzentrieren.

Innerhalb weniger Monate habe ich gemerkt, wie sehr mir die Gemeinde und die Jugendlichen dort ans Herz gewachsen sind. Die Idee von einem Leben als Reise-Referent verlor plötzlich an Attraktivität. Aus meiner Übergangstelle wurde das Wort »Übergang« gestrichen. Seitdem bin ich in Saddleback.

In Saddleback bekam ich die Chance, eine Jugendarbeit aufzubauen – mit allem, was ich in meinen ersten zwölf Jahren als Mitarbeiter und Leiter gelernt hatte. Ein Neuanfang mit mehr Weisheit, mehr Erfahrung und besserer geistlicher Gesundheit. Ich kann mir nicht vorstellen, irgendwo anders zu arbeiten. Ich liebe meine Gemeinde, die Stadt, unsere Mitarbeiter, die Jugendlichen und ihre Familien.

Es ist auf keinen Fall eine perfekte Gemeinde. Aber es ist der Platz, an den Gott mich gestellt hat und wo er meine Leiterschaft, meine Gaben und meine Treue gebraucht und segnet.

Obwohl ich noch nie in meinem Leben eine besser laufende Jugendarbeit geleitet habe, bin ich überzeugt, dass meine besten Jahre als Jugendpastor noch kommen. (Übrigens: Hätte mich jemand beim Start in Saddleback gefragt, ob sich die Erfahrungen bei South Coast toppen lassen würden, hätte ich gesagt: »Nie und nimmer! Selbst in meinen wildesten Träumen kann ich mir nicht vorstellen, dass es in Saddleback besser werden könnte als bei South Coast!«)

Ich habe inzwischen gelernt, etwas mutiger zu denken. Ich freue mich darauf, noch mehr Chancen zu bekommen, um zu wachsen und zu lernen. Mein Pastor und Freund, Rick Warren, hat es mir ermöglicht, Leiter aus der ganzen Welt zu schulen. Die *Purpose Driven Church* (Kirche mit Vision, Jugendarbeit mit Vision - mehr Infos: www.jugendarbeitmitvision.de) Konferenzen sollen den Teilnehmern helfen, die biblischen Ziele für Gemeinde (Evangelisation, Gemeinschaft, Jüngerschaft, Dienst und Anbetung) umzusetzen.

Damit sind wir in der Gegenwart angekommen – bei den Worten, die du gerade liest (falls du einer der neugierigen Typen bist, die diesen Abschnitt nicht übersprungen haben). Du sollst wissen, dass ich für dich bete. Ich habe für jede Person gebetet, die dieses Buch liest. Besonders dafür, dass es eine Hilfe für dich sein wird und dich auf deinem Weg beim Abenteuer Jugendarbeit ermutigt und ausrüstet.

Jetzt leg los. Lies das erste Kapitel, bete, und entdecke die Prinzipien in diesem Buch. Ich würde mich freuen, von dir zu hören. Sollten wir uns mal über den Weg laufen, lass uns gemeinsam Gott die Ehre dafür geben, dass er dich mit allem ausgerüstet hat, damit du ihm lange dienen kannst!

Dein Freund und Partner beim Abenteuer Jugendarbeit,

1

womit fange ich an?

auf den richtigen grundsätzen aufbauen

Ich fing 1979 mit der Jugendarbeit an und hatte nicht die geringste Ahnung. Ich habe mit Jugendlichen Filme angesehen, die nicht für sie freigegeben waren. Ich habe eine Poolparty im Taufbecken veranstaltet, weil ein 12-Jähriger meinte, das wäre cool. Ich habe Eltern angebrüllt. Ich habe einem 15-Jährigen Fahrstunden mit dem Gemeindebus gegeben. Ich bin beinahe verhaftet worden, weil ich Minderjährige in eine Gaststätte mitnahm, in die nur Erwachsene durften. Glücklicherweise hat sich seit damals einiges geändert...

Ich arbeite immer noch mit Jugendlichen in der Gemeinde. Und ich liebe es, über Jugendarbeit zu reden, besonders mit Leuten, die gerade damit anfangen. Jeden Tag, den ich an diesem Buch gearbeitet habe, habe ich über dich nachgedacht und für dich gebetet. Solltest du gerade in die Jugendarbeit eingestiegen sein: Leuten wie dir helfe ich am liebsten. Wenn du schon länger dabei bist: Ich habe auch an dich gedacht und bin sicher, dass du ebenfalls Hilfe und Ermutigung in diesem Buch finden wirst. Ich bin dankbar, dass ich eine kleine Rolle bei deinem Abenteuer Jugendarbeit spielen darf.

Jugendarbeit als Marathon

Leider sind die meisten Mitarbeiter in der Jugendarbeit schon nach wenigen Jahren ausgebrannt. Egal, ob du ehrenamtlich oder vollzeitlich mitarbeitest – die Prinzipien in diesem Buch sollen dir helfen, lange in deinem Dienst zu bleiben.

Ich bin begeisterter Sportler und würde gerne mal einen Marathon laufen. Einige kürzere Strecken habe ich schon geschafft. Aber für einen richtigen Marathon, das 42-Kilometer-Monster, hat es noch nicht gereicht. Ich schaue mir regelmäßig Läufe an und warte auf den Tag, an dem ich selbst über die Ziellinie laufe.

Hast du jemals einen Marathon gesehen? Das ist inspirierend! Es gibt zwei verschiedene Arten von Läufern. Wenn *Profis* an der Startlinie warten, sind sie konzentriert und bereiten sich mental auf den Lauf vor. Sie wissen, was sie brauchen, um ein Rennen dieses Kalibers zu überstehen. Sie machen sich warm und dehnen ihre Muskeln. Sie schließen ihre Augen und gehen in Gedanken die Strecke durch. Erfahrenen Läufern ist klar, dass sie kein Spaziergang, sondern ein hartes Rennen erwartet. Sie wissen, dass sie in den nächsten Stunden eine Menge Schmerzen überstehen müssen. Und wenn sie gewinnen wollen, müssen sie das Maximum aus sich rausholen. Ihre Körper haben nicht einmal die Kraft, zu lächeln. Sie wissen genau, was auf sie zukommt.

Bei den *Anfängern* ist es ganz anders. Sie bleiben meistens zusammen, holen sich gemeinsam das kostenlose Renn-T-Shirt. Dann besorgen sie sich eine der Karten, auf denen die Toilettenhäuschen entlang der Strecke eingezeichnet sind. Sie sind aufgeregt, fühlen sich gut, lachen und genießen die Zeit vor dem Rennen. Sie wissen nicht, dass sie dadurch ihr wertvolles Adrenalin verschwenden.

Wenn man sich das Rennen von einem Hubschrauber aus anschaut, sieht man Folgendes: Am Start bewegen sich alle in einer großen Gruppe. Ab Kilometer vier wird die Gruppe immer kleiner. Bei Kilometer 15 können einige nur noch gehen, andere legen eine Pause ein und schauen sich die Gegend an. Bei Kilometer 20 essen viele schon frühzeitig Mittag. Nach Kilometer 30 können nur noch die das Rennen zu Ende laufen, die sich gut vorbereitet haben.

Das Rennen, das vor uns liegt

Das Bild des Marathons passt gut zur Jugendarbeit. Es ist keine einfache Aufgabe. Jugendarbeit ist voll von langen, ermüdenden, undankbaren, schwierigen, einzigartigen, humorvollen, intensiven, lustigen und schmerzhaften Erfahrungen. Viele sind in den Marathon Jugendarbeit gestartet, aber haben bereits aufgegeben, weil sie Freude und Erfüllung verloren haben. Sie sind verletzt, ausgelaugt und erschöpft.

Ich möchte, dass du in der Jugendarbeit durchhältst. Ausdauer ist in unserem Job nicht weit verbreitet. Das ist unerfreulich für die Leute, die aufhören und tragisch für die Gesundheit einer Gemeinde. Denn je länger du in der Jugendarbeit bleibst, desto einfacher wird es für dich – und desto besser wirst du. Schnelles Aufgeben hat eine Menge mit schlechter Vorbereitung und unrealistischen Erwartungen zu tun. Genau wie beim Rennen ist es wichtig, die richtige Geschwindigkeit zu wählen, damit man am Ende noch Kraft hat.

Ich habe zwei Verse an meinen Bildschirm geklebt, die mich beim Schreiben des Buches begleiten sollten:

»Deshalb wollen auch wir – wie Läufer bei einem Wettkampf – mit aller Ausdauer dem Ziel entgegenlaufen.« Hebräer 12,1 (NGÜ)

Jugendarbeit ist – genau wie das Leben als Christ – ein Rennen, das Training und Ausdauer erfordert. Zum Glück nehmen unsere Ausdauer und Stärke zu, während wir das Rennen laufen und dem Kurs folgen, den Gott für uns abgesteckt hat. Unser Erfolg im Rennen der Jugendarbeit hat viel damit zu tun, eine Perspektive für das Gesamtbild zu entwickeln.

Hier der zweite Vers:

»Darüber muss ich klagen und heulen, ich muss barfuß und bloß dahergehen; ich muss klagen wie die Schakale und jammern wie die Strauße« Micha 1,8 (LUT)

Moment, das ist gar nicht der richtige Vers...

»Allerdings werde ich sie nicht schon im ersten Jahr vollständig vertreiben, sonst bleiben weite Landstriche unbestellt und verwildern, und das Wild vermehrt sich so stark, dass ihr nicht mehr Herr darüber werdet. Deshalb werde ich sie nur nach und nach vor euch vertreiben, in dem Maß, in dem ihr euch vermehrt und das Land in Besitz nehmen könnt.« 2. Mose 23,29-30 (GNB)

Die wilden Tiere im ersten Vers sind nicht gleichzusetzen mit den Jugendlichen aus deiner Jugendgruppe.

Der zweite Vers beschreibt Gottes Plan für die allmähliche Einnahme Kanaans durch die Israeliten. Gott wollte ihnen das verheißene Land nicht an einem Tag geben, um sie nicht zu überfordern. Sie waren nicht auf alles vorbereitet. Deshalb hat Gott sie auf eine Reise geschickt, die ihnen half, ihren Glauben und ihr Vertrauen zu entwickeln und sich voll und ganz auf Gott zu verlassen.

Das Prinzip ist in der Jugendarbeit das Gleiche wie damals bei den Israeliten. Gott wird uns nicht alles auf einmal geben. Das Fundament unserer Arbeit wird dadurch gestärkt, dass wir Glaube, Fähigkeiten, Erfahrungen, Charakter, Disziplin und Leidenschaft entwickeln.

»Womit fange ich an?«

Wann auch immer du dieses Buch zur Hand nimmst: Stell dir vor, wir beide sind in deinem Lieblingsrestaurant und reden über dich und Jugendarbeit. Ziel unseres Treffens ist es, dich während deiner ersten Jahre im Dienst zu coachen. Du hast tausende Fragen, Ideen, Hoffnungen, Ängste, Träume und Anliegen für deinen Dienst. Ich bin bei diesem Treffen, weil ich gehört habe, dass du eine Leidenschaft für Gott, ein demütiges Herz, Liebe für Jugendliche und den Eifer zu lernen hast. Und – um ehrlich zu sein – weil du mich zum Essen einlädst. Aber wen interessiert schon das Essen? Das schafft nur eine gute Atmosphäre, um über Jugendarbeit zu diskutieren! Die Fragen, die du stellen wirst, sind in den letzten Jahren schon von vielen Jugendmitarbeitern gestellt worden. Die am häufigsten gestellte Frage lautet: »Womit fange ich an?«

Viele würden gerne eine Checkliste bekommen, die ihnen genau sagt, welche Schritte dran sind. Aber jede Gemeinde ist einzigartig, kein Mitarbeiter ist gleich und alle Jugendlichen sind verschieden. Die Schritte, die du in deiner Situation gehen musst, sind nicht dieselben wie bei anderen Mitarbeitern. Aber auch wenn viele unterschiedliche Menschen dieses Buch lesen: Es gibt einige Dinge, die unabhängig von Menschen, Denominationen, Gemeindegröße oder Land sind. In diesem Kapitel habe ich zehn Grundsätze aufgelistet. Ich bitte dich, im Gebet darüber zu reflektieren. Diese Grundsätze können eine Basis für deine Effektivität, Gesundheit und Freude in der Jugendarbeit werden. Kopiere die Zusammenfassung von Seite 36, platziere sie an einem gut sichtbaren Ort und lass dich von diesen Grundsätzen in den nächsten Monaten inspirieren.

Zehn Grundsätze für Jugendarbeit

1. Ich lasse es langsam angehen

Geschwindigkeit führt oft zu Schmerzen. Als wir in unser Haus eingezogen sind, habe ich mich darüber lustig gemacht, dass meine Frau vorsichtig einparkt. Unsere Garage war zwar etwas eng, aber sie brauchte Ewigkeiten, um das Auto einzuparken. Eines Tages bin ich ziemlich schnell in die Garage gefahren (ich bin sicher, dass ich mindestens 15 Sekunden weniger brauchte als sie). Aber ich habe einen Schaden von 250 Dollar verursacht – es hat nämlich den Außenspiegel erwischt. Seitdem habe ich mich nicht mehr über meine Frau lustig gemacht…

Die Erfahrung hat mich ein Prinzip gelehrt, das ich jetzt meinen Kindern beibringe: Was schnell und einfach aussieht, muss man langsam und vorsichtig angehen. Dieses Prinzip gilt auch für Jugendarbeit.

Wenn du neu in einen Dienst einsteigst, willst du sicher direkt einiges ändern. Super! Aber diese Veränderungen müssen nicht sofort umgesetzt werden. Eins kann ich dir garantieren: Selbst Veränderungen, die einfach aussehen, werden schmerzvoll sein. Wenn du ehrenamtlicher Mitarbeiter bist, könnte es sein, dass deine schnellen Änderungsvorschläge als direkte Kritik an deinem Leiter aufgefasst werden. Wenn du ein neuer Vollzeitler bist, können schnelle Veränderungen arrogant wirken oder den Eindruck einer Rambo-Mentalität erwecken.

Anstatt Dinge sofort ändern zu wollen, führe eine Liste mit allen Veränderungsideen, die dir in den Kopf kommen. Behalte diese Liste stets im Hinterkopf. Bete für die Dinge, die du aufgeschrieben hast. Reflektiere kritisch darüber. Aber realisiere auch, dass du nicht alle (oder keine!) von deinen Ideen umsetzen musst. Geh es langsam an. Wenn du vorhast, längere Zeit mitzuarbeiten, warum solltest du überhastest reagieren? Vorschnelle Veränderungen sind oft ein Zeichen von unzureichendem Nachdenken. (Übrigens: Das ganze Kapitel 11 beschreibt, wie man einen erfolgreichen Veränderungsprozess durchführt.)

Als ich 1992 bei Saddleback anfing, habe ich meinem Pastor gesagt, dass es mindestens fünf Jahre dauern wird, bis wir zu einer gesunden, ausgewogenen und von ehrenamtlichen Mitarbeitern geleiteten Jugendarbeit kommen. Das war keine willkürliche Angabe. Ich war schon elf Jahre lang in der Jugendarbeit, bevor ich nach Saddleback kam. Ich wusste, dass es keine Instant-Lösung für Jugendarbeit gibt.

Erinnerst du dich? Gott führte Israel nicht über Nacht ins Verheißene Land. Er erwartet auch von dir nicht, dass du deine Gemeinde innerhalb von zwei Jahren umkrempelst. Entspann dich. Arbeite an deinem eigenen Herzen, bevor du deine Gemeinde veränderst. Jesus nahm sich 30 Jahre Vorbereitungszeit für drei Jahre Dienst – obwohl er diese »spezielle« Beziehung zu Gott hatte.

2. Ich prüfe regelmäßig meine Motive

Gott segnet reine Motive, und je mehr du deine überprüfst, desto gesünder werden deine Entscheidungen sein. Wenn du reine Motive hast, wirst du durchhalten, produktiv sein, dazu beitragen, dass andere Mitarbeiter sich entwickeln und dabei auch noch Spaß haben. Wenn du aber unklare, gemischte oder unreine Motive hast, werden Konflikte entstehen. Wenn du deine Motive nicht selbst überprüfst, werden es andere für dich tun. Und wenn sie nicht rein sind, wird die Unreinheit ans Licht kommen.

Deshalb frage ich mich regelmäßig:

- Warum möchte ich die Jugendarbeit leiten?
- Warum möchte ich diese Jugendstunde halten?
- Was ist mein Motiv, wenn ich einer Anfrage von Außen zusage?
- Warum möchte ich das Programm wirklich verändern?
- Wann sage ich Leuten, dass ich im Grunde genommen keine Ahnung habe von dem, was ich gerade tue?

Du kannst dir gerne noch andere Fragen überlegen. Entscheidend ist, dass du deine Motive überprüfst, damit du glaubwürdig leiten kannst.

Einmal wollte ich einen Lobpreisabend abschaffen, der von Jugendlichen organisiert wurde. Es gab eigentlich nichts an dem Abend auszusetzen und die meisten Leute fanden ihn gut. Ich wollte ihn aber abschaffen, weil die Veranstaltung nicht wuchs und so nur zusätzlich Zeit der Jugendlichen beanspruchte (beides gute Gründe).

Als ich meine Motive überprüfte, musste ich mir eingestehen, dass ich nicht ehrlich war: Ich wollte in Wahrheit meine Glaubwürdigkeit stärken und mein Predigttalent herausstellen (das man an diesem Programm nicht sehen konnte, weil der Abend ja von Jugendlichen durchgeführt wurde). Ich habe Ausreden erfunden, um meinen wirklichen Plan zu verbergen, der vor schlechten Motiven geradezu triefte. Ich bin dankbar, dass mir der Blick in den Spiegel meine reale, hässliche und dunkle Seite gezeigt hat. So konnte ich eine Fehlentscheidung vermeiden. Wir haben die Veranstaltung nicht abgeschafft.

Um deine richtige Einstellung zu bewahren, musst du dich selbst zu einer ehrlichen und regelmäßigen Auswertung deines Herzens verpflichten, der Quelle für geistliches Wachstum und Leiterschaft. (Kapitel 3 beschäftigt sich mit dem Zustand deines Herzens).

Ich habe mir versprochen, keine Schulung durchzuführen, wenn ich nicht über das geistliche Leben eines Leiters reden kann. Dummerweise habe ich die ersten Jahre meines Dienstes damit verbracht, aus eigener Kraft ausgefallene Veranstaltungen durchzuführen, wilde Spiele zu erfinden und die Gruppe zu einer erstaunlichen Größe zu bringen. Es war genau das Gegenteil zu Johannes 15, wo Jesus uns sagt, dass wir mit ihm in Verbindung bleiben müssen, um Frucht zu bringen. Ich war mit Zeitschriften und Büchern über Jugendarbeit mehr verbunden, als mit Gott und seinem Wort. Glaube mir, ich bin heute ein anderer Mensch und ein besserer Mitarbeiter, weil mein Herz intensiv mit Gott verbunden ist. Ich habe nicht mehr die Energie, die ich 1979 hatte aber meine Gemeinde hat nicht mehr den geistlich unreifen Leiter, den sie am Anfang hatte – weil ich gelernt habe, mein Herz und meine Motive regelmäßig zu überprüfen.

Ich war 25, frisch verheiratet, hatte ein Kind und kam direkt von der Bibelschule. Meine erste vollzeitliche Stelle in der Jugendarbeit bekam ich in einer Gemeinde in meiner Heimatstadt. Ich dachte, die Ausbildung hätte mich gut auf die Dinge vorbereitet, mit denen ich konfrontiert werden würde. Ich war schon einige Jahre ehrenamtlich in der Jugendarbeit dabei und ging davon aus, dass ich jede Herausforderung bewältigen könnte. Ich arbeitete mit dem Pastor zusammen, der der einzige weitere Angestellte der Gemeinde war. Ich sollte das Radioprogramm der Gemeinde gestalten, predigen und alle weiteren Aufgaben erledigen, die es in diesem Job so gibt. Ich war begeistert. Bis ich diesen Anruf bekam.

Ein Mitglied unserer Gemeinde hatte Selbstmord begangen. Er war Mitte 40, verheiratet und hatte einen 8-jährigen Sohn. Ich wurde gebeten, die Familie zu besuchen und ihnen zu helfen. Ich muss zugeben, dass dies eine der wenigen Situationen in meinem Leben war, in der ich nicht wusste, was ich tun sollte – um es milde auszudrücken.

Auf meinem Weg zu dem Haus habe ich gebetet und Gott um Führung gebeten. Im Grunde genommen wollte ich die Sache einfach nicht noch schlimmer machen. Die Situation war unbeschreiblich. Ich hatte so etwas selbst im Entferntesten noch nie erlebt. Ich habe mit seiner Frau gebetet, einige Bibelstellen vorgelesen – aber irgendwie fühlte sich alles so bedeutungslos an. Dann habe ich einfach das gemacht, was ich konnte. Ich habe gespült, Essen gekocht und mit ihrem Sohn gespielt.

Ich habe an diesem Tag etwas sehr Wertvolles gelernt: Ein Mitarbeiter ist ein Mitarbeiter und muss auf alles und jedes vorbereitet sein. Ich kannte vieles aus der Jugendarbeit, damit hatte ich Erfahrung. Aber ich hatte nie gelernt, außerhalb dieses Rahmens mitzuarbeiten. Ich habe damals verstanden, dass zu einem Mitarbeiter mehr gehört, als nur mit Jugendlichen zu arbeiten. Ich habe angefangen, Seelsorgeunterricht zu nehmen und mit einem Seelsorger zu arbeiten, um Erfahrungen für den Fall zu sammeln, dass ich in meinem Dienst noch einmal mit so einer Situation konfrontiert werden würde.

Larry Darnell,
Jugendpastor, Adventure Baptist Church,
Tallahassee, Florida.

3. Ich lasse mich nicht von Zahlen manipulieren

Du musst nicht lange dabei sein, bevor du diese Frage zu hören bekommst: »Wie viele Jugendliche sind in deiner Gruppe?« Ich habe die Frage öfter gehört, als ich zugeben will und es tut mir jedes Mal Leid. Sie führt nämlich zu dem Mythos, dass der Erfolg deiner Leiterschaft an der Anzahl deiner Jugendlichen abzulesen ist. Ich habe auf diese fleischliche Frage nur eine fleischliche Antwort: »Wen interessiert das?«

Bitte verpflichte dich, bei diesem Zahlenspiel nicht mitzumachen. Sei kein Mitarbeiter, der seinen Selbstwert an der Zahl der Teilnehmer fest macht.

Carol war eine gute ehrenamtliche Mitarbeiterin. Erst sagte sie, dass sie aufhören würde, weil sie müde geworden war. Bei unserem Abschiedstreffen gab sie dann aber zu, dass sie sich fehl am Platz vorkam. In ihre Kleingruppe kamen drei Mädchen, andere Leiterinnen hatten doppelt so viele. Sie hat sich durch die Zahlen unter Druck setzen und manipulieren lassen.

In Wirklichkeit war Carol aber eine großartige Leiterin, die sich sehr intensiv um jedes Mädchen kümmerte. Wären mehr Jugendliche in ihrer Gruppe gewesen, hätte sie sich nicht mehr um alle intensiv kümmern können. Sie hat sich auf das Zahlenspiel eingelassen – und am Ende haben alle verloren: unsere Jugendarbeit, ihre Mädels und sie selbst.

Das Zahlenspiel ist ein Spiel, das man nur verlieren kann. Sei kein Verlierer!

Mit Zahlen um sich zu werfen, kann motivieren oder schwächen – je nachdem, mit wem man gerade redet. Mach dir aber eins klar: Größer ist nicht besser, gesünder ist besser! Geh Gemeinden und Mitarbeitern aus dem Weg, die allein von Zahlen getrieben sind. Halt dich an Menschen, die dadurch motiviert werden, Gott treu zu dienen und eine gesunde Arbeit aufzubauen.

4. Ich kritisiere nicht die Vergangenheit

Es ist verlockend, mit Verachtung und Kritik über die Vergangenheit zu reden, um sich selbst besser darzustellen oder Veränderungen zu rechtfertigen. Tu es nicht! Ehre die Leute, die vor dir im Dienst waren. Einige werden sich wünschen, dass du wie ihr vorheriger Jugendleiter bist. Aber Gott hat dich nicht so gemacht wie diese Person.

Was ist, wenn mein Leiter Zahlen sehen will?

Ich verstehe den Druck, den Zahlen aufbauen. Und ich hasse ihn. Glücklicherweise gibt es Gemeinden, die Zahlen als Werkzeuge für Ziele oder das Budget nutzen – aber nicht von ihnen bestimmt werden. Ihnen ist geistliche Gesundheit wichtiger als die Besucherzahl. Das ist nicht in allen Gemeinden so. Vielleicht wirst du nach dem Mehr-Größer-Besser-Motto unter Druck gesetzt . Kein angenehmes Arbeitsumfeld. Die Chancen, eine zahlenorientierte Gemeinde zu verändern, sind klein und kosten viel Zeit. Was kannst du tun?

1. Versuch zu verstehen, woher der Zahlendruck kommt

Einige Gemeindeleiter kommen aus Unternehmen und übertragen häufig die Unternehmensmentalität auf die Gemeinde: »Rechtfertigen die Teilnehmerzahlen das Gehalt des Jugendpastors?« Die Antwort ist nicht immer objektiv, und dann wird es hässlich. Besucherzahlen können eine Form der Auswertung sein, aber nicht die einzige. Zahlendruck kommt eher aus säkularem Denken, als aus biblischen Prinzipien. Weil Gemeinde aus Menschen besteht und Menschen Fehler machen, sollte das niemanden überraschen. Es ist aber gut zu wissen, woher falsches Denken kommt.

2. Versteh deinen Leiter

Frag deine Leiter, was sie erwarten (idealerweise, bevor du mit dem Dienst anfängst. Siehe Kapitel 12). Wenn du die Erwartungen kennst, schlage ich Folgendes vor:

- Schreib die Erwartungen auf. Überprüft sie gemeinsam und vergewissere dich, dass du deine Leiter richtig verstanden hast.
- Sollten die Erwartungen keine Besucherzahlen enthalten (das werden sie wahrscheinlich nicht), erkundige dich, was deine Leiter dazu denken.
- Wenn es zahlenmäßige Erwartungen gibt, frag freundlich nach, was passiert, wenn diese Zahlen nicht erreicht werden.

3. Kommuniziere gesunde Entwicklung statt zahlenmäßiges Wachstum

Steigere nicht den Zahlenappetit anderer Leute, indem du ständig über Zahlen redest: »Wir hatten gestern Abend 100 Jugendliche hier«. Wähle lieber Ausdrücke, die eine gesunde Entwicklung deutlich machen: »Es ist ermutigend zu sehen, wie viele Jugendliche ihre Freunde zum Gottesdienst einladen«. Erzähl von Menschen, die verändert wurden, davon, was Gott im Leben einzelner tut.

Kommuniziere aber auch fortschrittliches Denken, indem du Worte wie »erreichen«, »aufbauen«, »steigern« oder »Vision« nutzt. Zeige Mitarbeitern, wie eine ganzheitliche Entwicklung aussehen könnte. Je mehr Menschen geistliche Gesundheit anstreben, desto besser. Widerstehe der Versuchung, Zahlen aufzublähen, damit dein Leiter zufrieden ist. Du setzt deine Integrität aufs Spiel. Wenn du Gottes Weg suchst und dein Bestes gibst, ist das alles, was du tun kannst. Vertraue Gott, dass er das Unmögliche tut.

Wenn das für deinen Leiter nicht genug ist, könnte es an der Zeit sein, Gott um Führung in einen anderen Dienst zu bitten. Sei nicht entmutigt. Es gibt viele gesunde Gemeinden, und möglicherweise wartet in einer davon die nächste Aufgabe auf dich.

Vielleicht glaubst du, dass Kritik an der Vergangenheit dich besser dastehen lässt. Aber wenn du mit ehrlichen Menschen arbeitest, werden sie dich schnell durchschauen. Nur Menschen mit schwachem Charakter lassen sich auf Kosten anderer beeindrucken. Deine Hoffnung auf Glaubwürdigkeit wird von aufrichtigen Menschen als Unreife erkannt.

Gib nicht der Versuchung nach, deine Vorgänger in ein schlechtes Licht zu rücken, indem du Probleme ansprichst, die du auf Grund ihrer Fehler hast. Sag nichts dazu. Mach dir stattdessen Notizen über das, was Leute an der Vergangenheit schätzen und lerne von denen, die schon länger in der Gemeinde sind als du. Wenn du das tust, wirst du die Kritiker überdauern, deinen Charakter stärken und ein Vorbild an Integrität für die Jugendlichen sein.

Kritisieren ist einfach. Aber ein guter Charakter findet das Gute und bringt es zum Vorschein. Verpflichte dich dazu, deinen Charakter zu stärken, indem du die Vergangenheit nicht kritisierst.

5. Ich tappe nicht in die »Sich-Vergleichen-Falle«

Diese Entscheidung hat ähnliche Ergebnisse wie das Zahlenspiel. Wenn du dich vergleichst, verlierst du. Entweder du wirst stolz, weil du besser bist als an-

Ich glaube, es war Vince Lombardi, Theologe und legendärer Trainer des American Football Teams Green Bay Packers, der sagte: »Wenn du von den Grundlagen abgewichen bist, bist du der Niederlage einen großen Schritt näher gekommen.«

Doug erinnert erfahrene wie junge Mitarbeiter daran, die Hauptsache die Hauptsache bleiben zu lassen. Und wirklich: Die Grundlage einer guten Jugendarbeit ist wie ein Marathonlauf. Ob unser Dienst langfristig bestehen bleibt, hängt an der Vorbereitung, der Konzentration, dem Durchhaltevermögen und der Verpflichtung gegenüber den biblischen Prinzipien des Dienstes.

Am Ende der Bergpredigt (Matthäus 7,24) erinnert uns Jesus daran, dass Wind, Regen und Sturm unausweichlich in unser Leben und unseren Dienst kommen werden. Nur die, die ihr Haus auf Fels gebaut haben, werden bestehen. Eine einfache Illustration und doch eine großartige Erinnerung für uns, ein gutes Fundament für unsere Jugendarbeit zu bauen, damit wir bleibende Frucht in unseren Jugendlichen und deren Familien sehen können.

Vor ein paar Jahren saßen Doug und ich gemeinsam bei einer Jugendkonferenz, als er mich fragte: »Was ist eigentlich mit… passiert?« Er meinte einen seiner früheren Jugendleiter. Traurig antwortete ich: »Er ist abgestürzt und ausgebrannt.« Dann fragte er: »Und was ist mit…?« Ich erwiderte: »Weg.«

Unglücklicherweise sind viele Leute, über die wir an diesem Tag geredet haben, entweder moralisch abgestürzt, ausgebrannt oder in ihre Vergangenheit abgedriftet. Sie waren eben-

dere. Oder du wirst mutlos, weil du nicht an die anderen herankommst. Du vergleichst einen Bereich, den du gut kennst (deine eigene Jugendarbeit) mit der Arbeit eines anderen, die du nicht kennst. Das ist nicht fair.

Während deiner ersten Jahre im Dienst wirst du versucht sein, dich mit anderen zu vergleichen. Wenn ich mich mit einer anderen Person vergleiche, stelle ich bis zum heutigen Tag fest, dass ich für Sekunden an meinen Gaben und Möglichkeiten zweifle. Was für eine deprimierende Position. Ich bete dafür, dass du dieser Versuchung von Anfang an aus dem Weg gehen kannst.

Wir haben eine wunderbare ehrenamtliche Mitarbeiterin in unserer Jugendarbeit. Ihr Name ist Li. Sie tappte in die »Sich-Vergleichen-Falle«, noch bevor sie in unserem Team mitgearbeitet hat. Sie war die Mutter eines unserer Jugendlichen, und jeden Mittwoch hat sie mehrere Räume in ihrem Haus für unsere Kleingruppen zur Verfügung gestellt.

Als wir einen zusätzlichen Leiter für eine Gruppe brauchten, fragte ich Li, ob sie diese Aufgabe übernehmen würde. Sie sagte mir, sie fühle sich nicht jung genug. Die Leiterinnen der anderen Gruppen waren zwischen 20 und 30. Sie hatte Angst, keiner der Jugendlichen wolle die Gruppe mit den jüngeren Leitern verlassen und in eine Kleingruppe mit einer fast 50-jährigen Mutti gehen. Sie sagte, sie

falls vorbildliche Leiter, die Jugendliche und ihre Familien auf wunderbare Art und Weise geprägt haben – aber sie haben ihr Leben nicht auf Fels gebaut. Sie hätten davon profitiert, das erste Kapitel dieses Buches zu lesen. Ein unbewachtes Feuer kann sich schnell in ein Inferno verwandeln, und zum Schluss ist nur noch Asche übrig.

Ich war Jugendpastor von Doug Fields, als er in der 11. und 12. Klasse war. (Sorry Doug, dass ich bei deiner Abschlussfeier nicht dabei sein konnte!) Von der Zeit am College bis zum Studium am theologischen Seminar war er mein Praktikant. Wenn du glaubst, dass *du* Schwierigkeiten mit *deinen* Mitarbeitern hast, hättest du mal Doug in dieser Zeit erleben sollen! Nein, im Ernst: Während dieser Jahre haben wir folgenden Satz immer wieder gehört: »Wenn wir über 40 sind, wird Gott uns am Besten gebrauchen können – sollten wir bis dahin unserer Berufung treu geblieben sein.«

Damals hörte sich 40 für mich noch sehr, sehr weit weg an, und ich konnte mir nicht vorstellen, dass Doug eines Tages über 30 sein würde. Heute liest du dieses Buch, weil er seiner Berufung treu geblieben ist. Wende die Wahrheiten in diesem Buch an. Sie werden dir helfen, Jugendliche zu erreichen, ihre Familien zu stärken und mit Gottes Hilfe ihr Leben für immer zu verändern.

Jim Burns,
Gründer von YouthBuilders, Kalifornien

würde dafür beten. Dann kamen einige Jugendliche zu ihr: »Wir würden gerne in einer Kleingruppe mit einer Frau sein, die Mutter von Teenagern war. Sie kann uns helfen, unsere Eltern zu verstehen.«

> Man kann so leicht in die Falle geraten – und es ist so schwer, wieder herauszukommen. In der Jugendarbeit werden wir ständig bewertet: Bist du talentiert genug? Ist die Gruppe groß genug? Hast du genug Energie?
>
> Ich wünschte, Jugendarbeit würde uns vor der Vergleichsfalle beschützen, aber sie ist überall aufgestellt – selbst in der Gemeinde. Und oft sehe ich mich in ihr gefangen – und ich hasse es. Erfreulicherweise habe ich Freunde wie Doug, die mich lieben und mich daran erinnern, dass Gottes Liebe nicht auf meinen Vergleichen beruht – und das ist befreiend.
>
> *Kurt Johnston*

Li war begeistert und nahm diese Gelegenheit, Jugendliche zu prägen, wahr. Sie sagte mir später: »Ich kann nicht glauben, dass ich diese Möglichkeit beinahe verpasst hätte, weil ich mich mit den 20-Jährigen verglichen habe. Ich habe meine Lektion gelernt.«

Ich kann dir aus erster Hand sagen, dass eine Sache niemals so gut ist, wie sie aus der Entfernung aussieht. Aus dem Weltall betrachtet ist die Erde ein friedlicher Ort, aber aus der Nähe gesehen oft lebensgefährlich.

Wenn du dabei bist, dich mit anderen zu vergleichen (Leitern, ehrenamtlichen Mitarbeitern, Bibelschullehrern), halte inne und konzentriere dich auf Gottes Liebe. Gottes Liebe beruht nicht darauf, wie nah du an andere heran kommst. Er liebt dich, weil du bist wie du bist, und nicht, weil du sein sollst, wie jemand anders. Dein Wert als Mitarbeiter liegt in Gottes bedingungsloser Liebe zu dir. Wenn du deinen Wert an anderen Menschen fest machst, wirst du nach Bestätigung von anderen streben. Du wirst versuchen, dir etwas von ihnen zu verdienen, was Gott dir umsonst gibt.

6. Ich setze Prioritäten

Die vielen Anforderungen der Jugendarbeit werden dich beschäftigt halten. Wenn du nicht stark genug bist, wirst du unter ihrer Last zusammenbrechen. Du musst dich dazu verpflichten, deine begrenzte Zeit gut zu managen, damit du die volle Distanz laufen kannst. Um das zu tun, musst du deine Prioritäten kennen (siehe Kapitel 12).

Damit du dich auf deine Prioritäten konzentrieren kannst, musst du schnell lernen, »Nein« zu sagen. Sonst wirst du zu Dingen »Ja« sagen, die eigentlich ein »Nein« verdient hätten und hast keine Zeit für wichtige Dinge, die ein »Ja« erfordern.

Lerne, deine Zeit zu managen

Tu, was immer möglich ist, um Zeitmanagement zu lernen. Deine Effektivität in diesem Bereich spielt eine große Rolle für deinen Erfolg. Deine Fehler in diesem Bereich werden dich viele Jahre plagen.

Vier Wahrheiten, die auf jeden Mitarbeiter zutreffen:

- Du wirst beschäftigt sein
- Du hast nur 86400 Sekunden am Tag zur Verfügung
- Du wirst in deinem Dienst in Probleme geraten, wenn du deine Zeit nicht richtig einteilst
- Plane deine Zeit oder andere Leute werden es für dich tun

Du kannst deine Zeit nicht vermehren, deswegen musst du die Stunden kontrollieren, die du hast. Wenn du Jugendleiter bist und vollzeitlich oder teilzeitlich in deinem Job arbeitest, versuche, jeden Tag in drei Blöcke einzuteilen (21 Blöcke in der Woche). Das könnte so aussehen:

9 bis 13 Uhr
13 bis 17 Uhr
17 bis 21 Uhr

Wann ist deine beste Zeit – emotional, spirituell, mental, körperlich? Wann bist du am wenigsten produktiv?

Arbeite an wichtigen Aufgaben, wenn du deine produktivste Phase hast. Bei mir ist das die Zeit von 9 bis 13 Uhr, also im Morgenblock. Deswegen reserviere ich mir diese Zeit zum Nachdenken und Vorbereiten. Die Nachmittage nutze ich für Gespräche und Treffen. Interaktion mit Menschen hält mich wach, obwohl ich müde bin.

Wenn du bedenkst, dass eine Woche 21 Zeitblöcke hat, vergiss nicht, Zeit für dich selbst, deine Familie und andere nichtdienstliche Dinge einzuplanen. Wenn du Vollzeitler bist, solltest du nur selten an allen drei Blöcken am Tag arbeiten. Wenn du in Block zwei und drei am Mittwoch arbeitest, reserviere Block eins am Donnerstag für dich.

Werte Woche für Woche aus, wie du deine Zeit am besten nutzen und besser planen kannst. Es gibt eine Menge gute Bücher und Seminare zu diesem Thema.

Buchtipp:
Jörg Knoblauch, *22 Zeitspartipps*, R. Brockhaus 2004, 64 Seiten, € 3,90
Steven R. Covey, *Sieben Wege zur Effektivität*, Campus 2000, 275 Seiten, € 21,50

Du wirst schnell herausfinden, dass Jugendarbeit niemals aufhört. Es gibt immer etwas zu erledigen. Du wirst dich dabei ertappen, immer mehr tun zu wollen. Die schwierigsten Entscheidungen, mit denen du konfrontiert sein wirst, sind die, die ein »Nein« zu mehr Sitzungen, mehr Treffen und mehr Arbeit erfordern.

Mehr zu tun ist nicht unbedingt gut. Gute Jugendarbeit bedeutet, die richtigen Dinge zu tun. Egal, wie viel Zeit dir zur Verfügung steht.

Ich habe lieber einen Mitarbeiter, der seine Prioritäten kennt und 30 Minuten das Richtige tut, als zwei Mitarbeiter, die stundenlang mithelfen wollen, aber planlos mit ihrer Zeit umgehen.

Die effektivsten Mitarbeiter sind diejenigen, die sich auf ihre Aufgaben konzentrieren. Mitarbeiter, die auf allen Hochzeiten tanzen, sind vielleicht beschäftigt, aber beschäftigt sein ist nicht gleich effektiv sein.

»Nein.« »Nein.« »Nein.« Übe dieses Wort ständig.

7. Ich passe meine Geschwindigkeit an

Du läufst in der Jugendarbeit einen Marathon und keinen Sprint. Deshalb musst du dir von Anfang an überlegen, wie du in Form bleibst. Jugendarbeit hört niemals auf, es gibt immer etwas zu tun.

Deshalb ist es wichtig, dass du täglich trainierst, aber auch Verschnaufpausen einlegst, damit du fit bleibst. Entdecke Orte, Momente und Menschen, die eine wohltuende Abwechslung von deiner Beschäftigung in der Gemeinde sind. Löse deine Gedanken von deinen Aufgaben.

Weil ich vollzeitlich in der Jugendarbeit arbeite, versuche ich jeden Tag, meine Gedanken zu »entleeren«. Es muss nicht lange sein, aber erfrischend.

Ich kann dem Stress entfliehen, wenn ich:

- Das Sportteam meiner Kinder trainiere
- Diät-Pepsi trinke und Zeitung lese
- Squash spiele
- Mit einem Freund jogge

- Gewichte hebe
- Mit meiner Frau im Pool sitze (oder im Taufbecken in der Gemeinde... Scherz!)

Diese Dinge lassen mich langsamer werden. Wenn ich die Kontrolle über etwas verloren habe oder denke, ich brauche mehr Zeit am Tag, fühle ich mich außerhalb von Gottes Willen.

Gott plant für mich keine Aufgaben, für die er mir nicht auch die Zeit gibt. Das Gleiche gilt auch für dich. Erstell eine Liste mit Dingen, die dich erfrischen (ich empfehle auch Koffein!).

8. Ich diene

Dieser Grundsatz wird dich wohl wenig beeindrucken. Aber er ist wichtig für deine langfristige Effektivität. Je länger du im Dienst bist, desto mehr wirst du in der Position des Leiters sein, und andere werden dir folgen. Das ist nett, gut, wunderbar und auch reizvoll.

Aber Jesus hat der Gemeinde ein Vorbild an Leitung gegeben, ein Vorbild, das Dienen voraussetzt. Wenn du ein großartiger Leiter sein willst, dann diene. Wenn du der Erste sein willst, sei der Letzte. Wenn du nicht dienen kannst, kannst du auch nicht leiten – auf jeden Fall nicht so, wie Jesus es vorgesehen hat.

Wenn du dienst, bist du ein glaubwürdiges Vorbild für Mitarbeiter, Mitglieder und Jugendliche. Gott segnet dich, weil du nicht nach menschlicher Anerkennung strebst.

Ein paar Beispiele: du sammelst im Kindergottesdienstraum Müll auf, lädst ein paar Kisten ins Auto, hörst auf, dich über die Krawatte des Pastors lustig zu machen, opferst eine Stunde Zeit, um Flyer zu kopieren oder holst ein paar Senioren zum Gottesdienst ab.

Diese Aufgaben kommen in deiner Jobbeschreibung wahrscheinlich nicht vor, aber sie sollten in dein Herz geschrieben sein. Spring ein, wenn es darum geht, in kleinen Dingen zu dienen. Deine Jugendarbeit wird von deiner Einstellung profitieren.

9. Ich lerne

In unserer Gemeinde leben wir nach diesem Prinzip: Alle Leiter sind Lernende! Wenn ein Leiter aufhört zu lernen, hört er auch auf zu leiten. Diese Einstellung erfordert Zeit und setzt eine gehörige Portion an Bescheidenheit voraus. Aber sie hat meine Leitungsfähigkeiten entschieden verbessert. Ich kann nur das lehren, was ich weiß. Diese Wahrheit fordert mich heraus und lässt mich weiter wachsen. (Außerdem ist es gut für mein Selbstwertgefühl, denn viele Teenager denken, ich wäre dumm...)

Ich bin traurig, wenn ich sehe, dass viele ältere Mitarbeiter aus der Gemeinde nicht mehr an Seminaren, Workshops oder Konferenzen teilnehmen, weil dort unbekannte und junge Redner auftreten. Aber gerade die jungen, unbekannten Leiter bringen oft frische Ansätze und neue Ideen – das sind großartige Möglichkeiten zum Lernen für diejenigen, die schon Falten haben und langsam ihre Haare verlieren.

Verpflichte dich heute, dein Leben lang eifrig zu lernen. Lies. Hör dir Predigten an. Diskutiere mit Leuten, die nicht deiner Meinung sind. Lerne von Jung und Alt. Du wirst aus eigenen Fehlern lernen, aber ein weiser Leiter lernt auch aus den Fehlern anderer.

10. Ich strebe nach Zufriedenheit

Ein häufiges Problem von Mitarbeitern ist Unzufriedenheit. Jeder will Früchte seiner Arbeit sehen, und das möglichst schnell. Man fühlt sich verlassen, wenn die Ergebnisse auf sich warten lassen.

Ich habe festgestellt, dass einem alles andere besser vorkommt, wenn man unzufrieden ist. Die Nachbargemeinde sieht plötzlich einladender aus. Ein externer Predigtdienst ist plötzlich verlockend, obwohl man ihn letzten Monat noch ausgeschlagen hat. Das sind Zeichen von Unzufriedenheit.

Mitarbeit in der Gemeinde ist nicht einfach. Die ersten Jahre können die schwierigsten sein, die du je erleben wirst. Unser Feind würde dich liebend gerne unzufrieden sehen. Denn Unzufriedenheit führt häufig dazu, dass Mitarbeiter frustriert ihren Dienst an den Nagel hängen. Wenn du deinen Dienst schon nach kurzer Zeit aufgibst, verletzt du die Gemeinde. Jugendliche hören auf, sich zu öffnen, wenn Bezugspersonen in ihrem Leben ständig wechseln, und der nächste Leiter hat mit den Auswirkungen zu kämpfen.

Annika, meine 17-jährige Nachbarin, sagte mir, sie fühle sich nicht mehr danach, mit ihren Kleingruppenleitern zu reden – weil sie in ihrer Gemeinde bereits fünf verschiedene hatte. Sie meinte, dass neue Leiter sowieso nicht lange bleiben würden. Ich habe sie zu einer unserer Kleingruppen eingeladen, aber sie glaubte nicht, dass es bei uns anders wäre.

Kurzzeitige Mitarbeit ist für Leiter verlockend, aber verletzt Jugendliche.

Sei zufrieden mit den Gaben, die Gott dir gegeben hat, und dem Platz, an den er dich gestellt hat. Hör auf, über den Zaun in den Garten des Nachbarn zu schauen. Auch wenn das Gras beim Nachbarn grüner aussieht als bei dir, denk daran:

Gras ist dort grüner, wo es bewässert wird.

Also fang an, deinen Rasen zu gießen anstatt Zeit damit zu verschwenden, einen anderen Rasen zu bestaunen. Danke Gott dafür, dass er dich dort gebraucht, wo du bist.

Unzufriedenheit und Frust gehen Hand in Hand. Da die beiden so oft auftauchen, habe ich diesem Problem das gesamte nächste Kapitel gewidmet. Wenn du und deine Gemeinde noch in den »Flitterwochen« sind, kannst du auch später auf dieses Thema zurückkommen.

Die Belohnung

Diese zehn Grundsätze sind das Fundament, auf dem eine gesunde Jugendarbeit aufbaut (vielleicht fallen dir sogar noch weitere Grundsätze ein). Wenn wir Jugendmitarbeiter sie umsetzen, ehren wir Gott, unsere Gemeinde und unsere Jugendlichen.

Denke im Gebet über diese Grundsätze nach. Entscheide dich ganz bewusst für sie. Lass deine Arbeit mit Jugendlichen, Eltern, anderen Mitarbeitern und Ehrenamtlichen von diesen Grundsätzen geprägt sein!

Danke, dass du offen bist für das Coaching eines Oldies, der immer noch seinen Marathon läuft und dich als neuen Läufer anfeuert.

Ich bin in diesem Rennen schon eine Weile dabei. Eins musst du unbedingt wissen: Dort, wo ich gerade bin, ist die Aussicht viel besser als am Start! Ich habe viel Spaß am Laufen, genieße die Landschaft und die Gemeinschaft mit meinen Mitstreitern.

Lebe nach den zehn Grundsätzen aus diesem Kapitel. Mach dein Rennen, und du wirst das Gleiche erleben.

fragen zu kapitel 1
womit fange ich an?

Zur Gruppendiskussion

- Welcher dieser zehn Grundsätze ist für dich am schwierigsten?
- Welcher ermutigt dich am meisten?

Zur persönlichen Reflektion

- Habe ich in meinem Dienst die Mentalität eines Sprinters oder die eines Marathonläufers?
- Was würde in meiner Gemeinde passieren, wenn ich frühzeitig aufgebe?
- Wie überprüfe ich meine Motive?
- Wie kann ich in unserer Gemeinde eine ernsthafte Diskussion über Zahlen führen?
- Wie kann ich an den Grundsätzen arbeiten, mit denen ich die größten Probleme habe?

Schritte zum Nachdenken

- Kopiere die Seiten 36 und 37. Bring sie dort an, wo du sie in den nächsten vier Wochen jeden Tag siehst.
- Für die Grundsätze, mit denen du am meisten Schwierigkeiten hast: Such dir eine Person, die dir ein Vorbild ist. Schreib dieser Person einen Brief und bitte sie, dir zu helfen.
- Noch ein Tipp: Arbeite das Buch mit jemandem aus deinem Team durch (oder mit dem ganzen Team) und tauscht euch darüber aus!

zehn grundsätze für jugendmitarbeiter

1. Ich lasse es langsam angehen

Ein Grünschnabel glaubt alles, was man ihm sagt; der Erfahrene prüft es, bevor er handelt. Der Kluge ist vorsichtig und meidet das Böse; der Dumme handelt unbeherrscht und überschätzt sich.

Sprüche 14,15-16 (GNB)

2. Ich prüfe regelmäßig meine Motive

Welcher Mensch kann von sich behaupten: »Ich habe ein reines Gewissen, ich bin meine Fehler losgeworden«? Zweierlei Maß, zweierlei Gewicht: Der Herr hasst beides. Schon einen jungen Menschen erkennst du an seinen Taten; du siehst daran, ob er Charakter hat.

Sprüche 20,8-11 (GNB)

3. Ich lasse mich nicht von Zahlen manipulieren

Was meint ihr: Wenn ein Mann hundert Schafe hat und eins läuft ihm davon; was wird er tun? Lässt er nicht die neunundneunzig zurück, um das verirrte Schaf zu suchen?

Matthäus 18,12 (HFA)

4. Ich kritisiere nicht die Vergangenheit

Wie gesagt, meine lieben Brüder, ich weiß genau: Noch habe ich den Preis nicht in der Hand. Aber eins steht fest, dass ich alles vergessen will, was hinter mir liegt. Ich konzentriere mich nur noch auf das vor mir liegende Ziel.

Philipper 3,13 (HFA)

5. Ich tappe nicht in die »Sich-Vergleichen-Falle«

Jeder achte genau auf sein eigenes Leben und Handeln, ohne sich mit anderen zu vergleichen.

Galater 6,4 (NL)

6. Ich setze Prioritäten

»Lehrer, welches ist das wichtigste Gebot des Gesetzes?« Jesus antwortete: »Liebe den Herrn, deinen Gott, von ganzem Herzen, mit ganzem Willen und mit deinem ganzen Verstand! Dies ist das größte und wichtigste Gebot. Aber gleich wichtig ist ein zweites: Liebe deinen Mitmenschen wie dich selbst! In diesen beiden Geboten ist alles zusammengefasst, was das Gesetz und die Propheten fordern.«

Matthäus 22,36-40 (GNB)

7. Ich passe meine Geschwindigkeit an

Geduld aber habt ihr nötig, damit ihr den Willen Gottes tut und das Verheißene empfangt.

Hebräer 10,36 (LUT)

8. Ich diene

Wer unter euch groß werden will, soll den anderen dienen; wer unter euch der Erste sein will, soll zum Dienst an den anderen bereit sein. Denn auch der Menschensohn ist nicht gekommen, um sich dienen zu lassen, sondern um zu dienen und sein Leben als Lösegeld für viele hinzugeben.

Matthäus 20,26-28 (NGÜ)

9. Ich lerne

Wer sich zu Klugen gesellt, wird klug; wer sich mit Dummköpfen befreundet, ist am Ende selbst der Dumme.

Sprüche 13,20 (GNB)

10. Ich strebe nach Zufriedenheit

Nicht, dass ich etwas gebraucht hätte! Ich habe gelernt, mit dem zufrieden zu sein, was ich habe.

Philipper 4,11 (NL)

2

ist es immer so schlimm?

mit entmutigungen umgehen lernen

Frust ist der häufigste Grund, weshalb große Frauen und Männer ihren Dienst vorzeitig an den Nagel hängen. Einige meiner Freunde sagten beim Lesen des Buches: »Ich bin noch so begeistert vom ersten Kapitel, dass ich nicht jetzt schon an Frust denken will. Das ist etwas abrupt.«

Genau! Das liegt in der Natur der Sache. Du kannst dich heute noch für den effektivsten Mitarbeiter der Welt halten, und schon nächste Woche würdest du am liebsten alles hinschmeißen. Du wirst dich fragen: »Wieso fühle ich mich soooo schlecht?« Ziemlich schnell wird aus »Womit fange ich an?« die Frage: »Ist es immer so schlimm?«

Bei unserem Treffen im Restaurant könnte ich vermutlich schon an deiner Körperhaltung erkennen, ob du gerade in einer Frustphase steckst: Hängende Schultern, antriebslos, Blick auf den Boden gerichtet. Ich kenne diesen Anblick aus meinem Spiegel und von vielen anderen Jugendmitarbeitern. Wenn man mit Jugendlichen arbeitet, dauert es normalerweise nicht lange, bis man dieses Gefühl kennenlernt.

Lass uns einfach zugeben, dass Jugendarbeit schwierig ist, man viel Zeit investiert und nur wenig Anerkennung dafür bekommt. So gesehen, ist Frust eine natürliche Reaktion.

Frust und Entmutigung können folgende Ursachen haben:

- Mangel an Respekt
- Zu viele Anrufe und Emails
- Schlechte Kommunikation und Missverständnisse
- Schlafmangel wegen kleinen Kindern
- Konflikte
- Ein Unfall mit dem Gemeindebus (zu schnelles Einparken)
- Ein Unfall mit dem Gemeindebus (verursacht durch die 15-Jährigen, die du ans Steuer gelassen hast)

- Kritik
- Unterschiedliche Erwartungen
- Keine oder wenig Unterstützung von der Gemeindeleitung
- Wenig Unterstützung von Mitarbeitern
- Es einer Person Recht machen wollen
- Es allen Recht machen wollen
- Angemeckert werden
- Jugendliche, die Stress machen
- Zu wenig Geld für Projekte
- Ein Programm, das nicht läuft
- Keine Unterstützung vom Ehepartner
- Dein Gehalt
- Montagmorgende
- Zu viel Termindruck
- Das Gefühl, dass Jugendarbeit in der Gemeinde nicht so wichtig genommen wird

Ist der Grund für deinen Frust dabei? Ich habe diese Dinge selbst erlebt. Einige Frusterfahrungen hinterlassen große Narben, andere nur kleine Stiche. Aber wenn man alle zusammen nimmt, kann das dein Verhältnis zu Jugendlichen, zum Dienst, zu deiner Gemeinde und selbst deine Beziehung zu Gott beeinflussen. Vielleicht kommen dir beim Anblick mancher Menschen solche Gedanken: »Gott, wenn du mich liebst, warum ist diese Person dann in meiner Gruppe?«

Die Ursachen für deinen Frust können ganz andere sein als bei mir. Dein persönlicher Anspruch, deine Erfahrungen, der Kontext deiner Gemeinde und die Menschen in deinem Umfeld ergeben einen Mix, der für jeden Jugendmitarbeiter anders ist.

Wenn Frust nur eine Ursache hätte, wäre es einfach, sie zu umgehen. Aber wir alle sind unterschiedlich, jede Frusterfahrung ist absolut einzigartig. Deshalb gibt es leider kein allgemeines Anti-Frust-Mittel.

Im Grunde genommen sind wir alle einzigartig frustriert.

Aber halte durch. Hoffnung naht!

Drei Gefühle, die Frust hervorrufen

Ich fühle mich wertlos

Wenn du deine eigene Spiritualität mit der von Anderen vergleichst, bringt das niemandem etwas. Eine andere Person als geistlich unreif zu beurteilen, bläht nur deinen Stolz auf.

Wenn du umgekehrt glaubst, der andere wäre geistlich reifer, bist du enttäuscht und fängst an, Gottes Liebe für dich zu hinterfragen. Bewege dich auf Gott zu, anstatt deinen Wert durch Vergleiche mit anderen festzumachen.

Ich fühle mich schuldig

Als Mitarbeiter fühlt man sich schnell schuldig, wenn man Schwierigkeiten mit seiner Stillen Zeit hat. Schuldgefühle können helfen, umzukehren und näher zu Gott zu kommen. Falsch verstanden bringen sie einen aber weiter weg von Gott.

Jeder noch so reife Christ erlebt Niederlagen. Schuldgefühle sind das Flüstern des Heiligen Geistes, das dich einlädt, wieder zurück zum Kreuz zu kommen und dir der Gnade Gottes bewusst zu werden. Keiner ist perfekt!

Wenn deine Pläne für dein geistliches Wachstum nicht funktionieren, gerate nicht in Panik. Versuche nicht alles aufzuholen, was du verpasst hast.

Laufe weiter geradeaus. Ruhe dich in Gottes Gegenwart aus. Freue dich darüber, dass Gott dich liebt, selbst wenn du Verabredungen mit ihm verpasst. Er liebt dich wie kein anderer.

Ich fühle mich einsam

Es gibt keinen reifen Christen auf der Welt, der noch nie in einem »geistlichen Graben« gelandet ist. Zu jeder Zeit sind viele Jugendmitarbeiter ausgebrannt, müde und fühlen sich weit weg von Gott. Jeder Christ, den du kennst, und sogar geistliche Helden, zu denen du aufschaust, geraten in geistliche Wüstenzeiten.

Wenn du dich alleine fühlst: Es liegt nicht daran, dass du zu wenig Leute kennst. Es gehört zu deinem Dienst. Es wird bis zum Ende immer wieder solche Zeiten geben. Aber merke dir, dass du nicht alleine bist. Lass nicht zu, dass dich dieses Gefühl nach unten zieht. Arbeite an einigen der Vorschläge aus diesem Kapitel.

Meine Frusterfahrungen

Seit ich ein Teenager bin, schreibe ich Tagebuch. Normalerweise notiere ich meine Gefühle und Gebete. Hier ist ein Eintrag aus meinem ersten Jahr als Mitarbeiter:

15. September 1979
Ich fühle mich einsam. Es läuft ganz gut, außer dass ich meine Berufung zum Dienst jeden Tag anzweifle – sogar mehrmals am Tag. Soll ich nicht einfach etwas anderes machen? Oder suche ich bloß eine Ausrede, weil es gerade etwas schwieriger wird? Jim hat mir gesagt, dass es am Anfang normal ist, verwirrt zu sein. Aber ich frage mich, ob mein Dienst es wert ist, sich voll reinzuhängen. Möchte ich mein Leben für diese Jugendlichen einsetzen? Will ich es wirklich? Ist es das Richtige? Werde ich es schaffen? Ich möchte hier bleiben, wenn es der Platz ist, an dem Gott mich haben will. Aber ich hätte nicht gedacht, dass es so schnell dunkel um mich wird. Ich bin müde, einsam, verwirrt. Ich brauche etwas von Gott, das ich im Augenblick nicht erkennen kann. Oder ich bin zu müde, um mir darüber Gedanken zu machen.

Es ärgert mich zugeben zu müssen, dass der folgende Eintrag nicht anders ist, obwohl ich ihn fast 23 Jahre später geschrieben habe:

4. Februar 2002
Heute fühle ich mich etwas besser. Aber es ist so, als wäre ich schon seit Wochen in einem tiefen Tal. Ich frage mich, ob ich immer noch die richtige Person für diesen Job bin. Habe ich noch die Fähigkeiten dazu? Braucht unsere Gemeinde einen anderen? Besser? Jünger? Mit mehr Energie? Weniger Vater, mehr Freund? Kann ich das geben, was gerade dran ist? Ich habe das Gefühl, immer ungeduldiger zu werden. Kleinigkeiten ärgern mich. Ich habe keine dicke Haut. Diese Woche musste ich darüber nachdenken, wozu ich überhaupt in den vollzeitlichen Dienst gegangen bin. Gottes Berufung? Ich hoffe doch. Ich brauche Gottes Antwort und Bestätigung!

Ich dachte, es würde Spaß machen, meine alten Tagebücher durchzublättern. Ich fand Seiten mit Pepsi-Flecken. Auf anderen habe ich mein Gewicht notiert, Gedanken zu Predigten und Gebete. Ich habe Namen von Jugendlichen entdeckt, an die ich mich gerne erinnere (und einige, die mich schon beim Lesen ihrer Namen wieder zur Weißglut bringen). Ich habe aber auch viel Frust, Enttäuschungen und Schmerz gefunden. Eine Menge davon.

Es wäre vermutlich einfacher gewesen (dachte ich jedenfalls), die Vergangenheit Vergangenheit sein zu lassen. Meine Tagebücher zu lesen hat mich noch einmal erleben lassen, wie es damals war. Um ehrlich zu sein: Ich fand es beängstigend. Mir wurde klar, dass ich mich häufig vor meinen Gefühlen versteckte. In der Öffentlichkeit trug ich eine Maske und tat so, als wäre ich fromm, lustig, spontan und würde mich um alle kümmern. So, wie es jeder von einem Leiter erwartet.

Aber wenn ich alleine war, hatte ich Angst vor der Stille, stellte meine Fähigkeiten in Frage und suchte Antworten. Gelegentlich durchforstete ich sogar die Stellenanzeigen – in der Hoffnung nach einem anderen Job, der einfacher, weniger schmerzhaft und konfliktfrei wäre (zum Beispiel Leiter des Posaunenchors).

Wie jeder andere kämpfe ich auch heute noch mit negativen Gefühlen. Es ist nicht mehr ganz so häufig wie früher. Aber es nimmt mich jedes Mal stark mit.

Um diese Kämpfe zu gewinnen, musst du die Wahrheit über Frust kennen.

Die Wahrheit über Frust

Frust tritt in jedem Bereich des Dienstes auf, nicht nur in der Jugendarbeit. Wo Menschen leben, gibt es Sünde. Wo es Sünde gibt, treten Probleme auf. Wo Probleme auftreten, folgen Frust und Entmutigung. Darauf kannst du dich verlassen. Wenn du »Ja« zu Jugendarbeit sagst, sagst du »Ja« zu Frusterfahrungen. Jeder, der nicht zugeben kann, ab und an frustriert und entmutigt zu sein, lebt in einer Traumwelt. Schauen wir uns einige Wahrheiten über Frust an:

1. Frust tut weh

Christen sind Experten darin, ihre Gefühle zu verbergen. Hast du jemals folgende Situation erlebt:

Frage: »Hallo, wie geht es dir?«
Antwort: »Prima! Könnte nicht besser sein! Gott sei Dank!«

Im Ernst? Oder ist das deine sozial bedingte, christliche Antwort? Wie kann es dir gut gehen, wenn du dich um einen Jugendlichen besonders gekümmert hast, und er dir nach einem Gespräch den Stinkefinger zeigt und dich und deine Familie fertig macht? Dir geht es nicht gut!

Viele Gemeinden haben sich in Orte verwandelt, die es unmöglich machen, unser verletztes Inneres zu offenbaren – besonders, wenn du in einer Leitungsposition bist. Aber nur weil andere Leiter nicht transparent sind, bedeutet das nicht, dass sie keine Verletzungen erleben.

Frust verletzt. Er kann deine Stimmung dämpfen, dir das Herz brechen, dich auf Gott zornig machen, deine Urteilsfähigkeiten schmälern und deine Beziehungen zu anderen belasten.

Einmal war ich nach einem Treffen mit ehrenamtlichen Mitarbeitern so entmutigt, dass ich mich eine Woche krank melden musste. Ich war tief verletzt, ausgelaugt und körperlich fix und fertig. Es ging mir richtig übel.

Was war passiert? Ich habe es nicht geschafft, meine Mitarbeiter von einer Sache zu überzeugen. Sie stimmten mir nicht zu. Ihre Teilnahmslosigkeit sah für mich so aus, als würden sie meine Leiterschaft komplett in Frage stellen. Ich habe ihre Ablehnung so persönlich genommen, dass ich meinte, jeder von ihnen würde durch sein Verhalten sagen: »Doug, du bist ein Verlierer, kein Leiter!« und mir gleichzeitig in den Magen boxen.

Als wenn das nicht entmutigend genug wäre: Als ich nach einer Woche zurückkam, hatte keiner gemerkt, dass ich überhaupt weg gewesen war.

2. Frust kommt immer zur falschen Zeit

Frust taucht immer dann auf, wenn man es am wenigsten gebrauchen kann. Das ist für mich eine der schlimmsten Lektionen der Jugendarbeit, ernüchternd und demütigend. Meiner Erfahrung nach taucht Frust häufig nach einem großen Erfolg auf. Nach geistlichen Höhen, zum Beispiel einer guten Freizeit, einem tollen Konzert oder einem lebensverändernden Missionseinsatz kommt ein entmutigendes Tief.

Ich kann mich gut mit dem Propheten Elia identifizieren. Elia erlebte eine unglaubliche »Wochenendfreizeit«: Er war dabei, als Gott 450 Propheten des Götzen Baal vernichtete – ein grandioses Erlebnis.

Doch direkt danach schlitterte er in ein Tief: Königin Isebel schüchterte ihn ein, er rannte um sein Leben und wollte sogar sterben.

Glaubst du nicht, dass Elia auf einem geistlichen Hoch sein sollte? Ich an seiner Stelle würde durch die Straßen tanzen, mit meinem Schwert winken und jedem erzählen, wie Gott das Feuer vom Himmel fallen ließ.

Aber aus irgendeinem Grund war Isebel für Elia stärker als Gott. Dabei hatte er Gottes Kraft erlebt. Sie war größer als die Drohung der Königin. Oder nicht? Gottes Kraft gegen Isebel? Eigentlich kein Thema. Aber in seiner Entmutigung bekam Elia kalte Füße und konnte nicht mehr richtig denken.

3. Frust ist egoistisch

Die abstoßendste Wahrheit über Frust ist: Er ist ich-zentriert. ICH bin entmutigt wegen MEINER Situation, weil jemand etwas über MICH gesagt hat, weil ein Jugendlicher MICH abweisend behandelt hat, weil Eltern MICH in Verlegenheit gebracht haben, weil das Leitungsteam MIR nicht vertraut, weil der Pastor MEINE Leiterschaft in Frage stellt.

Frust ist selbstzentriert, hässlich und falsch.

Frustrierte Menschen lieben es, sich in ihren Entmutigungen zu wälzen. Sie sagen: »Ich bin frustriert, daran kann niemand etwas ändern. Lass mich in Ruhe.« Autsch! Frust bleibt bestehen, solange man auf sich selbst sieht.

4. Frust macht einsam

Die Tage (oder Wochen oder Monate) einer Frustphase sind dunkel. Frust bringt Verzweiflung, Hoffnungslosigkeit und manchmal sogar Depressionen hervor.

Die negativen Gefühle kleben geradezu an einem und ziehen einen nach unten. Man fühlt sich überhaupt nicht danach, Leute einzuladen und gemeinsam zu feiern.

Wenn du verletzt bist, ist es einfacher, den Kontakt zu Menschen zu vermeiden, als sie an deinen Schmerzen teilhaben zu lassen.

Frust und Depression

Sei dir darüber im Klaren, dass sich hinter Frust eine richtige Depression verstecken kann.

Einige Anzeichen von Depression sind Traurigkeit, Erschöpfung, Reizbarkeit, geringes Selbstwertgefühl, destruktive Selbstkritik, Scham, Schuld, Verlust von Freude und Erfüllung.

Wenn du eines dieser Symptome über einen längeren Zeitraum erlebst, solltest du einen professionellen Therapeuten aufsuchen.

Steve Gerali

Du denkst dann:
»Ich will nicht, dass mich jemand in diesem Zustand sieht.«
»Andere wollen mich *so* gar nicht sehen.«
»Ich komme alleine zurecht.«

Frust macht einsam, weil du Kontakt mit deinen christlichen Brüdern und Schwestern meidest – mit denjenigen, die dir am besten helfen könnten.

Ganz am Anfang in meinem Dienst – ich hatte meine erste Stelle als Jugendpastor direkt nach der Ausbildung – sagte ich zu meinem Mentor: »Wenn das Dienst sein soll, dann will ich nicht mehr. Ich gebe auf.«

Während meiner Ausbildung wurde mir zwar gesagt, dass es Zeiten der Entmutigung geben wird. Ich dachte, dass ich mit Entmutigung klar kommen würde. Aber ich habe nicht erwartet, dass es so heftig werden könnte. Ich wollte das Handtuch schmeißen. Ich habe meine Berufung, meine Fähigkeiten, meine geistliche Reife (und die der Gemeinde) und vieles mehr hinterfragt. Manchmal habe ich auch gedacht, dass ich viel mehr Geld in einem anderen Job verdienen könnte, der genauso erfüllend und weniger frustrierend wäre.

Mein Mentor hörte sich mein Gejammer an und hatte eine einfache Antwort: »Gott hat dich berufen und dich ausgerüstet, damit du im Dienst bist. Bleib dabei!«

Nach 25 Jahren Dienst kann ich etwas besser mit Frust und Entmutigung umgehen. Heute verdiene ich mein Geld damit, Jugendpastoren zuzuhören, die die gleichen Gefühle haben wie ich damals. Hier sind vier Tipps, die ich ihnen weitergebe, damit sie ihren Frust wieder in den Griff bekommen:

1. Denke an das Leiden Jesu

Wenn ich bete, dass ich so werde wie Jesus, wenn ich glaube, dass es der beste Ansatz ist, Jesus widerzuspiegeln, wenn ich glaube, dass Jesus in der Jugendarbeit gegenwärtig ist, dann muss ich auch an den Leiden Jesu teilhaben. Wenn ich wie Jesus werden möchte, kann ich nicht nur seine Freude, Weisheit, Kraft und seinen Frieden erleben. Ich werde auch Frust, Schmerzen und Sorgen fühlen – genau wie er.

2. Du darfst deine Berufung hinterfragen

Ich habe früher geglaubt, dass ich schon ziemlich kaputt sein muss, wenn ich Gott hinterfrage. Aber ich bin zu dem Entschluss gekommen, dass Gott mein Hinterfragen benutzt, um mich weiterzuentwickeln. Gottes Wort macht deutlich, dass wir uns in einem Prozess befinden und er etwas Großartiges in jedem von uns aufbauen will. Meistens sind Leiter gut darin, das ihren Jugendlichen zu vermitteln. Aber inwieweit glauben wir das selbst? Frusterfahrungen formen und beeinflussen uns. Entmutigung kann unsere Hingabe an und Abhängigkeit von Jesus stärken!

In einer Frustphase tendierst du dazu, das zu vermeiden, was du am meisten bräuchtest.

Bist du gerade deprimiert? Bevor du dienstlichen Selbstmord begehst oder etwas noch Schlimmeres (zum Beispiel, an dieser Stelle aufhörst zu lesen), will ich dir einige Inseln der Hoffnung im Meer von Frust und Entmutigung zeigen.

3. Verstehe Entmutigung nicht als Zeichen geistlicher Unreife

Doug hat schon darauf hingewiesen: Einige Menschen in Leitungspositionen einer Gemeinde glauben, dass Leiter sich nie schlecht fühlen dürfen. Satan greift an, wenn wir entmutigt sind. Er will uns einreden, dass wir geistlich unreif wären, wenn wir uns schlecht fühlen.

Aber das ist nicht wahr.

Ich habe eine große geistliche Lektion von einigen entmutigten Menschen der Bibel gelernt. Elia war so frustriert und einsam, dass er kurz davor war, sein Leben zu beenden (1. Könige 18). Jeremia war Gott über Jahre hinweg treu und hat nie positive Ergebnisse in seinem Dienst gesehen (kein Wunder, dass er als der weinende Prophet in die Geschichte einging).

Die Liste kann noch weiter fortgeführt werden: Josef, David, Esther, Paulus – sie alle waren Menschen, die ihr Herz auf Gott ausgerichtet haben. Sie alle erlebten Zeiten des Frustes und der Entmutigung.

Glaube nicht der Lüge Satans, dass du geistlich unreif bist. Setze deine Reise mit Gott fort und versuche, ihm zu vertrauen, dass er dich in deinen Schwächen stark macht.

4. Tue das Wichtigste

Die einzige Erwartung Gottes an uns und unseren Dienst ist, ihm treu zu bleiben. Und was ist mit den Ergebnissen? Zahlen? »Früchten«?

Das ist die Aufgabe des Heiligen Geistes! Kein Wunder, dass wir frustriert sind. Denn wir versuchen oft, jemand zu sein, der wir gar nicht sein können: Gott!

Wir versuchen, das Ergebnis zu kontrollieren, obwohl wir darüber überhaupt keine Kontrolle haben (Geistliches Wachstum bei Jugendlichen).

Es ist einfach, Erfolg so zu definieren, wie der Rest der Welt es tut und dabei völlig zu vergessen, dass Gott unsere Hilfe im Grunde gar nicht braucht. Gott arbeitet aber in und durch uns. Er kontrolliert das Ergebnis, damit er die Ehre bekommt.

Wir müssen lernen, uns vor seiner Souveränität zu verbeugen, ihm zur Verfügung zu stehen und treu zu sein.

Steve Gerali,
Referent und Autor,
Judson College und Northern Baptist Theological Seminary

Hoffnung trotz Frust

Es gibt Hoffnung. Und weil der Gott des Universums seine Finger im Spiel hat, gibt es auch genug davon. Irgendwo da draußen gibt es Licht für dich! Verliere das ewige Licht Gottes in Zeiten der Dunkelheit nicht aus den Augen. Wenn du total frustriert bist: Verlass dich darauf, dass Gott diese Zeit deines Dienstes nutzen möchte, um deine Effektivität zu steigern.

Mein altes Tagebuch zu lesen hat zwar keinen Spaß gemacht. Aber es hat mir neue Einsichten geschenkt – und mich am Ende sogar ermutigt. Denn ich habe verstanden, dass Gott mir über drei Jahrzehnte treu geblieben ist und ständig an meinem Charakter gearbeitet hat, um sein Wesen zum Vorschein zu bringen. Natürlich habe ich auch selbst an meinen Fähigkeiten gearbeitet. Aber Gott war es, der mich geformt hat. Ich bin nicht mehr die gleiche Person wie damals, als ich mit Jugendarbeit anfing (zum Glück trage ich auch nicht mehr die gleichen Klamotten wie früher).

Ich wünschte, Gott würde einen anderen Weg nutzen, um uns reifen zu lassen. Aber aus irgendeinem geistlichen Grund gehen Frust und Entmutigung einem guten Dienst voraus.

Gott kann Frustphasen nutzen, um dein Leben und deinen Dienst zu vertiefen und zu verbessern!

Praktische Schritte im Kampf gegen Frust

Wie mein Tagebuch gezeigt hat, waren die ersten Monate im Dienst überwältigend – und entmutigend. Es wäre schön, wenn ich dir sagen könnte, dass ich nur ein Frustphase am Anfang durchhalten musste und danach 20 Jahre lang meinen Dienst tun konnte. Aber das wäre gelogen.

Es kommen immer noch entmutigende Gedanken in mein Leben und meine Arbeit. Aber ich kann heute besser mit ihnen umgehen.

Ich habe einige Wahrheiten über den Kampf gegen Frust und Entmutigung gelernt. Bete und denke über sie nach, wenn du auf deinem Abenteuer Jugendarbeit in eine Frustphase kommst:

1. Du kannst sicher sein, dass du nicht alleine bist

Jeder hat mit Problemen, Herausforderungen und Schwierigkeiten zu kämpfen. Finde heraus, in welchem Bereich du gerade kämpfst (oder verkleinere deine Liste auf 100).

Begreife, dass du Teil der gesamten Menschheit bist. Du bist nicht die einzige Person, die mit einem Problem kämpft. Egal, was es ist: Es ist keine Besonderheit. Es ist ermutigend zu wissen, dass wir mit unseren Problemen nicht alleine sind.

Jeden Monat verschicke ich eine Email an viele Jugendmitarbeiter. Normalerweise schreibe ich über Probleme, Spannungen oder Ängste, die ich erlebe. Wenn ich über eine schmerzhafte Erfahrung berichte, bekomme ich jedes Mal viele Reaktionen von anderen Jugendpastoren. Es ist für sie ermutigend, von meinen Erfahrungen zu lesen, weil sie häufig in ähnlichen Situationen stecken.

2. Such dir einen erfahrenen und neutralen Mentor

In Titus 2 ermutigt Paulus ältere Männer und Frauen dazu, Ratgeber, Helfer und Mentoren für jüngere Männer und Frauen zu sein.

Hast du schon einen Mentor gefunden, der dich liebt und dich ermutigt?

Die ideale Person hat Erfahrung im Dienst und versteht die Welt der Jugendarbeit, in der du gerade lebst. Such jemanden, der älter und weiser ist als du, der sich um dich kümmert und will, dass du Erfolg hast.

Du möchtest wahrscheinlich keine Person aus deiner eigenen Gemeinde als Mentor haben, damit du offen über deine Gefühle und Erfahrungen reden kannst. Eine solche Beziehung braucht Zeit, zu wachsen.

(Siehe auch die Tipps auf Seite 50-51)

3. Verbringe Zeit mit Leuten, die nichts mit Dienst zu tun haben

Es ist wichtig, gute Freunde zu haben, mit denen man seine Leidenschaft für Jugend- und Gemeindearbeit teilt. Aber es ist genauso wichtig, Freunde zu haben, die nichts mit deinem Dienst zu tun haben.

Verbringe Zeit mit einem Freund, der dich zum Lachen bringt, dich nachdenklich macht und dich herausfordert. Jemandem, der auch deine Arbeit unterstützt. Ihr könnt eure Zeit beim gemeinsamen Sport verbringen, gemeinsam Bücher lesen, einen Film anschauen, Kaffee trinken – alles, nur nicht Jugendarbeit.

Warum?

Weil du nicht nur einen Sabbattag zum Ausruhen brauchst, sondern auch eine »Sabbatbeziehung«, um von deinen Aufgaben abzuschalten.

Wie man einen Mentor findet

Es wäre schön, wenn die nächsten fünf Ideen immer funktionieren würden. Das tun sie aber nicht. Eine Beziehung zu einem Mentor aufzubauen, kann nicht auf fünf Schritte reduziert werden. Diese Ideen können dir aber helfen, in die richtige Richtung zu gehen. Aus Gesprächen mit meinen Kollegen habe ich den Eindruck, dass es die gängigsten Schritte sind, die Mitarbeiter gehen, um einen Mentor zu finden.

Bete

Unterschätze nie die Kraft des Gebetes und die Führung des Heiligen Geistes. Bitte Gott, dir einen Mentor zu zeigen. Wenn du jemanden findest, der ein Mentor für dich sein möchte, sage dieser Person: »Ich habe gebetet und Gott hat mich zu dir geführt.«

Schau dich um

Schau dir Leute an, innerhalb und außerhalb der Gemeinde. Stelle dir diese Fragen:

- Welche Person beeindruckt mich wegen ihrer geistlichen Reife?
- Wer inspiriert mich?
- Wer ermutigt mich?
- Wer konfrontiert mich liebevoll?
- Wer glaubt an mich?
- Wer fordert mich heraus?
- Wen respektiere ich?
- Wer hat schon Ziele erreicht, die ich auch erreichen möchte?
- Über wen reden andere mit Hochachtung?
- Wen fragen Leute um Rat?

Wenn du einige Namen gesammelt hast, beobachte das Leben dieser Personen mit dem Gedanken, dass sie dein Mentor werden könnten. Während du sie beobachtest, setze Prioritäten: 1. Wahl, 2. Wahl, 3. Wahl.

Frag die Person

Nachdem du im Gebet nach Gottes Rat gesucht hast und das Leben dieser Menschen beobachtet hast, frage die Person. Ich weiß aus eigener Erfahrung, wie furchtbar das sein kann. Aber du musst da durch, wenn du wachsen und dein Leben verändern willst. Denk daran: Es ist eine Ehre, gefragt zu werden, ob man ein Mentor sein möchte. Du machst damit deutlich, dass du eine Person und ihr Leben respektierst. Also, wähle den ersten Namen auf deiner Liste und leg los.

Die Person, die deine erste Wahl ist, ist vielleicht die ideale Person. Rechne aber auch damit, eine Absage zu bekommen. Es kann sein, dass die Person für eine Mentorenbeziehung nicht die Zeit hat oder aus anderen Gründen nicht zur Verfügung steht. Lass das deinen potenziellen Mentor aber selbst entscheiden. Frag einfach!

Für eine Mentorenbeziehung angefragt zu werden, kann von der Person auch als überwältigende Verantwortung empfunden werden. Du machst deinem potenziellen Mentor die Entscheidung einfacher, indem du genau überlegst, was du willst.

Erkläre deine Erwartungen

Wenn du jemanden anfragst, einen Teil seiner Zeit in dich zu investieren, solltest du genau wissen, wonach du fragst.

Was erwartest du von eurer gemeinsamen Zeit? Möchtest du dich einmal in der Woche treffen oder einmal im Monat? Möchtest du deinem Mentor Fragen stellen oder möchtest du von ihm unterrichtet werden? Willst du mit ihm ein Buch lesen und es gemeinsam besprechen?

Je spezifischer du fragst, desto genauer weiß dein potenzieller Mentor, ob er die Zeit mit dir verbringen kann. Frage die Person an, erkläre deine Erwartung – und dann warte ab, was passiert.

Respektiere deinen Mentor

Wenn du dich mit deinem Mentor triffst, sieh die mit ihm verbrachte Zeit als Geschenk an dich an. Sei deshalb pünktlich. Biete an, zu bezahlen, wenn ihr euch in einem Restaurant trefft. Schicke gelegentlich Dankeskarten. Menschen sind gerne bereit, ihre Zeit zu teilen, wenn sie wissen, dass es wertgeschätzt wird.

Wenn sich mein ganzes Leben nur um Jugendarbeit dreht, ist das nicht nur frustrierend. Ich merke auch, dass andere Menschen mir egal werden. Ich sage das nicht laut, aber die Dinge, die ich tue (oder nicht tue), sagen genau das.

Einmal rief ein weinender Jugendlicher bei uns im Gemeindebüro an. Er wollte mit mir reden. Weil ich darauf aber keine Lust hatte, bat ich die Sekretärin, sein Anliegen zu notieren. Als meine Tochter das mitbekam, war sie total enttäuscht.

Ein anderes Mal kam eine Mutter in mein Büro. Sie wollte mit mir über die Drogenprobleme ihres Sohnes reden. Ich bin ihr aus dem Weg gegangen, um das Gespräch zu vermeiden. Dieses Mal war meine Frau total enttäuscht.

Ich war mit meinen Gedanken während Sitzungen nicht bei der Sache. Manchmal habe darüber nachgedacht, wie ich den Gemeindebus lackieren könnte und welche Sonderausstattungen ich einbauen würde. Mir war die Sitzung völlig egal.

Du denkst vielleicht, dass diese Dinge unangebracht sind. Das stimmt. Sie zeigen, was aus einem frustrierten Herzen kommt. Ob wir es zugeben wollen oder nicht: Wir alle handeln ab und zu so. Teilnahmslosigkeit ist die Schutzreaktion frustrierter Leiter.

Wenn ich rausgehe, Sport mache, mich unterhalte oder mit Freunden Zeit verbringe, die nichts mit Jugendarbeit zu tun haben, merke ich, wie mir andere Menschen wieder wichtiger werden. Es ist unglaublich, wie inspirierend ein paar wenige, einzigartige Freunde sein können, die nichts mit meinem Dienst zu tun haben.

4. Realisiere, dass nicht jeder dich und Jugendarbeit versteht

Die Liste der Leute, die sich beschweren, kann lang sein: Eltern, Jugendliche, Gemeindeleiter, Mitarbeiter, der Hausmeister, Leute, die nicht in deine Gemeinde gehen, dein Frisör, die Frau des Pastors. Jeder hat etwas zu sagen, möchte Input geben, hat Kritik anzubringen oder neue Vorschläge, die er dir mitteilen möchte.

Natürlich ist es wichtig, ein guter Zuhörer zu sein. Aber manchmal musst du mehr durchhalten als zuhören. Sei höflich, lächle, aber geh unbelastet weiter. Es ist für andere schwierig, Jugendarbeit zu verstehen, wenn sie sich selbst noch nie darauf eingelassen haben.

Lisa ist eine wunderbare Frau in unserer Gemeinde, die in unserer Verwaltung mitarbeitet. Jahrelang hat sie mir vorgehalten, wie schlecht meine Buchhaltung sei und dass ich es nie geschafft hätte, mein Budget einzuhalten (sie hat mir das schon 100-mal gesagt). Sie hat die schwierige Aufgabe, Quittungen von unorganisierten Menschen wie mir einzusammeln. Ich weiß, ich sollte meine Quittungen aufheben. Aber wenn ich auf einer Freizeit die ganzen Minikrisen bewältigen muss, vergesse ich, die Mitarbeiter nach den Belegen zu fragen, oder ich verliere sie. Nach einer Freizeit muss ich dann in eine »Schäm-dich-bloß-Sitzung«, in der mir gesagt wird, wie unverantwortlich ich wäre.

Einmal kam Lisa mit auf einen Missionseinsatz. Sie war für das Geld verantwortlich und hat ungefähr die Hälfte der Quittungen verloren (na gut, vielleicht etwas weniger als die Hälfte). Ihre Meinung über Freizeitbuchhaltung hat sich geändert, weil sie das Chaos einer Jugendveranstaltung miterlebte. Sie weiß jetzt, warum ich Probleme mit Quittungen habe und kann mich besser unterstützen.

Nicht jeder ist wie Lisa. Andere hätten womöglich kein Verständnis. Du könntest versuchen, diese Leute ein Jahr lang deine Aufgaben machen zu lassen – und ihnen zusehen, wie sie mit der Situation klar kommen (oder auch nicht). Aber da das die Wenigsten können oder wollen, sei darauf vorbereitet, dass Menschen dich nicht verstehen.

5. Nimm dir einen Tag frei

Nein, du hast heute nicht alles geschafft. Letzte Woche auch nicht. Letzten Monat auch nicht. Und ja, du hast noch eine Menge Arbeit vor dir.

Das ist okay.

Natürlich wäre es ein Problem, wenn du nicht fertig wirst, weil du wochenlang nicht arbeitest. Aber wenn du fleißig bist und trotzdem nicht alle Aufgaben schaffst, brauchst du kein schlechtes Gewissen zu haben.

Es wird nie aufhören.

Es wird immer etwas geben, das du noch machen kannst. Selbst wenn du denkst, du hättest alles geschafft, merkst du irgendwann, dass du noch etwas übersehen hast.

Hör auf, dir Vorwürfe zu machen, wenn du mit deiner Arbeit nicht fertig wirst. Du brauchst deshalb keine Schuldgefühle zu haben. Es geht uns allen so. Wenn du mehr als 18 Monate im Dienst bleiben willst, musst du begreifen, wie wichtig das Sabbatgesetz ist.

An manchen freien Tagen fiel mir das schwer und ich habe nur mal kurz Emails abgerufen. Eigentlich wollte ich nur eine halbe Stunde im Büro bleiben. Aber aus 30 Minuten wurden drei Stunden. Manchmal habe ich auch arrogant gesagt: »Ich bin zu beschäftigt, um mir einen Tag frei zu nehmen.«

Ich bin dankbar, dass diese Zeiten vorbei sind. Meine Frau hat mir geholfen zu verstehen, dass ein Leben ohne freien Tag keinen Wert hat.

Und mal ehrlich – wen interessiert es, ob ein Brief montags oder dienstags verschickt wird? Du bist weise, wenn du Freunde findest, die dich dazu zwingen, einen Tag frei zu nehmen. Je länger du ohne echte Pause arbeitest, desto länger bist du frustriert.

6. Plan einen Solotag ein

Einen freien Tag nutzt man oft für Dinge, die nichts mit Jugendarbeit zu tun haben. Wäsche waschen, zum Arzt gehen, Zeit mit der Familie verbringen, Freunde besuchen.

Wenn du von deiner Gemeinde angestellt bist, nutze monatlich einen Arbeitstag, um über dein Leben zu reflektieren, dich neu zu organisieren und deine mentalen Akkus aufzuladen.

Wenn du ein Ehrenamtlicher bist und dafür keine Zeit findest, lass ab und zu eine Veranstaltung ausfallen (nutz diesen Solotag aber nicht als Vorwand, um deine Wäsche zu waschen oder fernzusehen).

Als Jesus hier auf der Erde war, hat er sich immer wieder eine Auszeit genommen. Die Reise von einem Dienst zum anderen dauerte oft länger als einen Tag. Das gab ihm genug Zeit, alleine zu sein, über die Zukunft nachzudenken, seinen Dienst zu reflektieren, aufzutanken und die Schönheit der Schöpfung zu bewundern.

Die Wenigsten von uns gehen zu Fuß zu ihren Terminen. Wenn wir nicht gerade versuchen, an der Ampel so weit wie möglich nach vorne zu kommen, telefonieren wir, hören Radio, rasieren uns, bereiten die Jugendstunde vor oder essen noch schnell einen Happen. Heutiges Reisen bietet kaum Freiräume zum Nachdenken und Entspannen.

Darum müssen wir uns diese Solo-Zeit bewusst einplanen.

7. Räum auf

Kauf dir wenigstens dreimal im Jahr große Müllsäcke und räume auf. Vernichte die Stapel Zeitschriften, Prospekte und Unterlagen, die du irgendwann mal lesen wolltest. Befreie deinen Schreibtisch von den 75 gelben Post-Its, die auf ihm verteilt sind. Räum die Post der letzten Monate weg und entsorge die leeren Kaffeetassen. Arbeite dich durch den ganzen Haufen, bis alles weg ist.

Sollte das für dich zu schwierig sein, erlaube jemand anderem aufzuräumen, wenn du mal weg bist. (Ich weiß, das ist absolut unmöglich für den Teil der Bevölkerung, der lieber sterben würde, als andere an seine Sachen zu lassen).

Es mag zwar einige Leute geben, die gut arbeiten können, wenn ihr Büro total zugemüllt ist, aber bei den Meisten führt äußeres Chaos auch zu einer chaotischen Denkweise und Frustration. Und frustrierte Jugendmitarbeiter sind schnell überfordert. Gegen die kleinste Sache zu kämpfen, kann auf einmal unmöglich erscheinen. Und schon kommst du zu der Überzeugung, dass du wertlos bist und deine Arbeit nutzlos ist.

Der Prophet Nehemia wurde von Gott beauftragt, den Wiederaufbau der Stadtmauer in Jerusalem zu leiten. Mittendrin kam bei vielen Israeliten Frust auf. Sie waren entmutigt von der vielen Arbeit.

In Nehemia 4 Vers 10 lesen wir:

»Doch dann sagten die Juden: Den Trägern geht die Kraft aus, denn es liegt zu viel Schutt da; es wird uns nie gelingen, die Mauer aufzubauen.« Nehemia 4,10 (EÜ)

Als einige Israeliten das große Bild aus den Augen verloren, wurden sie vom Bauschutt überwältigt.

Entferne den Schutt aus deinem Leben und du wirst das Gefühl der Überwältigung los.

8. Schlafe ausreichend

Geh früh genug ins Bett, um zu lesen, nachzudenken, Tagebuch zu schreiben – und um zu schlafen. Wenn du dir abends unbedingt eine Fernsehsendung ansehen musst, nimm sie auf Video auf. Lass den Rekorder wach bleiben, damit es abends nicht zu spät für dich wird (herauszufinden, wie so ein Rekorder funktioniert, kann auch ganz schön frustrierend sein...).

Wenn du wegen später Anrufe nicht zur Ruhe kommst, stell das Telefon ab.

»Was könnt ihr denn ohne Gott erreichen? In aller Frühe steht ihr auf und arbeitet bis tief in die Nacht; mit viel Mühe bringt ihr zusammen, was ihr zum Leben braucht. Das gibt Gott den Seinen im Schlaf!« Psalm 127,2 (GNB)

Eine Kerze, die an beiden Enden brennt, ist schnell abgebrannt. Das Gleiche passiert, wenn eine Kerze zu lange an einem Ende brennt. Puste die Kerze rechtzeitig aus und geh schlafen.

Während ich versuche, ein paar Gedanken zu dem Buch meines Mannes aufzuschreiben, fühle ich mich überwältigt – und frustriert!

Nach einem unwahrscheinlich anstrengenden Tag bin ich müde und immer noch nicht am Ende meiner Arbeit. Manchmal sieht es bei uns zu Hause aus, als hätte eine Bombe eingeschlagen. Als Vollzeit-Familienfrau würde ich an einigen Tagen am liebsten vor dem Chaos flüchten. Wenn ich nicht zu Hause bin, fahre ich meine Kinder in der Gegend rum. Als ehrenamtliche Jugendmitarbeiterin fühle ich mich oft unvorbereitet. Wir planen einen Einsatz mit ein paar Jugendlichen in Mexiko. Ich habe sie nur schlecht auf diesen Missionseinsatz eingestellt.

Aber trotzdem weiß ich, dass es weiter gehen muss, auch wenn die Umstände sich nicht ändern werden – zumindest nicht sofort. Ja, ich war auch schon mal an so einem Punkt. Doug und ich leben und arbeiten schon seit vielen Jahren zusammen. Und ich freue mich, dass Doug die Prinzipien umsetzt, von denen er hier schreibt.

Doug wird für alles, was er tut, kritisiert – viel mehr als ich. Deswegen nimmt er sich Zeit, um aus seinem vollen Leben auszusteigen, stille zu werden, sein Tagebuch zu schreiben und zu reflektieren, wie Gott an ihm arbeitet, wenn er durch eine Frustphase geht. Und das ermutigt mich sehr.

Deswegen weiß ich, dass ich jetzt gerade durchhalten muss. Während ich in meinem Frust zu Gott schreie, verwandelt er mein Jammern in Dank. Er erinnert mich daran, wie sehr er sich um mich sorgt – und nicht darum, wie sauber mein Haus ist, wie gut ich mein »Kinder-Taxi« fahre und noch nicht mal, wie gut ich mit Jugendlichen arbeite.

Das gibt mir Hoffnung, weiter zu machen und weiterhin das beste ICH zu sein, dass ich für IHN sein kann.

Cathy Fields

9. Schreib Tagebuch über deine Frusterfahrungen

Sprich deine Frustration, deine Wut und die Namen der Jugendlichen, die dich verrückt machen, aus. Da der Inhalt dieser Aufzeichnungen ziemlich deprimierend ist, sei kreativ damit – ordne die Namen der Jugendlichen nach dem Alphabet, nummeriere Eltern in der Reihenfolge, in der du sie am liebsten aus der Gemeinde schmeißen würdest (oder woraus auch immer).

Dein Mentor hört sich sicher viele deiner Beschwerden an, aber je mehr Frust du bei ihm ablädst, desto schneller wirst du merken, dass er für dich nicht mehr ansprechbar ist. Er will dir helfen und keine Müllhalde für deinen Frust sein. Ein Tagebuch ist der sicherste Ort, um Luft abzulassen.

Einige Leute werden sagen, dass es wichtig ist, eine dicke Haut zu bekommen und alle negativen Kommentare einfach abblitzen zu lassen. Klar, dem stimme ich zu, aber die Realität ist, dass das nicht so einfach ist. Die Kommentare kommen zurück, sobald du durch ein Tief gehst.

Es ist deshalb gut, sie aufzuschreiben. Dann hast du etwas Konkretes, worüber du reflektieren kannst. Außerdem kannst du später prüfen, ob du deinen Frust gut verarbeitet hat.

Du wirst Frust nicht vermeiden können. Diese Phasen kommen und gehen wie Ebbe und Flut. Und dein Tagebuch kann sich für dich wie ein Plan entwickeln: Nach einiger Zeit weißt du, was wann auf dich zukommt.

Achte darauf, dass keiner deine Tagebücher findet. Das wäre für dich mehr als frustrierend...

10. Sammle Ermutigungen

Wenn du von anderen ein kleines Dankeschön bekommst, dann behalte es. Es wird Leute geben, die dich ermutigen werden (lies das ruhig nochmal!). Heb diese Ermutigungen auf.

Man ist versucht, diese kleinen Zettel wegzuwerfen. Tu es nicht. Mach sie unsterblich, indem du sie in einem Ordner oder einer Kiste sammelst. Nach einem Jahr hast du eine kleine Sammlung von Notizen und Briefen, die du lesen kannst. Nach drei Jahren wird diese Sammlung deutlich anschwellen und nach zehn Jahren brauchst du schon einen Kran, um sie zu bewegen.

Nachdem ich diese Briefe einige Jahre lang einfach weggeworfen habe, hebe ich sie jetzt auf. Ehrlich gesagt, ich kann mich nicht daran erinnern, wann ich sie das letzte Mal gelesen habe. Wann auch immer das war, ich habe geweint und

Ich werde niemals vergessen, als ich das erste Mal entmutigt war: Ich habe absolut unangebracht reagiert. Ich war mir sicher, dass mein Jugendpastor sich nie so gefühlt hatte. Er hatte immer alles im Griff. Er war auch unter Druck immer cool, hatte immer eine Antwort auf Lager und zweifelte nie seine Berufung an... – oder vielleicht doch?

Aber ich war frustriert, und nichts ging mehr. Wie könnten Teenager mir jemals wieder zuhören, wo ich doch sooo frustriert bin? Ich sollte doch ihr »Fels« sein, nicht ihr »Pudding«! Und ich habe nur künstlich gelächelt und den Kopf hoch gehalten. Ich wusste, dass es falsch war. Andere haben meine Arbeit gelobt und mir auf die Schultern geklopft, aber ich hätte sie am liebsten gepackt und angeschrien: »Ich bin nicht glücklich, es macht mir keinen Spaß und ich bin ein Idiot! Bitte hört endlich auf, eure Jugendlichen zu mir zu schicken!«

Ich war entmutigt, weil ich nicht jedem Jugendlichen helfen konnte – so sehr ich es auch versuchte. Ich kannte die Antworten aus Lehrbüchern, aber diese Bücher waren nur Theorie. Die Jugendlichen allerdings waren Realität, richtige menschliche Wesen – und Antworten auf ihre Fragen zu finden, war eine echte Herausforderung. (Außerdem hatten sie die Lehrbücher nicht gelesen und konnten deswegen auch nicht wissen, wie sie sich verhalten sollten.)

Ich war entmutigt, weil Eltern in mir den Babysitter ihrer Kinder sahen – so sehr ich auch versuchte, das zu ändern. Sie steckten mir freudig Geld zu, damit ich mit den Jugendlichen für ein Wochenende wegfahre. Aber als ich sie fragte, ob wir eine Bibelgruppe in ihrem Haus veranstalten könnten, schauten sie mich an, als hätte ich zwei Köpfe.

Ich war entmutigt, weil ich mich selbst nicht sah, wie Gott es tut – als sein Ebenbild (und mit nur einem Kopf!). Ich selbst dachte, ich wäre eine Katastrophe für die Jugendarbeit – er sah mich als seine Schöpfung.

Ich wollte der beste Jugendmitarbeiter weit und breit sein – *er* wollte einfach nur, dass ich gehorsam bin.

Mike Wilson,
Jugendpastor,
Two Rivers Baptist Church, Nashville

beschlossen, sie eine Weile nicht mehr zu lesen. Aber trotzdem erfüllt der vollgestopfte Ordner seinen Zweck. Immer wenn ich ihn sehe, freue ich mich und danke meiner Frau für die Idee, sie zu sammeln. Ich weiß dann, dass es Menschen gibt, die mich lieben und meine Arbeit schätzen.

11. Entscheide dich, weiterzumachen

In deinem Frust ist das die ultimative Entscheidung – und die, die die größte Auswirkung hat:

Wenn du Ja zu Gott sagst und tust, was er sagt, wird er dich gebrauchen wie er will, wo er will und wann er will.

Wenn du einige der Grundsätze aus dem ersten Kapitel missachtest, wird dein Dienst voller Frusterfahrungen sein. So wird der Stachel der Enttäuschung jedesmal pieksen, wenn du dich mit einem anderen Mitarbeiter vergleichst.

In meiner Anfangszeit hatte mein Jugendpastor einen so großen Einfluss auf mich, dass ich sein wollte, wie er. Aber ich bin nie an ihn herangekommen. Ich habe innerlich den Wunsch entwickelt, mit Jugendarbeit aufzuhören, weil ich nicht so gut war wie er. Letztendlich hat Gott mir klar gemacht, dass ich IHM dienen soll, anstatt zu versuchen, meine eigenen Erwartungen zu erreichen. Ich habe erlebt, was für ein Segen es ist, Gott zu dienen, ohne sich mit anderen zu vergleichen.

Entscheide dich bewusst für deinen Dienst und du wirst nicht vorschnell aufgeben, wenn eine Frustphase kommt.

Ich würde dir gerne einen Brief zeigen, den ich von meinem Freund Brian bekommen habe.

Doug,

gestern habe ich mit dem Dienst aufgehört.

Ich bin es leid, mir ständig anhören zu müssen, dass ich für das Benehmen der Jugendlichen im Gottesdienst verantwortlich sei, als wäre ich der Türsteher der Gemeinde.

Ich bin es leid, Vorwürfe von Eltern zu bekommen, die keinen christlichen Lebensstil führen, aber von mir erwarten, ihre Kinder zu formen und der Jugendarbeit die Schuld geben, wenn ihre Kinder Mist bauen.

Ich bin es leid, dass einige Jugendliche so tun, als wären sie fromm, aber so leben, als hätten sie noch nie von Jesus gehört.

Ich bin es leid, dass Erwachsene, die keine Ahnung von Jugendarbeit haben, mir vorschreiben, wie ich meine Arbeit zu machen habe.

Ich bin es leid, dass einige aus der Gemeinde die Termine der Jugendarbeit nicht ernst nehmen und die Jugendlichen darunter leiden müssen, weil einfach andere Veranstaltungen eingeplant werden.

Ich bin es leid, dass einige Leute denken, dass die Art und Weise, wie 1970 Gemeinde gebaut wurde, auch heute noch funktionieren soll.

Ich bin es leid, dass Menschen sich bei einem Dutzend anderer Leute beschweren und rumnörgeln, anstatt zu den Leuten zu gehen, mit denen sie was zu klären haben.

Ich bin es leid, dass Leute, die keine Zeit mit Gott verbringen (wie sie selber zugeben) trotzdem denken, sie sollten die Gemeinde leiten.

Ich bin es leid, dass Leute denken, meine Frau wäre auch eine Angestellte der Gemeinde und müsse zu jeder Zeit erreichbar sein.

Ich bin es leid, dass Leute ständig fragen, wann ich endlich richtiger Pastor werde und meine eigene Gemeinde leite.

Ich bin es leid, dass Leute denken, man könne Jugendmitarbeitern nicht vertrauen und müsse sie ständig beobachten.

Ich bin es leid, dass Leute denken, es wäre selbstverständlich, spät in die Nacht hinein zu arbeiten.

Ich bin es leid, dass Leute fragen: »Was machst du eigentlich den ganzen Tag, wenn die Kinder in der Schule sind?«

Unterm Strich: Ich bin es leid, es leid zu sein!

Ich war klug genug und habe niemandem erzählt, dass ich aufgehört habe. Ich bin nach Hause gegangen, habe Zeit mit meiner Familie verbracht (und sie auch nicht mit meiner Kündigung belastet), einige Zeit lang gebetet und lange geschlafen. Heute bin ich wieder ins Büro gegangen.

Ich habe Epheser 6 Vers 13 gelesen: Darum greift zu den Waffen Gottes! Wenn dann der schlimme Tag kommt, könnt ihr Widerstand leisten, jeden Feind niederkämpfen und siegreich das Feld behaupten. (GNB)

Gott hat mir heute die Gnade gegeben, die Menschen zu lieben, wegen denen ich gestern noch aufhören wollte. Ich bin dankbar dafür, den besten Job dieser Welt zu haben, für die Möglichkeit, mich von Gott als einen Kanal für seine Gnade gebrauchen zu lassen, um junge Menschen zu prägen. Ich bin froh, dass, obwohl ich Gott gestern aufgegeben habe, er mich nicht aufgibt.

Heute habe ich die Entscheidung getroffen, durchzuhalten. Denn Gott hat mich zu etwas berufen, das zu wichtig ist, um damit aufzuhören.

Dein Freund und (immer noch) Kollege,

Brian

Frustrierende Gedanken und entmutigende Worte kommen und gehen. Aber unser liebender, himmlischer Vater möchte, dass seine Kinder eine neue Perspektive für ihr Leben bekommen: Gottes Perspektive.

Vertrau ihm und vergiss nicht, dass er bei deinem Abenteuer Jugendarbeit dabei ist:

> *Der Herr ist mein Hirte; darum leide ich keine Not. Er bringt mich auf saftige Weiden, lässt mich ruhen am frischen Wasser und gibt mir neue Kraft. Auf sicheren Wegen leitet er mich, dafür bürgt er mit seinem Namen. Und muss ich auch durchs finstere Tal - ich fürchte kein Unheil! Du, Herr, bist ja bei mir; du schützt mich und du führst mich, das macht mir Mut.* Psalm 23,1-4 (GNB)

Wenn du das nächste Kapitel liest, wirst du feststellen, dass der Tiefgang deines geistlichen Lebens viel weiter reichen kann, als deine Enttäuschungen. Wenn dein geistliches Leben gesund ist, werden die Pfeile der Enttäuschung nur Schürfwunden hinterlassen, aber nicht deine Seele verwunden.

Überspring das nächste Kapitel nicht oder ich werde ziemlich enttäuscht sein! (Da siehst du mal, wie schnell das bei mir geht...)

fragen zu kapitel 2

ist es immer so schlimm?

Zur Gruppendiskussion

- Was frustriert dich an deiner Arbeit am schnellsten?
- Welche Ideen aus diesem Kapitel helfen dir in Frustphasen?

Zur persönlichen Reflektion

- Habe ich einen Plan, der mir hilft, mit Frust umzugehen? Wenn ja, wie sieht er aus? Wenn nein, lohnt es sich, jetzt darüber nachzudenken?
- Waren meine Frusterfahrungen im letzten Jahr schmerzhaft, zu einem schlechten Zeitpunkt, selbstzentriert oder haben sie mich einsam gemacht?
- Habe ich einen Freund oder Mentor, der auch außerhalb meines Dienstes auf mich achtet? Wenn nicht, wie und wo kann ich einen finden?
- Habe ich einen Solotag, um aufzutanken?

Nächste Schritte

- Fang an, Tagebuch zu schreiben
- Suche dir einen Mentor. Erstelle eine Liste mit Dingen, die du von einem Mentor erwartest.
- Schau dir lange und intensiv deinen Kalender an. Halte dir Zeit für dich alleine frei.

3

wie bleibe ich geistlich fit?

ein gesundes fundament legen

Ich trainiere das Jugendliga Baseball-Team meines Sohnes. Mein Co-Trainer bringt jedes Mal seinen jüngsten Sohn Tate zum Training mit. Wir ermutigen Tate, mit den älteren Jungs zu trainieren. Er ist ein netter Kerl und ungefähr genauso groß wie die anderen. Er stört das Training nicht. Ehrlich gesagt, ist er wahrscheinlich genauso gut wie die meisten anderen im Team.

In jedem Training kann man Tate dabei beobachten, wie er Bälle fängt, schlägt und wirft. Wenn du uns beim Training zuschauen würdest, würdest du nicht auf die Idee kommen, dass Tate gar nicht zum Team gehört. Das würdest du erst bei einem Spiel sehen, weil er kein Trikot trägt. Sechs Tage in der Woche ist er dabei, aber beim Spiel ist er nicht mit von der Partie. Tate macht alles richtig, aber er hat keinen Einfluss, wenn es wirklich drauf ankommt: Auf dem Platz.

Es gibt Leiter in der Jugendarbeit, die alles richtig zu machen scheinen. Aber sie sind nicht wirklich im Spiel. Sie stehen in ihrem geistlichen Leben am Spielfeldrand. Ich habe eine Menge Leiter getroffen, die meinen, automatisch im Glauben zu wachsen, wenn sie anderen beim geistlichen Wachstum helfen. Aber Herzen, die nicht mit Jesus verbunden sind, helfen dem Team nicht. Diese Leiter haben keinen Einfluss.

Wenn sich solche Leiter ein Kapitel aus diesem Buch zum Überspringen auswählen könnte, wäre es dieses. Denn in sich hineinzuschauen und über sein geistliches Lebens nachzudenken, macht weniger Spaß, als sich in die Arbeit zu stürzen.

Bitte lege deinen Dienst, deine Verantwortung und die Veranstaltungen, die du gerade planst, für einen Moment zur Seite, damit du ernsthaft über dein geistliches Leben nachdenken kannst.

Warum? Weil es unter Leuten, die für Gott arbeiten, weit verbreitet ist, das eigene geistliche Leben zu vernachlässigen. Ohne geistliche Gesundheit bleibst du jedoch nicht lange im Dienst.

Versteh mich nicht falsch: Du brauchst nicht das Bibelwissen eines Professors oder die geistliche Disziplin eines Mönches. Aber du brauchst ein Herz, das Gott und seiner Führung gegenüber offen ist. Du musst Jesus lieben.

In einer gesunden Jugendarbeit bündelt sich die geistliche Gesundheit der einzelnen zu einem guten Team.

Einige Jugendarbeiten haben eine schöne Fassade. Auf den ersten Blick sehen sie gut aus, werden gelobt, gut besucht und haben tolle Veranstaltungen. Aber wenn man näher hinschaut, sieht man, dass keine geistliche Frucht da ist. Mitarbeiter und Leiter solcher Arbeiten sind zu viel damit beschäftigt, Gottes Arbeit *zu tun*, dass sie vergessen, Gottes Kinder *zu sein*.

Frust, wie ich im letzten Kapitel beschrieben habe, kommt häufiger in geistlich schwachen Herzen vor. Ein geistlich gesundes Herz ist besser darauf vorbereitet, die Pfeile der Entmutigung abzuwehren. Täglich mit Gott in Verbindung zu stehen ist wichtiger, als eine theologische Ausbildung zu absolvieren, ein Buch zu lesen oder ein Seminar zu besuchen.

Jesus sagt in Johannes 15,4:
»Bleibt in mir und ich bleibe in euch, denn ohne mich könnt ihr nichts tun.«

Konzentriere dich auf dieses Bild der Verbundenheit mit Gott.

Du musst dein geistliches Leben ernst nehmen, um den Marathon der Jugendarbeit zu überstehen.

Spiritualität – Tun gegen Sein

Gott hat dich gemacht, damit du mit ihm verbunden bist und die Beziehung zu ihm mit den Jahren immer tiefer wird. Erlaube deiner Arbeit nicht, wichtiger zu werden als deine Beziehung zu Gott. Lass deinen Dienst nie wichtiger werden als deine Anbetung. Sonst entfremdest du dich von deinem himmlischen Vater.

Es ist kein Einzelfall, dass Leiter ohne richtige Verbindung zu Gott leiten.

Die härtesten Worte Jesu richteten sich an Leiter, die ihre geistliche Gesundheit entweder ignorierten oder sie komplett vergaßen. Jesus hat ihnen deutlich gesagt, wo sie nach Geistlichkeit suchen sollen: innen.

Ihr blinden Pharisäer! Sorgt zuerst dafür, dass es mit dem Inhalt des Bechers seine Richtigkeit hat, dann wird auch sein Äußeres rein. Matthäus 23,26 (GNB)

Diese Leiter haben ihre Spiritualität auf »links« gedreht. Sie haben gelernt, von außen gut auszusehen, ohne an ihrem hässlichen Inneren zu arbeiten. Diese Meister der Äußerlichkeit haben geistliche Grundlagen missachtet:

Treue will ich von euch und nicht, dass ihr mir Tiere schlachtet! Ihr sollt mir nicht Brandopfer bringen, sondern erkennen, wer ich bin und was mir gefällt. Hosea 6,6 (GNB)

Wie oft bin ich in die gleiche Falle geraten und dachte, dass Gott mein Opfer von Zeit und harter Arbeit lieber hat, als Anbetung und mein Streben nach Verbundenheit mit ihm. Fälschlicherweise habe ich geglaubt: Geistliche Gesundheit bedeutet, Gottes Arbeit zu *tun*.

Hast du das auch schon mal gedacht? Wenn ich dich bei unserem Treffen nach deinem geistlichen Zustand fragen würde, was würdest du antworten? Welche Gedanken kommen dir sofort in den Kopf?

Es ist mir peinlich, zugeben zu müssen, dass ich dazu tendiere, wie meine Pharisäer-Vorfahren mein geistliches Leben über äußere Aktionen zu definieren. Ich sage: »Es geht mir gut! Ich gehe zur Gemeinde. Ich habe eine Kleingruppe, die auf mich aufpasst. Und ich habe mehrmals pro Woche Stille Zeit.«

Solche Äußerlichkeiten fallen zwar schnell auf, aber spiegeln trotzdem nicht meinen geistlichen Zustand wider.

Lass uns drei Merkmale einer rein äußeren Spiritualität untersuchen:

- *Zur Gemeinde gehen:* Mitarbeiter können mit harten Herzen und gezwungenermaßen zur Gemeinde gehen. Zwar sagen wir, dass wir geistlich wachsen wollen, aber oft kommen wir nur, um die Predigt zu kritisieren oder um gesehen zu werden.
- *In einer Kleingruppe sein:* Es ist einfach, in der Kleingruppe die tiefen und klassischen theologischen Diskussionen zu führen, ohne dabei sein Herz zu öffnen und Ängste, Sünde, Unzufriedenheit und Zweifel zuzugeben. Warum sollte ich über mein Leben reden und mich verletzbar machen, wenn man auch »nur« über Theologie und die Bibel reden kann?

- *Stille Zeit:* Wenn dich jemand nach deiner Stillen Zeit fragt, antwortest du vielleicht: »Läuft super, ist interessant, ich habe viel gelernt!« Aber wie wäre es, auch mal zuzugeben: »Ich habe nichts davon gehabt, außer mehr Fragen und noch mehr Zweifel.« Es hört sich zwar nicht so geistlich an, aber vielleicht würde es deinen Glauben vertiefen, wenn du dir das Geheimnis Gottes und deinen Mangel an Verständnis klar machst.

Das Größte

Ich habe erlebt, wie sich Spiritualität in Aktionen sichtbar macht. Aber spirituelle Gesundheit und christliches Verhalten sind nicht unbedingt voneinander abhängig. Gott ist es wichtig, dass Menschen sich nicht nach außen geistlich verhalten, obwohl sie es im Inneren gar nicht sind. Er ist mehr an deinem *Sein* interessiert, als an deinem *Tun*.

Wenn wir uns einen Klassiker von Jesus anschauen, wird deutlich, was Gott möchte:

> *»Lehrer, welches ist das wichtigste Gebot des Gesetzes?« Jesus antwortete: »Liebe den Herrn, deinen Gott, von ganzem Herzen, mit ganzem Willen und mit deinem ganzen Verstand! Dies ist das größte und wichtigste Gebot. Aber gleich wichtig ist ein zweites: Liebe deinen Mitmenschen wie dich selbst!*
> Matthäus 22,36-39 (GNB)

Gott möchte zuerst, dass wir ihn lieben. Der Unterschied zwischen diesen beiden Geboten ist: Das eine ist das wichtigste, das andere das zweitwichtigste Gebot. Wenn du diesen Unterschied nicht verstehst, hat das fatale Auswirkungen auf dein geistliches Leben.

Dein Dienst und deine Liebe zu Menschen dürfen nie wichtiger werden, als deine Liebe zu Gott.

Hast du die folgenden Sätze schonmal gehört?

- Ich kann jetzt aufhören, in der Bibel zu lesen, weil ich genug Material für die nächste Bibelarbeit habe.
- Ich brauche jetzt nicht zu beten – wir beten ja noch heute Abend in der Jugendstunde.

- Ich bin zu müde für meine Stille Zeit. Ich war gestern Abend zu lange mit Gemeindearbeit beschäftigt.
- Ich hatte eine anstrengende Woche auf der Arbeit. Ich werde den Gottesdienst an diesem Wochenende ausfallen lassen.

Wenn man den Unterschied zwischen »Gott lieben« und »andere lieben« nicht versteht, kann das zu einem dienstzentrierten Leben führen. Dein Dienst in der Gemeinde darf nie auf Kosten deiner Beziehung zu Jesus gehen.

Übrigens: Es geht nicht darum, geistliche Disziplinen während einer Freizeit aufrecht erhalten zu müssen. Wer hat schon eine ungestörte Stille Zeit auf einem Zeltlager? Fühl dich nicht schuldig, wenn du in solchen Situationen deine geistlichen Disziplinen vorübergehend vernachlässigst. Deine Spiritualität ist mehr als die Summe deiner geistlichen Aktivitäten. Deine Beziehung zu Gott kann nicht nur daran gemessen werden, wie oft du in der letzten Woche Stille Zeit gemacht hast.

Das Zweitgrößte

Ein Gebot ist zwar wichtiger als das andere, aber trotzdem können beide nicht voneinander getrennt werden. Treue im ersten Gebot (Gott lieben) hat Gehorsam im zweiten (andere lieben) zur Folge.

Aber: Treue im Zweiten bringt keine Echtheit im Ersten. Gott lieben führt dazu, dass du andere liebst; aber andere lieben führt nicht dazu, auch Gott zu lieben. Ohne Liebe zu Gott sind Mitarbeiter in der Gemeinde wirkungslos.

Entweder...oder?

Eine andere Folge der Verbundenheit zwischen den beiden Geboten ist: Der Gott, der dich dazu berufen hat, eng mit ihm verbunden zu sein, hat dich auch dazu berufen, ihm zu dienen.

Es ist eine gewisse Spannung, aber du kannst beides tun. Du musst dich nicht zwischen einem gesunden geistlichen Leben oder einem produktiven Dienst entscheiden. Es ist kein Entweder...oder. Es ist ein Sowohl...als auch.

Vielleicht solltest du einen Moment nachdenken und dich fragen, ob du für ein halbes Jahr mit deinen Aktivitäten pausieren solltest. Wenn du gegenwärtig nicht in der Lage bist, Menschen zu dienen und gleichzeitig die Beziehung zu Gott zu vertiefen, kann dir eine »Zwangspause« helfen, dich wieder auf Gott auszurichten.

Du bist in erster Linie Kind Gottes und erst in zweiter Linie Mitarbeiter. Stell dir deshalb ernsthaft die Frage: »Wie kann ich geistlich gesund bleiben und gleichzeitig den Jugendlichen dienen?«

Wenn du eine Arbeit leitest, musst du die Beantwortung dieser Frage zur Priorität für deine Mitarbeiter werden lassen.

Wenn du Mitarbeiter bist und dieses Buch von jemandem bekommen hast, denke ernsthaft über diese Frage nach. Dein Leiter möchte, dass du den Inhalt dieses Kapitels verstehst und ein Vorbild für andere Mitarbeiter und Leiter bist.

Wie kann ich geistlich wachsen?

Um dir diese Frage zu beantworten, kann ich dir lediglich meine Erfahrungen weitergeben. Mir ist aufgefallen, dass es einige Warnsignale gibt, wenn ich geistlichen Tiefgang verliere. Beachte ich diese Signale nicht, bin ich nach einiger Zeit wie eine Glühbirne ohne Strom.

Ich kenne mich nicht gut mit Autos aus. Einige meiner Freunde wissen alles über sie. Sie sehen Autos und sagen: »Das ist ein Passat, das ist ein Ford.« Ich kann nur sagen, welche Farbe ein Auto hat, aber nicht, welche Marke oder welches Modell es ist.

Weil ich nicht viel auf Autos gebe, habe ich kein Problem damit, wenn meins etwas unordentlich ist. Es ist immer eine Menge Kram drin: Bälle, Taschen, Getränkedosen.

Das Innere meines Autos spiegelt oft die Geschwindigkeit meines Lebens wider. Wenn ich zu viel zu tun habe, schenke ich meinem Auto keine Aufmerksamkeit. Es kann voll sein mit schmutziger Wäsche, Büchern, Müll, meiner Sporttasche, Müll, Getränkedosen, CDs, Müll, Sachen meiner Kinder, Bällen, Ersatzteilen und Müll.

Diese Unordnung warnt meine Familie, Freunde und mich, dass mein Leben gerade außer Kontrolle gerät (nicht nur in Sachen Auto). Ich bin zu beschäftigt und vernachlässige Bereiche, auf die ich sonst achte.

Aus meinen eigenen Erfahrungen und durch Gespräche mit Mitarbeitern habe ich Warnsignale entdeckt, die auf geistliche Missstände hinweisen:

- *Verlust von Leidenschaft:* Gott, sein Wort oder dein Dienst sind für dich nicht mehr spannend. Nichts kann dich motivieren. Das Leben hält keine Überraschungen mehr parat.
- *Körperliche Erschöpfung:* Tagsüber bist du oft ausgepowert und abends schläfst du sofort ein, wenn du dich hinlegst. Du bist so müde, dass du noch nicht einmal für ein paar Minuten wach bleiben kannst, um über den Tag nachzudenken.
- *Gebetsvakuum:* Es ist schon lange her, dass du eine intensive Gebetszeit erlebt hast. Irgendwie schämst du dich zwar, dass du den ganzen Tag lang nicht mit Gott redest und wenn du betest, fühlt es sich seltsam und gezwungen an.
- *Zu einfaches Leben:* Unsere geistliche Reise beinhaltet normalerweise Spannungen und Versuchungen. Kampf ist eine notwendige Komponente für ein gesundes geistliches Leben. Wenn das Leben zu einfach ist, kann das ein Beweis dafür sein, dass du Überzeugungen ignorierst oder auf deine Kraft und deine Gaben vertraust, anstatt Gott um die Kraft zu bitten, die du brauchst.
- *Zu schweres Leben:* Ohne Gottes Ermutigung, Wegweisung und Weisheit ertappst du dich dabei, die Probleme des Lebens alleine meistern zu wollen – doch dazu bist du nicht geschaffen worden.
- *Pharisäertum:* Wenn dein persönliches geistliches Leben und deine Mitarbeit in der Gemeinde (Jugendstunden, Andachten) die gleiche Tiefe haben, dann schöpfst du das Beste von deinem geistlichen Leben ab. Wenn deine Predigten und Lehren tiefer sind als dein geistliches Leben, bist du dabei, in pharisäische Gewässer abzutreiben.
- *Verlust von Ehrfurcht:* Du kannst alles in deinem Leben rational erklären. Für Gottes Handeln ist kein Platz. Sein Wirken ist in einer kleinen Kiste nett verpackt.

Sind dir diese Dinge bekannt? Hast du schon andere Warnzeichen erlebt?

Sobald du diese Warnzeichen siehst, musst du dich entscheiden: Leugne sie oder arbeite an ihnen.

Leugnen ist die praktischste Reaktion. Wenn du dann noch anfängst, dich mit anderen zu vergleichen (nach dem Motto: *der* ist viel schlimmer als *ich*!), gießt du Öl ins Feuer der Verleugnung. Du nimmst deinen eigenen Zustand nicht ernst.

Wie gesagt, ich habe nicht viel Ahnung von Autos. Ich muss mich deshalb auf die Warnlichter im Armaturenbrett verlassen. Nur so weiß ich, ob Motortemperatur, Kühlwasserstand und Öldruck in Ordnung sind.

Ich habe ausprobiert, wie lange ich warten kann, wenn eins der Warnlichter aufleuchtet. Das hat eine Menge Schaden angerichtet: an meinem Auto (es blieb stehen), an meinem Körper (Muskelkater vom Schieben) und auf meinem Konto (hohe Werkstattrechnung). Die Lektion für mich war einfach: Wenn ein Warnlicht aufleuchtet, reagiere sofort.

Das Gleiche gilt auch für unser geistliches Leben. Auf geistliche Warnlichter zu reagieren, bedeutet zuerst, sich seinen Zustand eingestehen zu müssen. Um in die richtige Richtung zu gehen, kann es dir helfen, deinen Schmerz einem anderen Christen mitzuteilen. Dir muss klar sein: Du wirst nicht alleine aus dieser Situation herauskommen.

Während meiner ersten Jahre in der Gemeindearbeit war ich ein geistlicher Verlierer. Ich kannte die Bibel nur, weil ich eine theologische Ausbildung hatte, aber ich habe Gottes Wort wie ein Textbuch gelesen und nicht wie einen Liebesbrief. Ich habe mich zum Beten gezwungen. Ich habe gelehrt, wie man sich auf Gottes Kraft verlassen kann, aber es selbst nicht erlebt.

Ich habe nicht absichtlich ohne eine tiefgehende Beziehung zu Gott gelebt. Ich war im Gemeindedienst zu beschäftigt und habe die Signale in meinem Herzen ignoriert. Ich habe nichts getan, das mich von der Gemeindearbeit disqualifiziert hätte; aber ich war auch nicht dazu qualifiziert, ein geistlicher Leiter zu sein – und schon gar nicht der Hauptleiter eines wachsenden Teams. Ich war vorbildlich im *Tun* von Gottes Arbeit, aber darunter litt mein „Kind-Gottes-*Sein*."

Der Umkehrpunkt in meinem Leben kam, als ich realisierte, dass mein Herz Gott gegenüber hart und kalt war und ich dabei war, die Kontrolle über meinen Dienst zu verlieren.

Ich wollte nicht mehr so tun, als ob alles in Ordnung wäre. Ich entschied mich, mit einem Freund über meinen geistlichen Zustand zu reden. Voller Angst erzählte ich ihm, dass ich Sachen mit Gott in Ordnung bringen muss.

Es war mir peinlich, mein geistliches Scheitern zuzugeben, aber es war der Anstoß für eine neue Verbindung zu Gott, die ich dringend nötig hatte.

Ich wünschte, ich hätte dieses Kapitel während meiner ersten Jahre in meiner Gemeinde gelesen, anstatt durch diese geistliche Wüstenzeit gehen zu müssen.

Wie die meisten Jugendmitarbeiter, die gerade frisch aus der Ausbildung kommen, habe ich mich sehr auf meinen neuen Job gefreut und war voller Leidenschaft. Vielleicht sogar zu voll. In Wahrheit hatte ich den verzweifelten Wunsch, erfolgreich zu sein und professionelle Veranstaltungen zu gestalten.

Innerhalb von zwei oder drei Wochen habe ich den Fokus verloren und mich ausgebrannt gefühlt. Ich habe realisiert, dass ich niemals die Geschwindigkeit, mit der ich gestartet bin, halten konnte.

Als ich eines Abends nicht schlafen konnte, schrieb ich diese Worte auf:

> *STOPP!!!*
> *ICH MUSS MICH NICHT VERKAUFEN!*
> *Was versuche ich überhaupt zu verkaufen? Was auch immer es ist, es ist etwas komplett anderes, als ich. Bis jetzt hatte ich eine intakte Beziehung zu Gott und habe anderen diese Beziehung vorgelebt. Ab jetzt werde ich mich weigern, Jugendliche zu unterhalten. Ich werde mich weigern, dem Bösen zu erlauben, mich festzunageln, weil ich zu beschäftigt bin. Ich werde mich weigern, mich von meinem Stolz bestimmen zu lassen. Ich werde mich weigern, zu versuchen, andere zu beeindrucken.*
> *Ich habe in letzter Zeit nicht sehr demütig gelebt. Ich war arrogant und gemein. Ich habe mich nicht zum Vater ausgestreckt und ihn um Hilfe gebeten. Mein Leben war nicht in Balance. Herr, es tut mir Leid. Ich würde lieber meinen Job verlieren, als so weiter zu machen. So möchte ich auch nichts Neues anfangen. Ich möchte einfach nur Zeit mit Jugendlichen verbringen. Ich würde am liebsten sofort aufhören. Ich bin kein Diener meiner Gemeinde, ich bin ein Diener des Gottes meiner Gemeinde. Ein paar Dinge müssen anders werden.*
> *Ich glaube, ich bin wegen meiner Persönlichkeit an diesem Ort und nicht wegen den Dingen, die ich tun kann. Ich muss diese Jugendlichen mit meinem Charakter leiten. Ich weiß, es gibt eine Balance. Vater, ich bete, zeig sie mir. Ich muss anfangen, diesen Jugendlichen zuzuhören. Ich muss sie wirklich lieben. Ich muss aus deiner Liebe leiten.*

Sid Koop
Direktor,
Truth Matters Ministries, Alberta/Canada

Aber weil ich den Schmerz aus eigener Erfahrung kenne, darf ich dich herausfordern, das zu tun, was notwendig ist, um dein Herz wieder auf Gott auszurichten.

> *Vor allem aber behüte dein Herz, denn dein Herz beeinflusst dein ganzes Leben.*
> Sprüche 4,23 (NL)

Nimm diese Warnung nicht auf die leichte Schulter. Glaube nicht an die Lüge, dass du irgendwann von alleine aus deiner geistlichen Krise herauskommst. Tu etwas. Bald. Prüfe regelmäßig deinen geistlichen Zustand.

Behebe Probleme, wenn erste Warnsignale aufflackern. Wenn der geistliche Zustand für einen Leiter nicht die höchste Priorität hat, kann seine Arbeit in der Gemeinde niemals gesund sein.

Der nächste Abschnitt enthält Ideen, die dir helfen, aus einem geistlichen Tief herauszukommen.

Bleib verbunden

Ich kann dir auf keinen Fall vorschreiben, wie du mit Gott in Verbindung bleiben kannst. Das Prinzip von »In Christus bleiben« aus Johannes 15 fordert uns zur Gemeinschaft mit Jesus heraus; aber spezifische Richtlinien geben zu wollen, wäre gesetzlich.

Diese Dinge haben mir auf meiner eigenen Reise geholfen, meinen Glauben frisch zu halten und mein Herz für Gottes Gegenwart zu öffnen:

1. Strebe nach Regelmäßigkeit

Sobald du Warnhinweise siehst, prüfe zuerst, wie viel Zeit du alleine mit Gott verbringst. Nimmst du dir regelmäßig Zeit, um Gottes Gegenwart zu suchen?

Ich liebe diese Stelle aus Matthäus 6:

> *Wenn du betest, geh an einen Ort, wo du allein bist, schließ die Tür hinter dir und bete in der Stille zu deinem Vater. Dann wird dich dein Vater, der alle Geheimnisse kennt, belohnen.*
> Matthäus 6,6 (NL)

Wenn ich mit Jugendmitarbeitern spreche, die gerade eine geistliche Wüstenzeit erleben, geben sie oft zu, dass ihre Zeit mit Gott unregelmäßig ist. Sollte das auch bei dir der Fall sein, fang einfach damit an, dich täglich ein paar Minuten auf Gott zu konzentrieren. Selbst wenn es nur fünf Minuten sind: Tu es einfach. Starte damit und sei bereit, vor Gott still zu werden und zu lernen.

Setz dir nicht zum Ziel, eine Stunde am Tag zu beten, wenn es nicht realistisch ist (was es wahrscheinlich nicht ist). Das garantiert nur Scheitern und Schuldgefühle. Fang mit ein paar Minuten an und lass Gott das Steuer übernehmen.

Such dir deine beste Zeit aus. Bist du ein Morgen- oder ein Nachtmensch? Wann ist die Wahrscheinlichkeit, unterbrochen zu werden, am Geringsten? Halte dir die beste Zeit des Tages frei für die beste Person in deinem Leben: Gott. Entscheide dich bewusst dafür, diesen Termin einzuhalten. Und solltest du scheitern, triff diese Entscheidung erneut.

Einige meiner nichtchristlichen Nachbarn denken wohl, dass ich etwas seltsam bin, wenn sie meine riesige schwarze Samtdecke in der Garage hängen sehen. Wenn sie mich darauf ansprechen, sage ich, dass das der Ort ist, an dem ich Zeit mit Gott verbringe.

Ich habe drei Kinder, die ständig durchs Haus rennen. Deshalb habe ich mir meine kleine Gebetsecke eingerichtet, wo ich geistlich auftanken und mich auf Gott konzentrieren kann. Es ist ein wenig bizarr, aber es funktioniert – für mich.

Ich bin gerne in meinem Kokon (so nennen es meine Kinder) und verbringe alleine Zeit mit Gott. Es ist nicht prunkvoll, aber dafür funktional. Es ist der Ort, an den ich gehe, um alleine mit Gott zu sein. Ich weiß, dass er mich versteht – selbst wenn meine Nachbarn es nicht tun.

> Riesige, schwarze Decke? Kein Wunder, dass Doug Probleme hat, in seine Garage zu fahren...
>
> *Ein aufmerksamer Leser*

2. Suche einen »Reisebegleiter«

Sei mutig und bitte einen Freund, dich auf deiner geistlichen Reise zu begleiten. Du brauchst jemanden, der dich nach deiner Beziehung zu Gott fragt: Verbringst du regelmäßig Zeit mit Gott? Bringt es dir etwas? Hast du immer noch den Wunsch, Gott besser kennen zu lernen?

Du kannst es so formulieren:

»Könntest du mich ab und zu nach meiner geistlichen Gesundheit fragen?

> Ich kenne Doug schon seit vielen Jahren, und die Qualitäten, die mich an ihm am meisten beeindrucken, sind seine Offenheit und Ehrlichkeit.
>
> Wenn Ehrlichkeit innerhalb einer tiefen geistlichen Freundschaft ausgelebt wird, dann ist das Ergebnis gegenseitige Wertschätzung, Ermutigung und Hilfe.
>
> Doug lässt mich in diesem Abschnitt sehr geistlich aussehen, aber er ist genauso mein »Reisebegleiter«, wie ich es für ihn bin.
>
> Das ist das Schöne an einer aufrichtigen, geistlichen Freundschaft – sie gibt beiden Ermutigung, und jeder braucht sie, um das Rennen zu beenden.
>
> *Matt McGill*

Ich brauche jemanden in meinem Leben, der mir auf meiner geistlichen Reise hilft. Jemanden, der auf mich aufpasst. Alleine bin ich zum Scheitern verurteilt.«

Frag niemanden, wenn du selbst nicht bereit bist, diesem Menschen ehrliche Antworten zu geben – du verschwendest damit die Zeit anderer Leute. Es ist klar, dass dein Freund nicht alleine für deine geistliche Reise verantwortlich ist; er ist nur dein »Reisebegleiter«. Aber er oder sie kann inspirierend und herausfordernd für dich sein.

Ich bin dankbar, dass ich meinen Freund Matt gebeten habe, sich um meine geistliche Reise zu kümmern. Ich habe gesehen, wie leidenschaftlich er Gott nachfolgt. Wir sind zwar sehr unterschiedlich, aber ich weiß, dass Matt Zeit alleine mit Gott verbringt.

Matt ist die Person in meinem Leben, die mich nach meiner Zeit mit Gott fragt. Er möchte gerne wissen, was ich gerade lese; interessiert sich für Fragen, die mich bewegen; Gebete, die ich bete und Zweifel, mit denen ich zu kämpfen habe. Er nervt mich nicht mit seinen Fragen, sondern er sorgt sich um mich, ist vorsichtig und ermutigend. Zugegeben: An manchen Tagen möchte ich Gott nur besser kennen lernen, weil ich weiß, dass Matt sich darüber freut.

Seit Matt auf mich aufpasst, mache ich regelmäßiger Stille Zeit und bekomme dadurch einen tieferen Glauben. Ich bin jeden Tag dankbar, dass Matt mein Reisebegleiter auf meiner Reise mit Gott ist.

3. Zurück zu den Wurzeln

Erinnerst du dich, was Johannes in der Offenbarung schreibt?

Aber etwas habe ich an euch auszusetzen: Eure Liebe ist nicht mehr so wie am Anfang. Bedenkt, von welcher Höhe ihr herabgestürzt seid! Kehrt um und handelt wieder so wie zu Beginn!
Offenbarung 2,4-5 (GNB)

Dieser Abschnitt ist an Menschen gerichtet, die mit geistlicher Müdigkeit zu kämpfen hatten. Der Rat von Johannes ist einfach:

Erinnere dich an die Dinge, die du getan hast, als du gläubig wurdest und handle wie damals.

Kannst du dich an die Freude erinnern, die du am Anfang deiner Beziehung mit Gott hattest? An die Aufregung, bevor du zum Gottesdienst gegangen bist oder deine Bibel gelesen hast – das Gefühl von »Ich kann es kaum erwarten«?

Kehre zurück zu diesen Wurzeln des Glaubens. Freue dich wieder über deine Beziehung mit Gott. Sei nicht stolz und tue diese Gefühle nicht als kindisch ab. Denke nicht, du als alter Hase bräuchtest keine kleinen Schritte mehr zu gehen. Das stimmt nicht. Erwartungsfreude und Spannung sind die Dinge, die dich aus deinem Tief holen und deine Beziehung zu Gott erfrischen können.

4. Suche Abwechslung

Einige Christen, haben maßgeschneiderte geistliche Disziplinen, die sie ihrer Persönlichkeit, ihrem Alter und ihrem Terminkalender angepasst haben.

Ich habe früher versucht, sie zu kopieren, weil ich mir dadurch geistliches Wachstum erhoffte. Das hat aber nicht funktioniert. Etwas Persönliches kann man nicht einfach kopieren.

Was andere für eine bedeutungsvolle Zeit mit Gott halten, kann für dich langweilig und gezwungen sein. Du brauchst es nicht so zu machen, wie sie. Vielleicht musst du etwas Neues ausprobieren, um deine Routine zu durchbrechen und deine geistliche Leidenschaft neu zu entfachen. Gott liebt Abwechslung. Es gibt viele Möglichkeiten, wie du mit ihm in Verbindung bleiben kannst.

Vielleicht hilft dir die folgende Liste:

- Mache dir Notizen zu Abschnitten aus der Bibel, die dich angesprochen haben. Was sind die Anwendungen für dein Leben?
- Reflektiere über einen einzigen Bibelvers und überlege, was er für dich bedeutet.
- Suche Einsamkeit. Bete nicht. Sei einfach still und schreibe auf, was dir durch den Kopf geht.
- Bete einen Abschnitt der Bibel.
- Schreibe Tagebuch über dein Leben. Untersuche Dinge, die du gestern gemacht hast. Ist dir etwas entgangen, das Gott dir klar machen wollte?
- Wenn dein Bibelleseplan dich nicht anspricht, nimm ein Andachtsbuch oder einen Bibelkommentar zur Hilfe.

- Lies zügig einen langen Abschnitt aus der Bibel. Mach keine Pausen, um über einzelne Verse nachzudenken. Behandle lange Abschnitte wie eine Geschichte.
- Lies einen kurzen Abschnitt und denke sorgfältig über jeden Satz nach.
- Sing.
- Schreibe deine Gebete in dein Tagebuch.
- Benutze verschiedene Übersetzungen beim Bibellesen.

Deine Beziehung mit Jesus *ist* deine Jugendarbeit. So einfach ist das. Aber ich muss dich warnen: *Es interessiert niemanden*.

Versteh mich nicht falsch. Die Menschen in deiner Gemeinde, die Eltern der Jugendlichen, die Mitarbeiter, sie alle sorgen sich um dich und deine Beziehung mit Gott. Aber weil sie alle so beschäftigt sind, sieht ihre Fürsorge meistens so aus, dass alle schockiert sind und es nicht glauben können, wenn du einen Burnout hast. Die meisten Gemeinden nehmen an, dass das geistliche Leben eines verantwortlichen Mitarbeiters in Ordnung ist. Sie erwarten, dass du Zeit mit Gott verbringst und dass du tust, was notwendig ist, um mit Gott in Verbindung zu bleiben. Aber sie werden dich nicht aktiv unterstützen oder auf deine geistliche Reise aufpassen.

Deine Beziehung mit Jesus ist mehr als Bibel lesen und beten. Es ist ein Prozess, Gott immer näher zu kommen. Eine enge Verbundenheit mit Gott hört sich geistlich an, aber der Weg dorthin geht gegen alles, was man in der Jugendarbeit tut. Es ist mehr als nur Stille Zeit, es ist die Entwicklung eines Stillen Lebens. Verbundenheit passiert nicht an einem Tag oder in einer Woche oder beim Lesen eines Buches. Es ist ein lebenslanger Prozess, ein langes Abenteuer mit Jesus.

Nichts tun statt irgendetwas tun

Die Leute um uns herum wollen Ergebnisse sehen, weil sie das bekommen wollen, wofür sie dich bezahlen oder wofür du verantwortlich bist. Und sie bezahlen, damit jemand wie du etwas mit ihren Kindern tut. Das heißt, du spürst den Druck, irgendetwas zu tun, nur um dein Gehalt zu rechtfertigen. Aber irgendetwas zu tun ist genau das, was mich davon abhält, eine Beziehung mit Jesus aufzubauen.

Wenn ich damit fertig bin, irgendetwas für die Jugendarbeit zu tun, habe ich keine Energie mehr für Jesus – noch nicht einmal dafür, einfach gar nichts mit Jesus zu tun. Das mag vielleicht schwierig zu verstehen sein, aber einfach mal gar nichts zu tun, ist die wichtigste Entscheidung, die du treffen kannst. Wenn du eng mit Jesus verbunden sein möchtest, musst du eine bestimmte Zeit in der Woche damit verbringen, nichts zu tun.

Gott zuhören statt von Gott reden

Wir lieben es, über Gott zu reden. Wir werden sogar dafür bezahlt, über Gott zu reden. Jugendarbeit dreht sich genau darum. Glaube kommt vom Hören, sagt die Bibel. Aber enge

- Schreibe die Dinge auf, die du im Leben gelernt hast. Zum Beispiel in den letzten vier Wochen.
- Höre dir christliche Musik an und denke über die Liedtexte nach.

Ich liebe es, neue Erfahrungen mit Gott zu machen. Trotzdem beginnt meine Stille Zeit fast immer gleich: Mit dem Lesen einiger Verse aus den Sprüchen.

Verbundenheit kommt vom Zuhören. Nimm dir jeden Tag Zeit, Gott zuzuhören, aufzupassen und zu entdecken, was Gott möchte.

Warten statt Aktivitäten

Du wurdest angestellt, um Dinge möglich zu machen, Fortschritt zu erreichen, Wachstum herbeizuführen. Und wir wissen alle, was das bedeutet: Organisiere eine Veranstaltung. Veranstaltungen brauchen Zeit und Aktivitäten – aber unsere Beziehung mit Jesus braucht Untätigkeit und Ruhe. Du brauchst einen starken Willen, um Aktivitäten widerstehen zu können und sie gegen Untätigkeit und Ruhe einzutauschen.

Mit anderen Worten: Du musst dir regelmäßig Zeit dafür nehmen, deine Veranstaltungen zu vergessen, um auf Jesus zu warten. Gott geht es um Anwesenheit, nicht um Veranstaltungen.

Hier einige Tipps, die dich hoffentlich motivieren, deine Beziehung mit Gott zu pflegen:

- Bitte freundlich darum, dass in jeder Mitarbeiterbesprechung 30 bis 60 Minuten mit einem Fokus auf Jesus (Gebet, Andacht, Zuhören, gemeinsames Lesen) verbracht werden.
- Bitte die Gemeinde, Geld zur Verfügung zu stellen für Bücher oder anderes Material, das dir hilft, eine engere Beziehung zu Gott aufzubauen.
- Deine Jobbeschreibung sollte beinhalten, dass du Zeit alleine mit Gott verbringst. Ideal wäre ein Tag im Monat und eine Woche im halben Jahr. Zeit, die bezahlt wird (falls du Hauptamtlicher bist), Zeit, in der du dein Handy und deinen Kalender im Büro lassen kannst und irgendwo hingehst, wo es ruhig ist, nur um mit Gott alleine zu sein.
- Weil die meisten Mitarbeiter ständig in Bewegung sind: Ruh dich aus! Ja, richtig. Entspann dich, schlaf, mach ein Nickerchen. Du brauchst dich nicht schuldig fühlen, nur weil du eine Pause einlegst, es ist Teil deiner Beziehung zu Gott.

Mike Yaconelli
Buchautor, Redner und Gründer von Youth Specialties

Als ich ein Teenager war, hat mich jemand herausgefordert, jeden Tag ein Kapitel aus den Sprüchen zu lesen. Am 16. Tag des Monats lese ich Sprüche 16. Bis heute ist das Lesen der Sprüche die beste Methode, mein Leben zu entschleunigen und meine Gedanken auf Gott auszurichten. Meine Zeit mit Gott ist normalerweise länger als nur ein Kapitel aus den Sprüchen, aber es dient mir als Einstieg in Gottes Gegenwart.

Als Teil des Körpers Christi ist es schön zu sehen, wie andere Gläubige Gott erleben. Jeder ist unterschiedlich und die Abwechslung ist großartig. Ich habe einmal zu Jugendmitarbeitern gesagt: »Du kannst Jugendliche nicht an tiefe Orte führen, wenn du selbst nicht dort gewesen bist.«

Mittlerweile glaube ich, dass diese Aussage falsch ist. Ich habe oft genug gesehen, wie Gott geistliche Waschlappen benutzt. Du musst kein geistlicher Überflieger sein, damit Gott durch dich andere Menschen geistlich wachsen lässt. Gott hat böse Babylonier, Lehrer mit falschen Motiven und sogar Esel benutzt, um geistlich etwas zu bewegen.

Der Heilige Geist ist nicht auf unsere Bemühungen angewiesen. Unsere Motivation für geistliche Disziplin sollte unsere eigene geistliche Gesundheit sein – und nicht die Jugendlichen. Geistliche Gesundheit brauchst du erst in zweiter Linie für deinen Dienst. In erster Linie brauchst du sie für eine intakte Beziehung zu deinem Schöpfer.

Mehr als ein Koordinator für Aktivitäten

Das Gute an diesem Kapitel ist: Ich beschreibe etwas, das du schon einmal erlebt hast – ein dynamisches, aufregendes, geistliches Leben.

Jeder bleibt schon mal in einem geistlichen Tief stecken. Aber auch dann haben wir Zugang zu Gottes Kraft und können seine Nähe neu erleben.

Gute Jugendarbeit beginnt mit dir und Gott. Ohne Gottes aktive Gegenwart in deinem Leben bist du nicht mehr als ein Koordinator für Aktivitäten. Gott geht es um dein Herz – es ist das wichtigste Geschenk, das du ihm, deiner Gemeinde und deinen Jugendlichen machen kannst. Ich bete dafür, dass du Pausen einlegst, um den Zustand deines Herzens regelmäßig zu prüfen.

Achte auf die Warnzeichen und geh die nötigen Schritte, um mit Gott wieder ins Reine zu kommen. Gott will als Erstes, dass du ihn liebst – das ist das Fundament, egal ob es dein erstes oder 21. Jahr im Dienst für ihn ist.

fragen zu kapitel 3
wie bleibe ich geistlich fit?

Zur Gruppendiskussion

- Welche Warnsignale (S. 68/69) kannst du bei dir persönlich entdecken?
- Wie würdest du deinen gegenwärtigen geistlichen Zustand beschreiben?

Zur persönlichen Reflektion

- Worüber denke ich mehr nach: Meinen Dienst oder meine Beziehung zu Gott?
- Welche äußerlichen, geistlichen Taten anderer Personen sind für mich ein Zeichen geistlicher Reife?
- Kenne ich die Warnzeichen, die zu geistlicher Einsamkeit führen?
- Jetzt, wo ich alleine bin: Wie würde ich meinen geistlichen Zustand wirklich beschreiben? Anders, als gerade in der Gruppe? Wenn ja, warum?
- Was hindert mich daran, regelmäßig Zeit mit Gott zu verbringen?
- Wie kann ich Jugendlichen erklären, wie ich geistlich fit bleibe?

Nächste Schritte

- Schreibe dir Matthäus 22, 36-39 auf einen Zettel und platziere ihn an einer Stelle, an der du ihn regelmäßig siehst.
- Such dir eine Idee von Seite 75/76 aus, um Abwechslung in deine Stille Zeit zu bringen.
- Nimm dir jetzt Zeit zum Gebet. Bitte Gott, dir zu helfen, den Unterschied zwischen seine Arbeit *tun* und sein Kind *sein* zu verstehen.

4

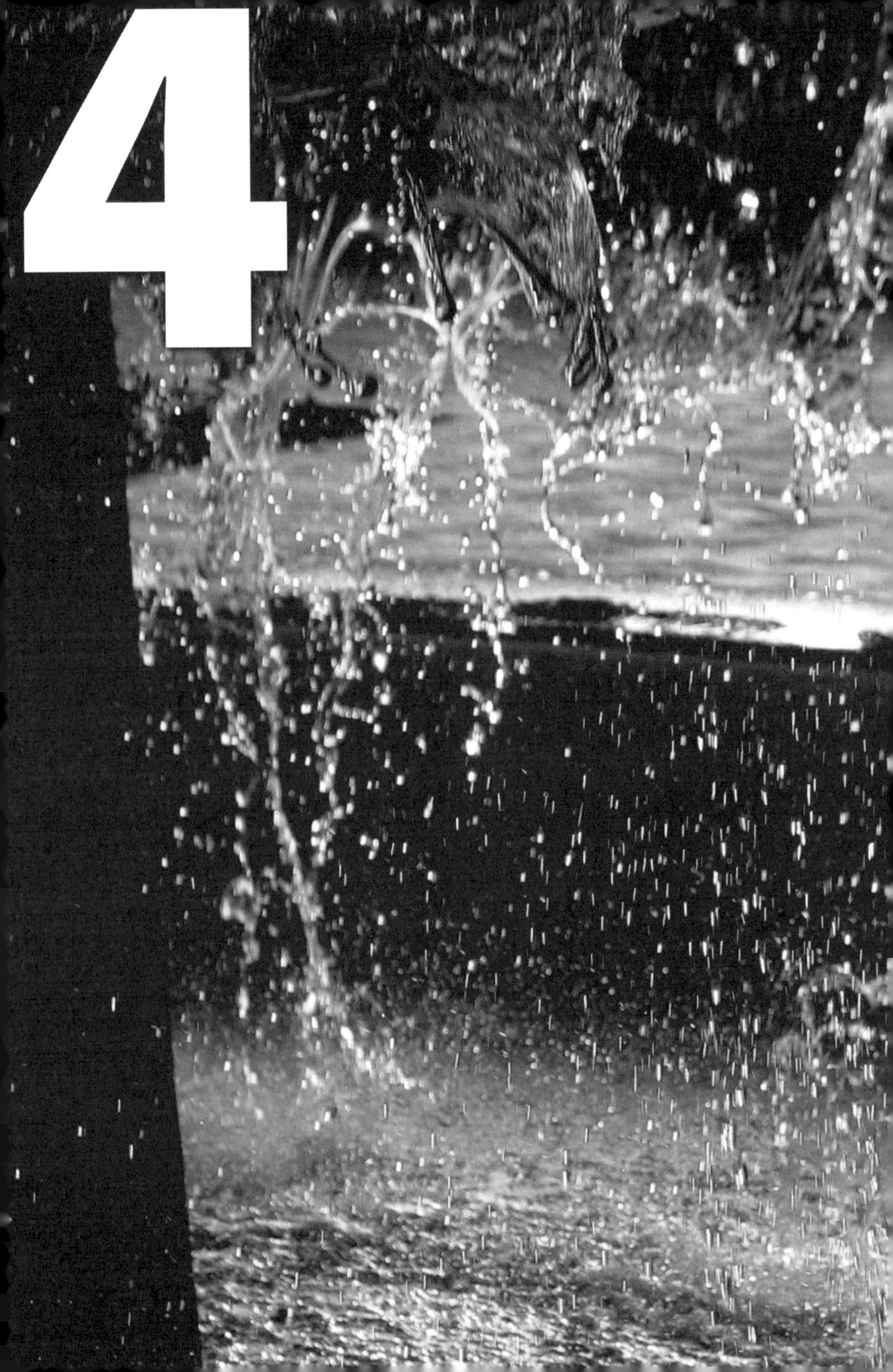

was wollen jugendliche?

zeit mit ihnen verbringen

Ian war Praktikant in unserer Gemeinde, bevor er in einer anderen Gemeinde als Pastor angefing. Kürzlich habe ich einen Mann aus dieser Gemeinde getroffen. Er sagte: »Ich liebe Ian! Meine gesamte Familie liebt ihn. Er ist ein großartiger Mitarbeiter.«

Während ich mit diesem Ian-Fan redete, hat er mir nichts davon erzählt, dass die Arbeit, die Ian macht, wächst, dass er neue Veranstaltungen gestartet hat oder dass er die erschöpften Mitarbeiter neu motivieren konnte.

Ich hatte den Eindruck, dass dieser Vater sich gar nicht dafür interessierte. Er redete nur darüber, wie Ian sich um seinen Sohn kümmerte, ihm Briefe schrieb, zu seinen Spielen kam und ihn ab und zu anrief.

In seiner Lobesrede schaute er auf die Uhr und sagte: »Ian und mein Sohn treffen sich gerade.« Er hatte Tränen in den Augen; dann redete er weiter dankbar und begeistert über Ian.

Ich weiß zufällig, wie hart Ian dafür gearbeitet hat, langweilige Veranstaltungen wieder ansprechend zu machen, müde Mitarbeiter zu inspirieren und vieles mehr.

Aber ich bin besonders stolz darauf, wie sehr er sich um seine Jugendlichen kümmert. Ian weiß, wie wichtig gute Veranstaltungen sind. Aber er hat begriffen, dass Beziehungen der Schlüssel zu einer gesunden Jugendarbeit sind. Seine Beziehung zu Jesus steht bei ihm im Mittelpunkt; und Beziehungen zu Jugendlichen und Mitarbeitern sind das Wichtigste in seiner Arbeit.

Jesus ist das Zentrum, Menschen sind am wichtigsten. Das ist die Gleichung für gesunde Jugendarbeit.

Ians Geschichte zeugt von der Kraft und Effektivität beziehungsorientierter Jugendarbeit. Sie erinnert mich auch daran, dass eine Gemeinde zwar Veranstaltungen anbieten kann, aber nicht von ihnen bestimmt werden darf.

Häufig werden Jugendmitarbeiter von der Idee geködert, attraktive Veranstaltungen zu organisieren. Sie freuen sich, dass sie ihre Kreativität und ihr Potenzial entfalten können und sich Herausforderungen stellen dürfen. Sie sind gespannt, wie ihre Arbeit bei den Jugendlichen ankommt – und vergessen dabei den eigentlichen Grund der Veranstaltungen:

Veranstaltungen existieren zur dazu, die Beziehung zu Gott und zu anderen Menschen zu stärken. Beziehungen sind der Schlüssel zu einer gesunden Jugendarbeit. Bitte vergiss das nie.

Besucher meiner Gemeinde oder Seminare hoffen manchmal, das verborgene Geheimnis unserer Veranstaltungen zu finden.

»Wie machst du das?«, fragen sie. »Welche Videos zeigt ihr? Welche Lieder singt ihr? Welche Spiele spielt ihr?«

Natürlich gebe ich gerne Auskunft über Details. Aber ich sage unseren Besuchern auch, dass unsere Veranstaltungen sie wahrscheinlich enttäuschen werden. Nicht, dass sie schrecklich wären – im Gegenteil, sie sind gut – aber sie sind nicht herausragend.

Sie bieten Jugendlichen die Möglichkeit, an ihrer Beziehung mit Gott und an ihrer Beziehung zu anderen Menschen zu arbeiten. Unsere Veranstaltungen helfen, Beziehungen aufzubauen.

Meine eigene Beziehungs-Reise

Einer der Gründe, warum ich Beziehungen heute für so wichtig halte, ist mein anfängliches Scheitern.

1979, als ich mit Jugendarbeit anfing, habe ich mich nur auf die Jugendlichen konzentriert und mich wenig um Veranstaltungen und andere Mitarbeiter gekümmert.

In meiner nächsten Gemeinde habe ich viele Jahre versucht, die richtige »Formel« für Veranstaltungen zu finden, um den Jugendlichen ein tolles Erlebnis zu bieten.

Ich erlebte fünf Jahre Chaos. Erst dann habe ich begriffen, wie wichtig und geistlich gesund es ist, ehrenamtlichen Mitarbeitern dabei zu helfen, Beziehungen zu Jugendlichen aufzubauen. Diese Erkenntnis habe ich dann in meiner zweiten

Gemeinde umgesetzt. Ich änderte meine Prioritäten und durfte sehen, wie viel Frucht aus der Beziehungsstrategie resultierte.

Als ich 1992 nach Saddleback kam (meine dritte Gemeinde), habe ich den Schwerpunkt darauf gesetzt, dass Erwachsene in das Leben von Jugendlichen investieren. In unserer Gemeinde waren 35 Jugendliche, die sich nach tiefgehenden Beziehungen sehnten.

Obwohl ich unbedingt wollte, dass unsere Arbeit wächst und viel evangelisiert wird, habe ich mich dazu entschieden, die Priorität erst einmal auf Beziehungen zu legen.

Ich habe vor vier Monaten als Jugendpastor angefangen und bin dabei, eine Jugendarbeit aufzubauen, die mit wenigen Jugendlichen angefangen hat. Alles ist absolut neu für mich. Letzten Monat hatten wir unser erstes Übernachtungswochenende und unsere erste Freizeit. Einmal pro Woche treffen wir uns in Kleingruppen, unseren Hauptveranstaltungen.

Vor ungefähr zwei Monaten habe ich mit meinem Pastor besprochen, wie die Veranstaltungen laufen. Ich habe ihm von meinen Ideen für ein neues, attraktives Programm erzählt. Er gab mir den hilfreichsten Tipp, den ich bis jetzt bekommen habe:

»Um wieviel Uhr haben die Jugendlichen schulfrei?«, fragte er mich.

»Oh, ich glaube so um drei «, antwortete ich.

»Okay, das heißt, dass du deine Zeit zwischen drei und fünf für Jugendliche reservieren solltest. Hol sie von der Schule ab und lad sie zum Essen ein. Mach in dieser Zeit keine Termine mit anderen.«

Ich war verblüfft und fragte mich: »Er meint also, einfach nur Zeit mit Jugendlichen verbringen, ist auch Teil meines Jobs?« (Das war ein tolles Meeting!)

Jetzt halte ich mir drei Nachmittage pro Woche frei: einen für Jugendliche, die Jesus nicht kennen, einen für Jugendliche, die neu in unserer Gemeinde sind und noch keine Freunde haben, und heute treffe ich mich mit meinen »jungen Leitern«. Sie werden in einigen Minuten hier auftauchen. Wir werden etwas in der Bibel lesen und füreinander beten.

Ich gehe auch oft zu dem Burger King direkt gegenüber der Schule und treffe mich dort mit nichtchristlichen Jugendlichen. Einfach nur Zeit mit diesen Jugendlichen zu verbringen war die beste »Veranstaltung«, die ich je durchgeführt habe. Und: sie macht auch am meisten Spaß.

Okay. Sie sind jetzt hier. Bis dann!

Scott Joseph,
Jugendpastor,
Vineyard Community Church, Carbondale/Illinois

Folgende vier Ziele waren mir wichtig:

- Ich möchte die Namen aller Jugendlichen kennen
- Ich möchte echtes Interesse am Leben der Jugendlichen zeigen
- Ich möchte andere Erwachsene finden, die das Gleiche tun
- Ich möchte die Vision einer gesunden Jugendarbeit verbreiten

Die Stelle in Saddleback war eine Teilzeitstelle. Zwei Fragen kamen auf:

- Wie kann ich diese Ziele mit nur 20 Stunden pro Woche erreichen?
- Gemeindearbeit ist nur ein Teil meines Lebens. Ich brauche ebenfalls Zeit für meine Beziehung zu Gott, meiner Familie, meinen Freunden, andere Aufgaben, Gesundheit und Fitness. Wie finde ich die Balance?

Einige Eltern waren über meine Ziele nicht gerade glücklich, vermutlich deshalb, weil sie gerne wollten, dass ich ihre Kinder erziehe. Sie nahmen an, dass sie mehr von ihrem Geld hätten, wenn ich mich als bezahlter »Profi« um jeden persönlich kümmern würde.

Ich bin dankbar, dass ich ihre Erwartungen nicht erfüllt habe. Es hat sich herausgestellt, dass die Beziehungsstrategie das Beste für unsere Gemeinde, unsere Jugendarbeit und unsere Mitarbeiter war. Die Eltern brauchten einige Zeit, um zu verstehen, wie wichtig ein Team aus Erwachsenen ist, die sich um Jugendliche kümmern und sie lieben.

Teil des Aufbauprozesses war, dass ich das Vorbild Jesu anwendete. Er verbrachte die meiste Zeit mit zwölf Jüngern und konzentrierte sich auf drei von ihnen besonders, und Jesus war perfekt.

Während der ersten Monate in Saddleback habe ich den ersten beiden Zielen (die Namen der Jugendlichen lernen und mich für ihr Leben interessieren) während der Veranstaltungen sonntags und mittwochs die meiste Aufmerksamkeit geschenkt. Außerhalb der Veranstaltungen habe ich daran gearbeitet, Erwachsene zu finden und sie als Leiter auszubilden. So konnte ich das Ziel, die Namen der Jugendlichen zu kennen, langsam auf sie übertragen und gleichzeitig die Vision für eine gesunde Jugendarbeit verbreiten.

So habe ich 1992 in meiner Gemeinde angefangen. Und im Grunde genommen tue ich heute noch genau das Gleiche.

Jahre später kann ich sagen, dass die Grundlage unserer Arbeit ein großes Team von ehrenamtlichen Mitarbeitern ist: Erwachsene, die Gott lieben und denen wir vertrauen. Sie bauen Beziehungen zu Jugendlichen und investieren in ihr Leben.

Es freut mich, dass Jugendarbeit durch bessere Veranstaltungen, gute Ausbildung und gute Bücher immer professioneller wurde. Aber eigentlich ist Jugendarbeit nicht kompliziert: Erwachsene lieben Jugendliche, bauen Beziehungen zu ihnen und weisen sie auf Jesus hin. Viele Bereiche der Jugendarbeit erfordern Ausbildung und Training; aber die Einfachheit liegt darin, dass sich zwei Leben miteinander verbinden.

Ich möchte dir einige Wahrheiten weitergeben, die dir helfen, deinen Dienst beziehungsorientierter zu gestalten:

1. Menschen sind wichtiger als Veranstaltungen

Ich kann mich noch gut daran erinnern, wie sehr ich von einer veranstaltungsorientierten Jugendarbeit in einer anderen Gemeinde begeistert war. Sie brachte nach meiner damaligen Auffassung viel Frucht hervor (steigende Teilnehmerzahlen – das war meine Definition von Frucht).

Mein Team und ich haben uns diese Gemeinde angeschaut, die Leiter interviewt, mit Jugendlichen geredet und dann gesagt: »Lasst uns das auch machen!«

Wir haben Stunden damit verbracht, eine unterhaltsame Veranstaltung vorzubereiten, sie einzustudieren und Werbung dafür zu machen. Es hat die Zeit meiner Mitarbeiter komplett beansprucht.

Und das Ergebnis? Es hat funktioniert!

Ehrlich gesagt: Es hat nur sechs Monate funktioniert. Dann haben unsere Jugendlichen sich als »Wachstumsobjekte« gefühlt, so als würden wir sie nur benutzen, damit unsere Gruppe größer wird. Sie waren Teil einer wachsenden Jugendarbeit. Sie haben gesehen, wie ihre Freunde zu Jesus fanden. Aber alles ging auf Kosten von authentischen Beziehungen.

Ich hatte mein Team so trainiert, dass sie Wert auf Teilnehmerzahlen, Aktivitäten, Begeisterung und Spiele legten. Obwohl das Ergebnis nicht gewollt war, muss ich zugeben: Wir wuchsen auf Kosten echter Beziehungen.

Dann mussten einige Jugendlichen zusehen, wie ihre Freunde von Gott abdrifteten, weil sie innerhalb unserer Jugendarbeit nicht fest verwurzelt waren. Allein die Teilnehmerzahl half niemandem, geistlich zu wachsen.

Ich verstand das Problem erst, als Jamal, 17 Jahre, nicht mehr kommen wollte. Er schrieb mir diesen Brief:

Doug,

solltest du dich dazu entscheiden, keine Spiele mehr zu spielen
und dich wieder wirklich für Jugendlichen zu interessieren,
lass es mich wissen.
Als ich eine Nummer wurde und keine richtige Person mehr war,
habe ich mich entschieden, mir eine andere Gemeindefamilie zu suchen.

Autsch! Wir wurden zwar eine Hochglanzarbeit, aber hatten kaum noch persönliche Berührungen.

Ich habe gelernt, dass es Jugendlichen mehr um die Freundschaft geht, als um die Veranstaltung. Ich habe die Lektion begriffen und seitdem nie wieder vergessen: Menschen sind wichtiger als Veranstaltungen!

An Details für Veranstaltungen zu arbeiten braucht Zeit, und wenn du nicht aufpasst, wird es die Zeit kosten, die du eigentlich in Beziehungen investieren wolltest.

Wenn du dieser Versuchung nachgibst, wird deine Jugendarbeit langfristig nicht wachsen können. Du wirst vor lauter Veranstaltungen den Blick dafür verlieren, was Gott für dich und die Menschen in deiner Jugendarbeit möchte.

2. Du kannst dich nicht um jeden kümmern

Einfach nur die Entscheidung zu treffen, beziehungsorientiert zu sein, ist nicht genug. Du wirst schnell merken, dass Jugendliche wesentlich mehr Zeit erfordern, als du hast. Du musst dich entscheiden, mit wem du deine Zeit verbringst. Du kannst auf keinen Fall Zeit mit allen verbringen. Hm, ja, oder doch, kannst du... aber nur sehr, sehr wenig – zu wenig für tiefgehende Beziehungen.

Ich wünschte, ich hätte es in meinen ersten Jahren gelernt. Aber erst nach zehn Jahren Jugendarbeit habe ich diese wichtige Wahrheit begriffen:

Du kannst dich nicht um jeden selbst kümmern. Fördere Mitarbeiter und helfe ihnen, Beziehungen zu Jugendlichen aufzubauen.

Vielleicht solltest du diese Aussage unterstreichen. Versuch nicht, den Helden zu spielen, der jedes Problem alleine löst. Das funktioniert nicht. Versuch lieber, ein guter »Vernetzer« zu sein.

Vielleicht ist es dein Ziel, dass Jugendliche gekannt und geliebt werden. Das ist gut. Trotzdem musst nicht du die eine Person sein, die sich um ALLE kümmert. Das bedeutet vielleicht, dass du umdenken musst. Als ein unvollkommener Mensch hast du nur eine begrenzte Kapazität, um Beziehungen zu bauen.

Wenn du die einzige Person bist, die Freundschaften mit Jugendlichen aufbaut, stehst du Wachstum und echten Beziehungen im Weg. Denk sorgfältig über diese Frage nach: Gehen die meisten Beziehungen zu Jugendlichen von mir aus? Wenn ja, dann wird deine Arbeit schon bald nicht mehr wachsen.

Hier sind einige Ideen zur Zeiteinteilung, damit du deine Zeit optimal nutzen kannst:

Wenn du Jugendleiter bist

Verbringe etwa 50 Prozent deiner Zeit mit erwachsenen Mitarbeitern, die anderen 50 Prozent direkt mit Jugendlichen. Warum?

Zeit mit Jugendlichen zu verbringen hält dich fit. Du verlierst ihre Bedürfnisse nicht aus dem Blick. Sie sind die Gruppe von Menschen, von der Gott will, dass du dich um sie kümmerst.

Wenn du Zeit mit den Mitarbeitern verbringst, kannst du ihnen helfen, ihr Potenzial zu entfalten und ihnen zeigen, wie sie Beziehungen zu Jugendlichen aufbauen und pflegen. Du arbeitest an tiefgehenden Beziehungen zu deinen Leitern und Mitarbeitern.

Es funktioniert so: Ich verbringe Zeit mit einem Leiter und sehe zu, dass bei ihm alles in Ordnung ist (geistlich, emotional, in seiner Familie) und er sich weiterentwickelt. Der Leiter verbringt dann Zeit mit den Jugendlichen in seiner Kleingruppe. Ich liebe diese Jugendlichen immer noch. DURCH diesen Leiter.

Statt Addition (nur ich pflege Beziehungen zu Jugendlichen) arbeiten wir durch Multiplikation (ich kümmere mich um Leiter, die sich wiederum um Jugendliche kümmern).

Im Idealfall wirst du diese Strategie erklären, bevor du deinen Dienst beginnst. Wenn du schon einige Zeit in einer Gemeinde arbeitest, kannst du diesen Ansatz vielleicht bei einem Leitungstreffen ins Gespräch bringen. Erkläre den Gemeindeältesten und anderen Mitarbeiten die Vorteile einer Jugendarbeit, die sich multipliziert. Das könnte so aussehen:

»Mein Ziel ist es, dass jeder Jugendliche gekannt und geliebt wird, dass er geistlich wächst und sich jemand um ihn kümmert – aber ich weiß, dass ich das nicht alleine schaffe. Meine Priorität ist deshalb, Zeit mit Leitern zu verbringen und ihnen zu zeigen, wie sie Beziehungen zu den Jugendlichen aufbauen können.«

Wenn die anderen dann verwirrt und mit offenem Mund dasitzen, könnte es sein, dass du ein Problem hast – sie haben dich nicht verstanden.

> Meiner Überzeugung nach sollten Mitarbeiter Zeit mit Jugendlichen des gleichen Geschlechts verbringen.
>
> Ich sage nicht, dass das der einzig wahre Weg ist. Aber ich empfehle, dir Richtlinien zu überlegen, wenn Mitarbeiter sich um Jugendliche anderen Geschlechts kümmern müssen.

Denk über folgende Zahlen nach:

- Wenn ich an drei Tagen pro Woche je eine Stunde mit zwei Jugendlichen verbringe, komme ich auf sechs Jugendliche pro Woche, 24 im Monat.
- Aber wenn ich an den gleichen Tagen je 30 Minuten mit einem Leiter und 30 Minuten mit einem Jugendlichen Zeit verbringe, habe ich am Ende der Woche Zeit mit drei Jugendlichen und drei Leitern verbracht. Wenn jeder dieser drei Leiter Zeit mit drei weiteren Jugendlichen verbringt, haben wir uns gemeinsam um 48 Jugendliche gekümmert. Das sind doppelt so viele.

Diese einfache Rechnung zeigt das exponentielle Wachstum von Multiplikation. Es ist unglaublich. (Das ist nur ein Beispiel und kein Plan, du kannst es also ruhig flexibel gestalten.)

Wenn du ein ehrenamtlicher Mitarbeiter bist

Verbringe die meiste Zeit mit Jugendlichen. Such dir einige Jugendliche und investiere Zeit in sie. Wenn deine Gruppe zahlenmäßig wächst, fang an, dich nach einem anderen Leiter umzusehen, der sich mit dir um die Jugendlichen kümmert.

Mein Freund Terrell, ein 50-jähriger Buchhalter, ist einer der ehrenamtlichen Mitarbeiter in unserer Gemeinde. Terrell sieht sich als Hirte der fünf Jugendlichen seiner Kleingruppe. Er ruft sie an, wenn die Schule wieder angefangen hat. Er schaut ab und zu bei ihren Sportveranstaltungen vorbei. Er schreibt ihnen Briefe und Emails. Das ist beziehungsorientierte Jugendarbeit. Im Grunde ist Terrell der Jugendpastor dieser Jugendlichen, denn er kümmert sich um sie.

Immer, wenn Mitarbeiter wie Terrell sich um Jugendliche kümmern, habe ich mehr Zeit, neue Leiter zu finden und zu schulen – und die können sich dann wiederum um neue Jugendliche kümmern.

Nimm deinem Jugendleiter die Verantwortung ab und hilf ihm, die Last der Beziehungen zu tragen. Baue Beziehungen zu Jugendlichen auf und zeige ihm, dass er sich nicht um jeden persönlich kümmern muss.

Beziehungen nach dem 5-3-1 System

Ich bitte meine Mitarbeiter, Beziehungen nach dem 5-3-1 System aufzubauen. Das bedeutet, dass jeder Mitarbeiter fünf Jugendliche hat, die er gut kennt. Er kümmert sich um sie und ist ihr Hirte. Mit drei von diesen fünf Jugendlichen verbringt er die meiste Zeit außerhalb der Jugendveranstaltungen. Normalerweise sind nicht alle fünf Jugendlichen daran interessiert oder dazu in der Lage, die Beziehung auf einer tieferen Ebene zu führen.

Aus diesen drei Jugendlichen kommt meist ein künftiger Mitarbeiter und Leiter hervor – derjenige, mit dem du wahrscheinlich eine Beziehung für dein ganzes Leben aufbauen wirst.

Dieses System nimmt dir das falsche Schuldgefühl, wenn du versuchst, Beziehungen zu jedem in deiner Jugendgruppe aufzubauen. Leiter können fünf Jugendliche *kennen*, drei *fördern* und sich auf einen *konzentrieren*. Das ist nicht zu viel verlangt.

3. Nicht jeder möchte, dass du dich um ihn kümmerst

Genauso, wie du nicht mit jedem Jugendlichen aus deiner Gruppe Zeit verbringen willst (du weißt, wen ich meine), stehen die Chancen hoch, dass das auch umgekehrt der Fall ist.

Nimm das nicht persönlich. Sieh es stattdessen als Segen an, dass du keine Zeit mit ______________________________ verbringen musst. (Ich weiß, dass du die Lücke mit einem Namen füllen kannst!)

Die fünf Kleingruppen-Jungs von Terrell spielen in der Jugend-Band und in der Theatergruppe. Das passt genau zu Terrells Persönlichkeit als Musiker und Schauspieler. Ich verstehe diese Jugendlichen nicht. Ich habe keine Ahnung, was ein »Ampeg«-Verstärker ist, noch möchte ich in der Nähe von einem sein.

Die Computerexperten in meinem Team wollen lieber Zeit mit Brian verbringen als mit mir. Brian spricht »HTML« und andere komische Sprachen. Sie können sich mit ihm den ganzen Tag über Megabytes, RAM, Linux und die neuste Hardware unterhalten. Sie verstehen sich.

Ich würde lieber einen Tritt in den Bauch bekommen, als der Kleingruppenleiter dieses Haufens zu sein. Es sind nette Jugendliche – nur etwas seltsam. Aber das ist okay, denn Brian ist genauso. Er kümmert sich gut um sie und liebt sie.

Brian ist, genau wie Terrell, der Jugendpastor für diese Jugendlichen. Sie sind beide Teil am Leib Christi und helfen mit ihrer Persönlichkeit, die Bedürfnisse von ganz unterschiedlichen Jugendlichen zu erfüllen.

4. Du bist ein Vorbild

Egal, ob du Jugendleiter oder Mitarbeiter bist: Jugendliche beobachten dich. Das ist manchmal eine schwere Last, aber es ist Gottes Berufung – so jedenfalls beschreibt es der Apostel Paulus:

> *Nehmt mich zum Vorbild, so wie ich Christus zum Vorbild nehme!*
> 1. Korinther 11,1 (GNB)

Jugendliche sind wie Schwämme und du wie Wasser. Sie saugen alles auf, was du sagst und tust.

Sie beobachten dich, hören dir zu und machen sich manchmal sogar Notizen über dein Verhalten:

- Deine Reaktion, wenn du dir bei einem Missionseinsatz mit dem Hammer auf den Finger haust.
- Deinen Fahrstil, wenn du das Tempolimit auf dem Missionseinsatz missachtest, weil dein Finger so weh tut und du schnell zum Arzt willst.
- Deine Einstellung, wenn du dann von der Polizei angehalten wirst und ein Knöllchen wegen zu schnellen Fahrens bekommst.
- Deine Ehe, wie du deinem Partner erklärst, was auf dem Missionseinsatz passiert ist und warum du zu spät nach Hause gekommen bist.

Selbst wenn du nicht mit jedem Jugendlichen persönlich Zeit verbringen kannst, wirst du von jedem Jugendlichen, allen Eltern, allen Mitarbeitern, dem Pastor und dem Hausmeister beobachtet.

Willkommen im Aquarium der Jugendarbeit!

Eine beziehungsorientierte Jugendarbeit aufbauen

Wenn ihr als Team beziehungsorientiert arbeiten möchtet, müsst ihr alle an einem Strang ziehen und die Strategie gemeinsam entwickeln und verstehen. Du wirst sehen, dass die meisten der unten genannten Schritte voraussetzen, dass du deine Einstellung änderst – und nicht, dass du noch mehr Zeit opferst.

Mein Vorschlag ist, dass jeder Mitarbeiter in deinem Team diese Liste durchliest und als Checkliste verwendet, um seine Beziehungen mit Jugendlichen auszuwerten. Einige dieser Schritte hören sich schwieriger an, als sie sind. Wenn du dich eine Zeit lang mit ihnen beschäftigst, werden sie sich natürlicher anfühlen.

1. Nutze die Kraft deiner Anwesenheit

Viele neue Mitarbeiter glauben, dass sie Jugendlichen eine Unterhaltung aufzwingen müssen, um sie kennen zu lernen.

Bleib locker. Sei einfach nur da. Erwarte nicht, dass Jugendliche auf dich zurennen und sagen:

»Grüß dich, herzlich willkommen. Bist du der neue Mitarbeiter? Schön, dass du hier bist. Willst du neben mir sitzen?«

Das wird nicht passieren. Aber mit der Zeit wird deine Anwesenheit den Jugendlichen signalisieren, dass du dich um sie kümmern willst. Wenn du in der Gemeinde bist, bei ihren Sportveranstaltungen und auf anderen für sie wichtigen Treffen, werden sie schnell sehen, dass du kein aufdringlicher »Stalker« bist (eine Person, die andere ständig bedroht, bedrängt und belästigt), sondern nur ein Erwachsener, der für sie da sein möchte.

Vertrauen wird nicht dadurch aufgebaut, dass du dich in die Welt der Jugendlichen zwingst. Sei einfach da. Liebe sie. Sei geduldig. Ermutige sie. Sei nahbar. Deine Gegenwart kommuniziert den Rest.

2. Nimm jemanden mit

Möchtest du gerne effektive beziehungsorientierte Arbeit tun, ohne dir noch zusätzlich Zeit nehmen zu müssen? Wann immer möglich, lass Jugendliche an deinem normalen Leben teilhaben.

Was hast du nächsten Samstag geplant? Kannst du vielleicht einen Jugendlichen mitnehmen? Autowaschen? Einkaufen? Dein Haus streichen? Abendessen? Gewichte heben? Eine DVD ansehen? Jemandem bei einem Spiel zuschauen?

Denk darüber nach, ein oder zwei Jugendliche anzurufen, die dich bei deinen Aktivitäten begleiten können. Vielleicht wirst du deine Arbeit ohne sie schneller erledigen können. Aber für die Jugendlichen schaffst du Möglichkeiten zum Reden, an die sie sich bestimmt noch lange erinnern werden: »Ich bin dieser Person so wichtig, dass sie mich eingeladen hat.«

3. Stell Fragen

Gute Fragen zu stellen ist eine der wichtigsten Eigenschaften eines Mitarbeiters. Eine strategische Frage hilft, den Fokus auf den Jugendlichen zu lenken und erlaubt ihm, dir so viel zu erzählen, wie er gerne möchte – ohne mit einer Ein-Wort-Antwort das Gespräch schnell zu beenden. Zum Beispiel kannst du einen Jugendlichen fragen:

»Wie geht's?«
Ein schnelle und sichere Antwort ist: »Gut.«

Gespräch beendet.

Versuch es stattdessen doch mal so:

»Erzähl mal eine Sache, die du heute gemacht hast.« Das eröffnet mehr Möglichkeiten.

Selbst wenn die Antwort ist: »Nichts«, kannst du unaufdringlich erwidern: »Wenn du etwas Gutes hättest tun können, was hättest du getan?«

...auf den punkt gebracht

Zuhören

Mit deinen Ohren zuhören. Wissen deine Jugendlichen, dass du sie hörst?

Hör auf zu reden und fang an, zuzuhören. Stell Fragen, die zeigen, dass du intensiv zuhörst. Beende nicht die Sätze anderer Leute oder gib ihnen vorschnelle Antworten.

Mit deinen Augen zuhören. Sehen deine Jugendlichen, dass du dich um sie kümmerst?

Wandern deine Augen auch ständig durch die Gegend und schauen nach anderen Personen, während du mit jemandem redest? Schaust du auf die Uhr oder die Arbeitsblätter?

Hast du jemals ein Gespräch mit jemandem geführt, der ständig die Imbissbude hinter deinem Rücken im Visier hatte? Es sagt dir deutlich, dass ihm sein Hunger wichtiger ist als dein Herz. Lass dich nicht ablenken. Konzentriere dich auf die Person, mit der du gerade redest.

Mit deinem Gesicht zuhören. Glauben deine Jugendlichen, dass du ihnen zuhörst?

Wenn Jugendliche dir erzählen, wie es ihnen geht, sollte dein Gesichtsausdruck ihre Gefühle widerspiegeln. Es bringt wenig, wenn du jemanden anschaust, aber dein Gesicht leer ist. Sei echt. Wenn Jugendliche sich freuen, freu dich mit ihnen. Wenn sie verletzt sind, nimm Anteil.

Mit deinen Händen zuhören. Spüren deine Jugendlichen, dass du dich um sie sorgst?

Angemessene Berührungen sind wie guter Augenkontakt eine Möglichkeit, Fürsorge zu zeigen. Wenn es angemessen ist, jemanden in den Arm zu nehmen, auf die Schulter zu klopfen oder »Five« zu geben, dann tu es! Für beziehungsorientierte Jugendarbeit ist es wichtig, auf einer Ebene Kontakt zu haben, auf der viele Jugendliche in der Welt kaum Erfahrungen sammeln. Du bist vielleicht der Einzige, der sich an diesem Tag für sie interessiert und sich um sie kümmert. Eine Umarmung und ein paar Worte sind ein guter Weg, das zu zeigen: »Wow, Danke, dass du dir die Zeit genommen hast, das zu erzählen. Das war sicher schwer für dich.«

Ich gebe ja zu, dass Jugendliche mit der »Lass-mich-in-Ruhe«-Mentalität jedem Gespräch ausweichen können. Aber die meisten erzählen etwas, wenn sie merken, dass jemand gut zuhören kann und sie mit einer guten Frage anspricht.

Gute Fragen zu stellen braucht etwas Übung. Also gib nicht vorschnell auf.

4. Lerne zuzuhören

Während meiner ersten Jahre hatte ich keinen Plan davon, wie wichtig Zuhören für die Gesundheit meines Dienstes und die Kraft meiner Beziehungen ist. Mittlerweile wird mir immer mehr bewusst, wie viele Jugendliche diese Worte sagen: »Nie hört mir jemand zu.«

Lasst uns eine Ausnahme sein und diesen Schrei nach Hilfe hören. Zuhören (und guter Augenkontakt) kommuniziert Liebe und kraftvolle Botschaften wie:

- Ich sehe dich
- Du bist wertvoll für mich
- Ich habe Zeit für dich
- Du bist mein Freund
- Ich freue mich, dich zu sehen
- Ich kümmere mich um dich
- Du bist wichtig

Suche nach Möglichkeiten, ein guter Zuhörer für Jugendliche zu sein, selbst wenn du nur ein paar Minuten Zeit mit ihnen verbringen kannst.

In meinen ersten Jahren hätte ich den Jugendlichen viel öfter zeigen können, dass ich mich um sie kümmern möchte. Aber ich habe viele Möglichkeiten verpasst. Ich konnte nicht zuhören und meinte, dass Jugendliche gerne meine Weisheiten hören wollten.

5. Sei echt

Transparenz ist ein Risiko. Einige Leute in deiner Gemeinde möchten wahrscheinlich, dass du in den Augen der Jugendlichen perfekt bist. Sie wollen, dass dein Leben anders ist, heilig, dass Versuchungen dich unberührt lassen und du über allen Problemen stehst.

Aber: Die einzigen Menschen, die keine Versuchungen mehr erleben, sind tot. Warum solltest du so tun, als ob die Probleme des Lebens dich nicht betreffen? Wenn du versuchst, jemand zu sein, der du nicht bist, bist du unehrlich und heuchlerisch. Außerdem schadest du deinen Jugendlichen, weil sie am Ende die Wahrheit herausfinden.

Das bedeutet nicht, dass du Jugendlichen alles mitteilen musst, was dich bewegt. Sie sind nicht deine Therapeuten. Sei einfach echt zu ihnen und hilf ihnen zu sehen, wie du lernst und wie du die Herausforderungen des Lebens anpackst.

Eine Möglichkeit, das zu tun: Erzähle von den Ängsten, die du hast, weil du gerade neu im Dienst angefangen hast. Lass die Jugendlichen deine Sorgen wissen und sag ihnen, wie sie dir helfen und für dich beten können. Anstatt zu übertreiben und dich in ein besseres Licht zu stellen, gib ein ehrliches Bild von dir und deiner geistlichen Situation.

Hab keine Angst, dass die Offenbarung deiner Schwächen deinem Dienst oder deiner Autorität schaden könnte. Das stimmt nicht. Schwächen zuzugeben macht dich für die Jugendlichen menschlicher und sympathischer.

Die Folge ehrlicher Leiter sind ehrliche Jugendliche. Deine Verletzlichkeit hilft Jugendlichen, ihre eigenen Masken abzulegen und erhöht deine Glaubwürdigkeit bei anderen Mitarbeitern und Leitern.

Du bist in guter Gemeinschaft mit Paulus, der sagt:

Ich hatte eine solche Zuneigung zu euch, dass ich bereit war, nicht nur Gottes Gute Nachricht mit euch zu teilen, sondern auch mein eigenes Leben. So lieb hatte ich euch gewonnen.
1. Thessalonicher 2,8 (GNB)

Paulus hat nicht versucht, jemand anders zu sein und sich von anderen abzugrenzen. Er hat sich geöffnet.

6. Fordere Jugendliche heraus

Jugendmitarbeiter, die beziehungsorientiert arbeiten, kümmern sich häufig um viele Jugendliche. Und dann sind sie mit den vielen Beziehungen zu beschäftigt, um Jugendliche in ihrer Beziehung mit Gott herauszufordern.

Erstens: Es ist nicht unser Ziel, möglichst viele Jugendliche als Freunde zu haben (natürlich ist es gut, nett zu allen zu sein und sich um sie zu kümmern).

Zweitens: Jemand, der freundlich und offen ist, hat eher die Chance, Gottes Wahrheit an einen Jugendlichen weiterzugeben; vorausgesetzt, der Jugendliche hört zu und möchte wissen, was du zu sagen hast. Man ist eher bereit, sich von jemandem herausfordern zu lassen, den man schätzt. Ein Fremder hat selten die gleiche Autorität wie ein Freund, der sich um mich sorgt.

> Als Teenager habe ich eine Menge Zeit mit Doug verbracht. Er war mehr als ein Jugendmitarbeiter für mich, er war ein Freund (wenn auch ein recht alter). Als ich dieses Kapitel gelesen habe, musste ich noch mal über meine Beziehung zu ihm nachdenken. Den größten Einfluss auf mich hatte er, weil er sein Leben für mich öffnete und aus Versehen mein Mentor wurde (jedenfalls dachte ich das, bis ich dieses Kapitel gelesen habe...).
>
> Unsere gemeinsame Zeit war nicht geplant oder organisiert; er ist zu meinen Spielen gekommen und ich war ab und zu mal bei ihm zu Hause. Er zeigte mir, wie ich meine Familie lieben kann, indem er mich in seine Familie eingeladen hat. Sein Leben war nicht perfekt, aber transparent, und er hat mir einen ehrlichen Glauben gezeigt, den ich gerne übernehmen wollte.
>
> *Andy Brazelton*
> *Mitarbeiter von simply youth ministry, Lake Forest/Kalifornien*

Wenn du die Gelegenheit bekommst oder wenn du Jugendliche herausfordern musst, dann zögere nicht. Gib ihnen zur richtigen Zeit den richtigen Schubser. Das gehört zum Prozess des »Jünger-Machens« – jemanden liebevoll auf Jesus hinweisen und herauszufordern, neue Gewohnheiten zu entwickeln.

Jugendliche erwarten von dir, dass du sie nach ihrem geistlichen Leben, nach ihren Gebetsanliegen, dem Leben zu Hause oder nach ihren Dates fragst. Und da sie es erwarten, hast du auch die Freiheit, diese Erwartung zu erfüllen. Aber das Timing ist das A und O. Ein wesentlicher Faktor beim Thema Beziehungen ist zu lernen, wann wir über allgemeine Dinge reden – und wann wir den Glauben an Gott ganz praktisch werden lassen.

Ich habe viele Meetings bei der Fast-Food-Kette *Taco Bell*. Ich gehe gerne dorthin, weil das Essen bezahlbar ist und man sich die Getränke so oft nachholen kann, wie man möchte.

Eines Tages sah ich einen Jugendlichen aus meiner Kleingruppe, wie er einen alten Becher aus seinem Rucksack holte und sich etwas zu trinken nahm, ohne in dem Restaurant gegessen zu haben. An dem Getränkespender stand ein Schild: Kostenloses Nachfüllen von Getränken nur bei einem Besuch.

Er hatte also gestohlen.

Ich wusste: Wenn ich etwas sagen würde, könnte er mich für einen kleinkarierten Christen halten.

Er würde vermutlich sagen: »Das ist doch keine große Sache – das macht doch jeder!«

Mit dem zweiten Punkt hätte er vermutlich Recht. Aber was er tat, war auf jeden Fall eine große Sache.

Integrität ist es wert, darüber zu reden. Es war Zeit, ihn anzuschubsen. Wir hatten eine intensive, 10-minütige Unterhaltung. Ich habe nicht versucht, ihn von meiner Meinung zu überzeugen. Am Ende der Unterhaltung habe ich ihm noch versichert, dass ich ihm das aus Liebe gesagt hätte.

Eine Woche später habe ich eine Email von ihm bekommen. Er schrieb mir, der Heilige Geist hätte ihn in dieser Woche davon überzeugt, dass sein Verhalten falsch war. Er bedankte sich, dass ich mir die Zeit genommen hatte, mich um »so etwas Unbedeutendes« (seine Worte) zu kümmern.

Es wäre für mich einfacher gewesen, die Geschichte durchgehen zu lassen. Aber es war eine gute Möglichkeit und der richtige Zeitpunkt, einen Jugendlichen herauszufordern. Gott hat das benutzt, um ihn reifen zu lassen.

Solltest du Jugendliche ständig herausfordern – in allem was sie sagen, denken und tun – wirst du bald ein einsamer Mensch sein. Aber wenn der richtige Zeitpunkt kommt, dann führe Jugendliche liebevoll einen Schritt weiter in ihrer Beziehung zu Gott. Sie brauchen dieses Anschieben und warten im Grunde nur auf Menschen, denen sie so wichtig sind, dass sie sie herausfordern.

Ich bin immer wieder erstaunt, was dabei herauskommt, wenn ich den Mut habe, die Wahrheit in Liebe anzusprechen.

7. Sei erreichbar

Niemand kann seinen Jugendlichen 24 Stunden am Tag zur Verfügung stehen. Aber beziehungsorientierte Arbeit setzt voraus, dass du da bist, wenn eine Krise aufkommt. Es wäre wunderbar, wenn wir solche Zeiten vorhersehen könnten. Aber weil das nicht möglich ist, bitte ich meine Mitarbeiter, eine Art »gefühlte Erreichbarkeit« zu kommunizieren.

Ich würde zum Beispiel einem Jugendlichen sagen: »Wenn du jemanden zum Reden brauchst, bin ich gerne für dich da.« Wir müssen uns nicht auf der Stelle treffen; aber der Jugendliche weiß, dass er mich im Fall der Fälle erreichen kann.

Oder ich sage: »Ich weiß, dass deine Eltern sich gerade scheiden lassen und es tut mir Leid. Das ist bestimmt hart für dich. Du sollst wissen, dass du mich jederzeit anrufen kannst, wenn du jemanden zum Reden brauchst.«

Manchmal versuche ich so, persönliches Interesse und Erreichbarkeit auszudrücken: »Ich habe gehört, du bist im Basketball-Team. Kannst du mir einen Spielplan geben? Ich wäre gerne mal bei einem deiner Spiele dabei.«

Erreichbar zu sein bedeutet nicht, ständig auf Abruf zu stehen, aber es heißt, Interesse und Anteilnahme auszudrücken.

8. Setz Grenzen

In der Jugendarbeit musst du Grenzen setzen. Egal, ob du verheiratet oder Single bist – du kannst und solltest nicht jedes Problem zu jeder Zeit an jedem Tag lösen. Wenn du verheiratet bist, wird deine Familie es schätzen, wenn du die Kunst des Nein-Sagens lernst. Wenn du Single bist, wird dein zukünftiger Partner dankbar sein, wenn du gute Beziehungsgewohnheiten entwickelt hast und Nein sagen kannst.

Während meiner theologischen Ausbildung erzählte ein erfahrener Jugendleiter einmal, wie er beim Abendessen an seinem Hochzeitstag von einem Jugendlichen unterbrochen wurde, der mit ihm reden wollte. Er habe damals im Interesse einer guten Jugendarbeit seine Frau bei einem romantischem Abendessen alleine sitzen gelassen, um Zeit mit diesem Jugendlichen zu verbringen. Als 20-jähriger Anfänger fand ich das bewundernswert.

Heute, mehr als 20 Jahre später, denke ich, dass das dumm war. Wenn mir heute so etwas passieren würde, würde ich zur Tür gehen und den Jugendlichen fragen: »Sag mal, willst dich umbringen? Nein? Gut! Ich mich nämlich auch nicht! Lass uns morgen reden, denn wenn ich jetzt Zeit mit dir verbringe, würde meine Frau *mich* umbringen. Ich liebe dich, aber ich habe gerade eine andere Verpflichtung. Es ist einfach ein schlechter Zeitpunkt. Okay?«

Wenn du beziehungsorientiert bist, aber keine Grenzen setzt, wird dein Dienst dich daran hindern, ein Privatleben zu haben.

9. Nutze moderne Technik

Du musst nicht jeden Anruf annehmen, sofort auf jede SMS antworten oder ständig die Tür aufmachen. Benutze einen Anrufbeantworter. Check die Nachrichten und deine Emails dann, wenn es in deinen Terminplan passt.

Ich habe Marvin in meiner ersten Woche als vollzeitliche Jugendmitarbeiterin angerufen. Er war in der 7. Klasse. Ich habe ihn kurz bei der Veranstaltung getroffen, bei der ich vorgestellt wurde. Mein Ziel für die erste Woche war es, jeden Jugendlichen anzurufen oder einen kleinen Brief zu schreiben. Mein Gespräch mit Marvin verlief etwa so:

Ich: »Hi Marvin, hier ist Helen«
Marvin: (mit monotoner Stimme): »Wer?«
Ich: »Helen, die neue Jugendleiterin! (Stille. Meine Unsicherheit nimmt zu.) Ich wollte nur mal eben Hallo sagen. (Mehr Stille. Mehr Unsicherheit.) Also, ähm, was machst du so?«
Marvin: »Nichts.«
Ich: »Wow, super. Was machst du denn am Wochenende?«
Marvin: »Nichts.«
Ich: »Wow, super. Was geht so in der Schule?«
Marvin: »Nichts.«
Ich: »Wow, super. Hört sich gut an. Also, ähm, ich denke, ich lass dich dann mal gehen. War schön, mit dir zu reden. Ich hoffe, wir sehen uns in der Jugendstunde.«

Ich habe aufgelegt und war sicher, dass Marvin mir gedanklich »Trottel« auf die Stirn geschrieben hatte. »Mannomann, dieses Beziehungen bauen ist wirklich hart!«, dachte ich. »Und *dafür* habe ich eine Ausbildung gemacht?«

Am nächsten Sonntag lief mir Marvins Mutter im Foyer über den Weg. Ich hoffte, sie würde mich nicht entdecken. Als sie meinen Namen rief, dachte ich nur: »Jetzt geht's los...«

»Helen«, sagte sie, »danke, dass du Marvin angerufen hast. Worüber habt ihr so geredet?«

Ich war kurz davor, zu sagen: »Nichts.« Aber bevor ich antworten konnte, lächelte sie mich dankbar an: »Marvin hat den Hörer aufgelegt und gesagt: Mama, das war Helen, die neue Jugendleiterin! Wir haben uns unterhalten, sie hat mich verstanden – wie ich mich fühle, meine Probleme...«

Teenager und Jugendliche kann man häufig schlecht einschätzen. Ich habe das früh lernen müssen. Der Spruch »Wenn es nicht klappt, versuche es immer und immer wieder!« gilt besonders, wenn du eine Beziehungen mit Jugendlichen aufbauen willst. Für einige ist es leicht, Gespräche zu führen. Andere hält die Unsicherheit davon ab, so zu arbeiten, wie sie es gerne würden. In diesen Momenten dürfen wir uns daran erinnern, dass Gott in unserer Schwachheit stark ist. Dann wird unsere Unsicherheit unsere größte Gabe: weil sie uns in die Abhängigkeit von Jesus führt.

Marvin und ich sind gute Freunde geworden, regelmäßige »Telefon-Kumpel«. Ich bin dankbar, dass meine Eindrücke nach unserem ersten Telefonat falsch waren. Und deswegen, 25 Jahre später, rufe ich immer noch Jugendliche an. Und ich bin immer noch überrascht, was Gott mitten in meiner Schwachheit tut.

Helen Musick
Referentin für Jugendarbeit am Ashbury Seminary/Kentucky

Solange du in einer angemessenen Zeit reagierst, werden die Leute sehen, dass sie dir wichtig sind. Gleichzeitig handelst du vernünftig, im Interesse deiner Familie und deiner eigenen geistlichen Gesundheit.

Du musst deine persönliche Zeit schützen, wenn du das Abenteuer Jugendarbeit überleben willst.

10. Lerne, Seelsorgefälle weiterzuleiten

Wenn Jugendliche oder Erwachsene mit schwerwiegenden Problemen zu dir kommen, ist es manchmal das Beste, zuzuhören, zu beten und die Leute an einen professionellen Seelsorger weiterzuempfehlen – oder an eine andere Person, die mehr Ahnung von der Materie hat als du.

Ich bin ein guter Zuhörer und liebe Menschen. Aber ich bin kein Seelsorger. Ich habe mich oft schuldig gefühlt, weil ich nicht jedes Problem lösen konnte. Manchmal habe ich es versucht, aber damit den Menschen mehr geschadet als ihnen geholfen.

Fühl dich nicht schuldig, wenn du einen Jugendlichen an einen erfahreneren Menschen verweist. Mach deutlich, dass du kein Seelsorger bist, aber dass du gerne zuhörst und Namen von Leuten kennst, die besser weiterhelfen können, als du.

Zu beten und Seelsorgefälle an andere Personen weiterzuleiten, sind zwei der effektivsten Werkzeuge für beziehungsorientierte Jugendmitarbeiter.

11. Nutze die Kraft der kleinen Dinge

Ich halte seit Jahren Bibelarbeiten für Jugendliche, aber ich kann an einem Finger abzählen, wie viele Jugendliche nach ihrer Absolvierungsfeier auf mich zugekommen sind und mir gesagt haben, dass eine meiner Botschaften ihr Leben geprägt hat.

Auf der anderen Seite habe ich den Überblick über die Masse der Jugendlichen verloren, die Kleinigkeiten in ihrem Gehirn speichern, die sie auch noch Jahre später ermutigen. Dinge wie:

- Einen Jugendlichen am ersten Schultag nach den Ferien anrufen und sagen, dass du für ihn betest.
- Jugendlichen Bilder schicken, die du von ihnen gemacht hast
- Bei ihrer Arbeit vorbeischauen, nur um »Hallo« zu sagen.
- Die letzten Minuten bei einem ihrer Spiele ansehen (du kannst auch früher kommen, aber wenn du am Ende da bist, gibt dir das die Möglichkeit, mit den Jugendlichen zu reden).
- Ihnen etwas zum Geburtstag schenken, das sie mögen.
- Die Eltern anrufen, um ihnen etwas Gutes über ihre Kinder zu sagen. Das freut die Eltern und den Jugendlichen.
- Einen Zettel mit Ermutigungen an die Tür kleben, wenn jemand eine Klausur schreibt oder durch eine stressige Zeit geht. (Klingeln und dann wegrennen!)
- Einen Zettel mit Ermutigungen direkt an den Jugendlichen kleben.
- Jugendliche zum Abendessen einladen.
- Eine Gruppe von Jugendlichen (gleiches Geschlecht) bei dir übernachten lassen.
- Nach einigen Tagen nachfragen, wenn ein Jugendlicher ein Gebetsanliegen genannt hat.
- Jugendliche für positive Illustrationen in einer Predigt gebrauchen. (Immer gut, vorher um Erlaubnis zu fragen.)
- Einfach so lustige Postkarten schicken.
- Energienahrung (Cheeseburger) vorbeibringen, wenn am nächsten Tag ein großer Test ansteht.
- Sich die Namen von Jugendlichen merken und sie mit Namen ansprechen, wenn du mit ihnen redest.

Nicht jeder Mitarbeiter in der Jugendarbeit bekommt die Gelegenheit, eine Bibelarbeit zu halten oder zu predigen. Aber jeder kann diese kleinen Dinge tun.

Lobe Mitarbeiter, wenn sie interessante Kleinigkeiten tun, und erzähle anderen Mitarbeitern beim nächsten Treffen davon. Dadurch werden nicht nur gute Ideen weitergegeben, sondern auch eine positive Arbeitsweise verstärkt und Wertschätzung praktiziert. Das ermutigt alle Mitarbeiter.

Was soll ich als Erstes tun?

Beziehungsorientiert zu sein hängt nicht so sehr von dem ab, was du tust, sondern eher von dem, wer du bist. Gesunde Jugendarbeiten haben beziehungsorientierte Leiter, die Jugendliche lieben und kennen lernen wollen. Sie haben Hirten, keine »Aufpasser«.

Jesus war Meister in beziehungsorientierter Jugendarbeit. Er kam nicht nur auf unsere Welt, um für kurze Zeit mit uns zu leben, sondern er hat Menschen in die Augen geschaut und ihnen Liebe gezeigt. Mit wem auch immer er Kontakt hatte – die Frau mit den Blutungen; der gelähmte Mann, der durchs Dach gelassen wurde; Zachäus, der sich im Baum versteckt hat – Jesus hat seine Arbeit zur Seite gelegt und Menschen an erste Stelle gestellt.

Das ist das Eigentliche an beziehungsorientierter Jugendarbeit: Jesus ist das Zentrum, Menschen sind am Wichtigsten.

Lass dich nicht überfordern. Konzentriere dich auf ein paar Jugendliche.

Alle Ideen, die ich aufgelistet habe, zeigen das eine wichtige Ziel Gottes, von dem du in Kapitel 3 gelesen hast – die Erfüllung von Gottes Gebot der Liebe:

> *»Lehrer, welches ist das wichtigste Gebot des Gesetzes?« Jesus antwortete: »Liebe den Herrn, deinen Gott, von ganzem Herzen, mit ganzem Willen und mit deinem ganzen Verstand! Dies ist das größte und wichtigste Gebot. Aber gleich wichtig ist ein zweites: Liebe deinen Mitmenschen wie dich selbst!*
> Matthäus 22,36-39 (GNB)

fragen zu kapitel 4

das wichtigste für jugendliche

Zur Gruppendiskussion

- Hast du in unserer Jugendarbeit die Freiheit, dein Leben in Jugendliche zu investieren?
- Was macht dir am meisten Angst, wenn du daran denkst, ein beziehungsorientierter Mitarbeiter zu sein?

Zur persönlichen Reflektion

- Wie kann ich mir Namen besser merken?
- Was muss ich tun, um in meiner Erreichbarkeit Grenzen zu setzen?
- Wie fühle ich mich, wenn andere Mitarbeiter mir Jugendliche »wegnehmen«, in die ich eigentlich selbst investieren wollte?
- Welche Jugendlichen würden von mir sagen, dass ich ihr »Hirte« bin?
- Welchen Teil von mir könnte ich Jugendlichen offenbaren, damit sie etwas mehr von meinem Leben kennen lernen können?

Nächste Schritte

- Erstelle eine Liste mit Personen, zu denen du gerne 5-3-1 Beziehungen aufbauen möchtest.
- Erstelle eine Liste mit fünf kleinen Aufmerksamkeiten, die du regelmäßig tun kannst. Wenn du einem Jugendlichen etwas Gutes tun willst und nicht weiter weißt, schau dir diese Liste an.
- Schreibe pro Woche eine Ermutigung an einen anderen Jugendlichen.

5

freunde oder feinde?

familienfreundlich arbeiten

Von allen Kapiteln in diesem Buch basiert dieses Kapitel auf besonders vielen Fehlern von mir. Beim Thema Eltern habe ich mehr falsch gemacht, als ich zugeben möchte. Ich habe so langsam gelernt, dass ich mich noch heute für meine Lerngeschwindigkeit schäme.

Dieses Kapitel ist wichtig. Es ist aus Schmerzen und Problemen entstanden. Ich würde dich gerne vor den Qualen bewahren, die ich verursacht und erlebt habe.

Eltern und ich – von Feinden zu Partnern

Als ich mit Jugendarbeit anfing, waren Eltern meine natürlichen Feinde. Sie haben zu meinen Ideen immer »Nein!« gesagt.

Ich konnte nicht glauben, dass Mrs. Moore unseren Boxkampf nicht sponsern wollte, obwohl es eine gute Evangelisationsmöglichkeit gewesen wäre. Eltern haben meine Bemühungen mit harten Worten niedergemacht: Ich würde nicht genug aus der Bibel lehren. Ich sei zu ernsthaft und würde zu viel aus der Bibel lehren. Ich würde zu viel mit den Jugendlichen spielen. Ich würde zu wenig spielen. Die Jugendlichen seien im Gottesdienst zu laut. Es kämen nicht genug Jugendliche.

Ich könnte ein ganzes Buch mit ihren Beschwerden füllen – inklusive Namen und Gesichtern, an die ich mich immer noch gut erinnern kann.

Weil ich unerfahren war, habe ich alle Kommentare als persönliche Attacke aufgefasst und eine Abwehrhaltung entwickelt:

»Eltern sind gegen mich.«

Diese Haltung zeigte sich in meiner Einstellung, meinem Handeln und meiner Kommunikation. Eltern wurden die Feinde meiner Ideen. Jener Ideen, mit denen ich eine gute Jugendarbeit aufbauen wollte.

Ich war wütend.

Heute bin ich selbst Vater eines Teenagers, der in der Jugendarbeit ist. Die Entwicklung in meiner Familie hat meine Denkweise über Jugendarbeit verändert. Ironischerweise sehe ich jetzt oft die Jugendarbeit als einen Feind unserer Familie, weil meine Tochter mehr an Jugendveranstaltungen interessiert ist, als an Familienaktionen.

Wenn du mit Jugendarbeit anfängst, kannst du nicht viel Zeit und Energie in Familienarbeit stecken. Du musst Namen lernen, die Veranstaltungen analysieren, eine Strategie entwickeln und dich als Leiter etablieren.

Aber du kannst von Anfang an eine familienfreundliche Einstellung entwickeln, die dein Verhalten für die Zukunft bestimmen wird. Egal ob du haupt- oder ehrenamtlich mitarbeitest: Du bist auf der sicheren Seite, wenn du die Familien in deiner Gemeinde unterstützt.

Lass mich einige Einstellungen und Ideen aufzeigen, die dir beim Thema Jugendarbeit und Eltern helfen können.

Grundlegende Wahrheiten über Jugendarbeit und Eltern

Alle Mitarbeiter sollten das Gesamtbild einer lebendigen Verbindung von Jugendarbeit und Familien sehen. Das ist wichtig. Ein familienfreundliches Team in der Jugendarbeit stärkt die gesamte Gemeinde, hilft Familien und Jugendlichen und fördert das Ansehen der Jugendarbeit.

1. Du bist nicht die einzige Person, die Jugendliche prägt

Ich habe gemerkt, dass ich nur wenig Einfluss im Leben eines Jugendlichen habe, wenn die Eltern den geistlichen Veränderungsprozess nicht unterstützen, den wir in der Gemeinde lehren. Jugendliche mögen dich nett finden und gerne mit dir reden, aber Eltern prägen Jugendliche am stärksten.

2. Familienfreundliche Jugendarbeit ist wichtig, aber nicht einfach

Reale Familien sind anders als ideale Familien.

Als ich in der Ausbildung war, hat sich die Theorie sehr gut angehört. Die Ideen waren einfach und die Familien zuvorkommend. Als ich mit dem Studium fertig war und an die Arbeit ging, habe ich gemerkt, dass die Realität anders ist

– eine Mischung aus »Wow!« und »Oh nein!«. Die Arbeit ist chaotisch – aber ein Funke »Wow!« ist alle Mühe wert.

Ich möchte, dass du begreifst, dass Familienarbeit nicht einfach, aber wichtig ist. Mach dir in deinen ersten Jahren keine Sorgen um Veranstaltungen für Eltern oder Familien. Konzentrier dich darauf, Familien zu verstehen. Versuche herauszufinden, wie du ihnen helfen kannst. Schraub deine Erwartungen an Veranstaltungen zurück. Entwickle eine positive Einstellung zu Eltern und Familien, dann wird sich vieles von alleine ergeben.

3. Gib Eltern keine Erziehungstipps, wenn du nicht selbst Teenager groß gezogen hast

In meinen ersten Jahren glaubte ich, Eltern sagen zu müssen, wie sie ihre Kinder erziehen sollten. Das war ein großer Fehler!

Ich kann mich noch gut an ein Eltern-Seminar erinnern, das ich gehalten habe. Es ging auch um Erziehungsfragen.

Einige Eltern sahen mich kopfschüttelnd an. Ihr Gesichtsausdruck verriet mir, was in ihren Köpfen vorging: »Ich bin sicher, dass du keine eigenen Teenager hast«, und: »Das funktioniert vielleicht mit Kleinkindern, aber nicht mit Teenagern.«

...auf den punkt gebracht

Sechs Ideen, wie du für Eltern beten kannst

1. Mach es dir zur Gewohnheit, Eltern zu fragen, ob du für sie beten kannst.
2. Finde ehrenamtliche Eltern, die Gebetsanliegen anderer Eltern sammeln. Vielleicht kannst du einen Anrufbeantworter einrichten, auf den Eltern ihre Anliegen sprechen können. Gib sie, wenn möglich, an das Gebetsteam oder andere Mitarbeiter weiter.
3. Bete auch wirklich für Eltern, wenn du sagst: »Ich werde für dich beten.« (Vielleicht ist das auch nur mein Problem.)
4. Bitte Eltern, für die Leitung und Mitarbeiter zu beten.
5. Bitte Eltern, zum Gebet zu bleiben, wenn ihr eine besondere Veranstaltung oder eine Freizeit habt. Sei dir bewusst, dass Familien und Eltern verschiedene Emotionen durchleben, wenn sie ihre Kinder auf eine Freizeit gehen lassen. Du kannst auch die Eltern beten lassen (vorher fragen).
6. Frag einige Jugendliche, die in der Gemeinde aktiv sind, ob sie für Familien beten können.

Durch ihre Blicke und Körpersprache haben die Eltern mir signalisiert, dass meine Belehrungen wenig hilfreich waren. Sie hatten Recht. Ich wusste wirklich nicht, wovon ich geredet habe.

Wenn du noch keinen Teenager groß gezogen hast, versuch nicht, anderen Eltern Erziehungstipps zu geben.

Als Jugendmitarbeiter weißt du zwar einiges über Teenager und Jugendliche. Aber du weißt nicht, wie es ist, Eltern zu sein. Du weißt sicher viel über die Jugendkultur oder welche Modeworte und Klamotten gerade in sind. Aber wenn es darum geht, Teenager zu erziehen: Spar dir deine Ideen für deine eigenen Kinder – und du wirst schnell lernen, demütig zu sein. So ging es mir. Und so wurde ich vom selbst ernannten Familienratgeber zum Familienpartner.

Familienfreundliche Einstellungen entwickeln

Eltern müssen wissen, dass du sie nicht ersetzen willst, sondern versuchst, ihnen zu helfen.

1. Versteh das grundlegende Bedürfnis einer Familie

Der gemeinsame Nenner von Jugendarbeit und den Problemen der Eltern lautet: beschäftigt sein.

Oft denke ich, dass ich der einzige bin, der ein vollgepacktes Leben hat. Dann wundere ich mich, wieso ich mit Eltern nicht immer einer Meinung bin. Um eine familienfreundliche Einstellung zu entwickeln, musst du diesen Grundsatz verstehen: Alle Menschen in unserer Kultur haben zu wenig Zeit. Das gilt nicht nur für Jugendmitarbeiter.

Familien brauchen Zeit zusammen. Wenn du dieses Bedürfnis verstehst, wirst du mit deinen Jugendveranstaltungen, Predigten und Erwartungen an Eltern und Jugendliche umsichtiger sein.

Ich bin dankbar für die Ehrlichkeit, die Einsicht und die Tipps, die dieses Kapitel anderen Jugendmitarbeitern weitergibt. Traurigerweise ist einer der Gründe, warum es geschrieben wurde, die Tatsache, dass wir Familien manchmal jahrelang durch unsere Jugendarbeit schaden. Viele von uns haben eine Krankheit, die eine Gemeinde zerstören kann: Wir betrachten die Jugendlichen als UNSERE Jugendlichen.

Doug schreibt, dass wir Eltern als diejenigen ansehen sollen, die den größten Einfluss im Leben der Jugendlichen haben. Wenn das wahr ist – was ich glaube –, dann muss auch alles, was wir denken, sagen und in der Jugendarbeit tun, diese Einstellung widerspiegeln.

Ein Beispiel ist das Thema Zeit. Wir können Jugendliche nur begrenzt beeinflussen, weil wir nur begrenzt Zeit mit ihnen verbringen können. Gelegentliche persönliche Gespräche ausgenommen, haben wir innerhalb einer Woche maximal drei Stunden Kontakt zu den Jugendlichen. Für einige kommt noch eine Stunde in der Kleingruppe dazu. Das gilt für die Jugendlichen, die regelmäßig kommen (und selbst die sind nicht immer da). Innerhalb eines Schuljahres kommen wir so auf höchstens hundert Stunden in der Jugendgruppe, plus ein bis zwei Wochen Freizeit.

Das ist *viel* weniger Zeit als andere Erwachsene wie Eltern von Freunden, Lehrer oder Trainer mit ihnen verbringen. Bis zu einem gewissen Grad kümmern sie sich alle um deine Jugendlichen. Sie beeinflussen sie.

Am meisten gilt das für ihre Eltern. Mitarbeiter in der Jugendarbeit haben Einfluss auf Jugendliche. Aber wir sind Teil der Gruppe, deren Arbeit am besten in Verbindung mit und unter der Vormundschaft derjenigen Erwachsenen geschieht, die von Gott dazu beauftragt wurden, unsere Jugendlichen groß zu ziehen: ihren Eltern.

Die Realität sieht oft anders aus. Das ist eine große Schwäche unserer Arbeit. Wir glauben, dass wir unsere Jugendlichen besser kennen, sie mehr lieben und ihnen mehr dienen, als jemand anders es tut.

Als Vater von drei Kindern, die schnell aufwachsen, habe ich Mitarbeiter in der Jugendarbeit kommen und gehen gesehen. Einige sind solide und opfern sich auf, viele andere sind oberflächlich und inkonsequent.

Aber jedes meiner Kinder kann sich an ein oder zwei Mitarbeiter erinnern, die großartig waren. Was hatten diese Leute gemeinsam? Sie waren nicht nur diejenigen, die unsere Kinder so liebten, wie sie sind – sie haben auch festgestellt, dass ihre wichtigste Aufgabe ist, die Familie zu unterstützen. Sie haben verstanden, dass meine Frau und ich Familienpartner brauchten. Wir schätzten diejenigen, die lernbereit waren. Diejenigen, die unseren Kindern geholfen haben, Gottes Weg für ihr Leben und sein Reich zu verstehen. Ich hoffe und bete, dass jeder Mitarbeiter in der Jugendarbeit seine Rolle so definiert.

Chap Clark,
Professor für Jugend, Familie und Kultur,
Fuller Theological Seminary, Kalifornien

Sorgen von Jugendmitarbeitern:

- Wie bekomme ich die Aufmerksamkeit der Jugendlichen?
- Wie kann unsere Jugendarbeit wachsen?
- Wie kann ich meinen Jugendlichen helfen, geistlich zu wachsen?
- Welche Aktivitäten sind für Jugendliche wichtig?
- Welche Arten der Mitarbeit kann ich Jugendlichen anbieten?
- Worüber soll ich am Mittwoch und Sonntag predigen – oder heute Abend?
- Welchen Bibelleseplan sollen wir nehmen?
- Wie kann ich die Eltern meiner Jugendlichen glücklich machen?
- Wie kann ich in einem Dienst überleben, der nie aufhört?
- Warum bin ich so beschäftigt?

Sorgen von Eltern:

- Wie kann ich die Rechnungen in diesem Monat bezahlen?
- Wie können wir zu Hause für Frieden sorgen?
- Wie bringe ich meine Kinder dazu, ihre Hausaufgaben zu machen?
- Wie können wir im Leben weiterkommen?
- Wer sind die Freunde meiner Kinder?
- Hat unser Kind Sex? Oder nimmt es Drogen?
- Wie können wir unser Kind dazu bewegen, zur Kirche zu gehen – gerne?
- Warum scheint es so, dass wir unseren Kindern unwichtig sind?
- Warum bin ich so beschäftigt?

2. Überlege, welchen Einfluss du auf Familien hast

Du solltest mit den Bedürfnissen von Familien vorsichtig umgehen. Es ist schlau, sich diese Frage öfter zu stellen: »Wie wird diese Veranstaltung die Familien in der Gemeinde beeinflussen?«

Wenn du den Preis für eine Freizeit festlegst: Was ist mit Familien, die zwei Kinder in der Jugendgruppe haben?

Reduziere die Kosten so weit du kannst. Je teurer es ist, desto mehr werden die Familien es zu spüren bekommen. Halte deine Veranstaltungen so günstig wie möglich. Lass die Jugendlichen vor der Abfahrt zu Hause essen. Oder spar das Essen am Abreisetag, indem ihr früher nach Hause fahrt (Essen für unterwegs einzupacken, kann viel Geld sparen).

Mach dir Gedanken, wie du Kosten für Familien gering halten kannst.

3. Überlege, welchen Einfluss Termine auf Familien haben

Minimiere die Zahl der Abende, an denen du Veranstaltungen für Jugendliche anbietest. Du kannst nicht familienfreundlich sein und ständig von Jugendlichen erwarten, bei Gemeindeterminen zu sein. Wenn Jugendliche mehr als zwei Abende pro Woche von zu Hause weg sind, ist deine Jugendarbeit wahrscheinlich nicht familienfreundlich.

Du weißt, dass gesunde Jugendarbeit auf Beziehungen aufbaut. Deshalb betone, wie wichtig es ist, dass Jugendliche positive Beziehungen zu ihren Familien haben. Überlege, ob du eine Zeit lang alle Veranstaltungen ausfallen lässt, damit die Jugendlichen Zeit mit ihren Familien zu Hause verbringen können. Keine Angst – Gott wird immer noch Gott sein. Und deine Jugendlichen werden auch eine Woche ohne Jugendarbeit überleben.

Normalerweise versuchen wir, keine Veranstaltungen in den Dezember zu legen. Familien haben dann nur wenig Zeit und wir wollen ihren Kalender nicht noch voller packen.

Wir setzen auch zwei Wochen vor dem neuen Schuljahr keine Veranstaltungen an. Wir wollen, dass Familien sich auf den Schulstart vorbereiten und die letzte Woche des Sommers gemeinsam als Familie verbringen.

Wenn du möchtest, dass Familien von diesen Dingen profitieren, musst du das Ziel kommunizieren, das du verfolgst.

Jesus hat nicht gesagt: »Folgt mir zu Veranstaltungen!«

Bete deshalb ständig für gute Entscheidungskraft und Gottes Weisheit, wie oft du Veranstaltungen anbieten sollst, bei denen die Jugendlichen von zu Hause weg sind.

Sei vorsichtig – Teilnahme an Veranstaltungen ist nicht mit geistlichem Wachstum gleichzusetzen. Vielleicht ist die geistlichste Tat für einige Jugendliche, nicht zu einer Veranstaltung zu kommen, sondern Zeit mit ihrer Familie zu verbringen.

4. Kommuniziere einfach, aber effektiv

Du gewinnst Eltern als Partner, wenn du einfach und klar kommunizierst. Mir haben Eltern oft Fragen gestellt, die man vorher recht einfach hätte klären können. Die Eltern meiner Jugendlichen sind schlau, aber keiner von ihnen ist Hellseher.

Eltern möchten gerne darüber informiert sein, was mit ihren Kindern passiert. Über die Jahre habe ich gelernt, wie Kommunikation mit Eltern funktioniert:

- *regelmäßig:* Schick den Eltern jeden Monat ein Blatt mit den fünf bis zehn wichtigsten Informationen. Die Eltern werden sich daran halten und die Inhalte ernst nehmen, wenn du sie zuverlässig informierst. Es reduziert außerdem ihren Stress, wenn sie regelmäßig über die Jugendarbeit informiert sind.

- *kurz:* Die meisten Eltern bekommen eine Menge Informationen: Post, Schreiben von der Schule, Zeitungen, Magazine, Rechnungen. Sie brauchen die wichtigsten Informationen und Daten, die sie in ihren Familienkalender eintragen können. Eltern brauchen kein umständliches Drumherum, sie wollen keine witzigen Geschichten oder Anekdoten. Sie brauchen die Speisekarte, nicht die Rezepte.

- *klar und deutlich:* Wenn du kein guter Schreiber bist, lass deine Infoschreiben an die Eltern von jemandem kontrollieren. Ich habe einmal einen Brief an Eltern geschickt, in dem stand, dass wir um sechs Uhr morgens zu einer Freizeit abfahren würden – richtig war sechs Uhr abends. Wie du dir vorstellen kannst, war das Chaos gewaltig. Mehrere Eltern standen früh morgens auf, um ihre Kinder zur Gemeinde zu fahren. Eine Mutter meinte: »Du solltest dir jemanden suchen, der deine Details kontrolliert!« Das sagte sie in einem so deutlichen Ton, dass ich es nie vergessen werde.

- *schlicht:* Heb dir Grafiken und Bildchen für deine Jugendlichen auf. Eltern haben kein Interesse an Comicfiguren, sie brauchen Informationen. Nutze die Stunden, die du für eine kunstvollen Flyergestaltung bräuchtest, um etwas Effektiveres zu tun: Schreib jemandem einen Brief oder ruf einige der Eltern persönlich an.

- *rechtzeitig*: Frühzeitige Kommunikation hilft Familien bei ihrer Planung. Eltern sollten über große Sommerveranstaltungen schon Anfang des Jahres informiert werden, damit sie ihren Sommerurlaub entsprechend planen können. Details kannst du immer noch weitergeben, wenn die Veranstaltung näher rückt. Je größer die Veranstaltung ist (nicht nur beim Arbeitsaufwand, sondern auch bei ihren geistlichen Auswirkungen), desto früher solltest du das Datum bekannt geben.

- *günstig:* Gute Kommunikation muss nicht teuer sein. Nutze – wenn möglich – Email. Wenn du Familien hast, die nicht online sind, lege einige Kopien auf den Infotisch in der Gemeinde und bitte die Eltern, sie dort mitzunehmen. Gib die Informationen für Eltern, die nicht zur Gemeinde gehen, den Jugendlichen nach Hause mit und bete, dass sie dort auch ankommen – was bei einigen Jugendlichen einem Wunder gleichkommen mag (deswegen sollst du ja auch dafür beten!). Wenn es per Post für dich besser ist, dann nimm Postkarten statt Briefe, um Porto zu sparen.

- *ehrlich:* Teile den Eltern die genauen Zeiten mit, wann die Jugendstunde zu Ende ist. So wissen die Eltern, wann sie ihre Kinder abholen können. Wenn deine Jugendlichen so sind wie meine, werden sie ihre Eltern bitten: »Hol mich um halb zehn ab«, obwohl schon um halb neun Schluss ist. Wenn Eltern die genaue Zeit kennen, können sie selbst entscheiden, wie lange sie ihren Kindern erlauben, weg zu bleiben.

- *hilfreich:* Auf der Rückseite deiner monatlichen Infos kannst du eine kurze Zusammenfassung der Themen schreiben, die in den nächsten vier Wochen anstehen. Das gibt Eltern hilfreiche Anhaltspunkte für Gespräche mit ihren Kindern. Natürlich musst du dann mehr als vier Wochen im Voraus planen (vielleicht ein weiteres Wunder, für das du beten musst).

Die typische Unterhaltung sieht so aus:

Eltern: »Wie war die Jugendstunde heute?«
Jugendlicher: »Gut.«

(Ende der Unterhaltung)

Wenn du Eltern im Voraus wissen lässt, was das Thema ist, würde die Unterhaltung vielleicht so aussehen:

Eltern: »Lag Doug richtig mit seiner Predigt über Vergebung?«
Jugendliche: »Ja.«
Eltern: »Wie war die Predigt denn?«
Jugendliche: »Gut.«

(Ende der Unterhaltung – aber zumindest doppelt so lang!)

Informierte Eltern sind dankbarer und glücklicher. Du kannst keine familienfreundliche Jugendarbeit aufbauen, wenn Eltern nicht informiert sind.

5. Nutz die Kraft kleiner Aufmerksamkeiten

Meistens sind es die kleinen Dinge, über die Eltern am dankbarsten sind:

- Pünktliche Ankunft nach einer Freizeit
- Eine kleiner, handschriftlicher Brief an die Familie, in dem du deine Wertschätzung ausdrückst
- Eine tägliche Nachricht auf dem Anrufbeantworter der Gemeinde, den Eltern während der Sommerfreizeit abhören können
- Ein Lächeln und die ehrlichen Worte: »Ich bete für deine Familie«

Eltern lieben solche kleinen Gesten.

Ich habe gelernt, wie wichtig solche Kleinigkeiten sind. Einmal habe ich Eltern angeboten, unser Material von der Jugendarbeit für ihre Sommerferien auszuleihen. Wir hatten ein paar Zelte, Kühlboxen, Funkgeräte, Sportgeräte und einige andere Dinge.

Obwohl nur zwei Familien von dem Angebot Gebrauch machten, fanden alle die Idee super.

Eigentlich war es nichts Besonderes, weil ich schon seit Jahren ständig Dinge von Familien für die Jugendarbeit ausgeliehen hatte. Ich wollte ihnen einfach den gleichen Gefallen tun. Ehrlich gesagt gehörte das Meiste, was sich Familien ausleihen wollten, sowieso ihnen. Aber eine kleine Geste verbindet.

Einmal wollte ich in der Jugend eine Predigtserie über Sexualität starten. Als diese Informationen durchsickerten, riefen mehrere besorgte Eltern unseren Hauptpastor an. Der Pastor bat mich, ein Treffen mit den Eltern zu organisieren und mir ihre Sorgen anzuhören.

Ich hatte zwei Möglichkeiten: Ihnen mit offenem Herzen zuzuhören oder das Treffen mit einer vorgefertigten Meinung einfach abzusitzen.

Leider entschied ich mich für die zweite Möglichkeit.

Unser Treffen war ein Katastrophe. Es gab hitzige, wütende Wortgefechte. Am Ende habe ich diese Predigtserie wie geplant durchgezogen – ich fühlte mich als Sieger. Ich hatte zwar eine Schlacht gewonnen, aber es hat sehr lange gedauert, bis ich das Vertrauen der Eltern wiedergewinnen konnte. Ich hätte beinahe den Krieg verloren.

Wenn ich zurück schaue, verstehe ich, wo meine Fehler lagen:

1. Ich habe ihnen nicht zugehört. Ihre Sorgen und Vorschläge interessierten mich nicht. Ich habe nur zugehört, um gute Gegenargumente bringen zu können – nicht um ihre Sorge um ihre Kinder zu verstehen.
2. Ich habe die Eltern für inkompetent gehalten. Ich dachte, die Eltern hätten keine Ahnung von Jugendlichen. Als Jugendpastor – so dachte ich – weiß ich, was das Beste für sie ist. Ich kannte die Jugendkultur, hatte Ahnung von Entwicklungspsychologie und habe gute Beziehungen aufgebaut. Deswegen habe ich entschieden, dass eine Serie über Sex notwendig war. Es wäre mir nie in den Sinn gekommen, dass andere, besonders Eltern, andere Ideen haben könnten.
3. Ich habe den Fehler gemacht – wahrscheinlich ist das am Wichtigsten –, die Eltern nicht in den Entscheidungsprozess einzubeziehen. Ich habe sie erst einbezogen, als es zu spät war. Wenn ich die Möglichkeit genutzt hätte, nach ihren Ideen zu fragen, hätte ich Verbündete gewonnen – und mir keine Feinde gemacht.

James K. Hampton,
Jugendpastor,
Westside Nazarene Church, Olathe/Kansas

6. Nimm Eltern die Angst vor Veränderungen

Veränderungen sind Möglichkeiten, Familien zu dienen – beispielsweise wenn ein Jugendlicher neu in den Jugendkreis kommt oder zum Studieren von zu Hause auszieht.

Wenn ein neuer Jugendlicher in deine Jugendarbeit kommt, kannst du seine Eltern anrufen, um Fragen zu beantworten und Sorgen aus dem Weg zu räumen. Du musst nicht selbst anrufen – bau ein Team mit Leitern auf, die sich diese Verantwortung teilen. Die meisten Familien werden ein paar Fragen haben. Wenn du anrufst, gibst du den Eltern eine Plattform, ihre Fragen loszuwerden. Und du hast eine Gelegenheit, deine Freude darüber auszudrücken, dass sie als Familie in der Jugendarbeit dabei sind.

Kinder zum Studium wegziehen zu lassen, kann sehr hart sein. Viele Eltern trauern, wenn ihre Kinder weggehen. Schick der Familie eine kurze Notiz mit einem Bild von ihrem Kind und der Jugendgruppe, um deine Unterstützung zu signalisieren.

7. Unterstütze Eltern in ihren »Eltern-Fähigkeiten«

Eltern sehnen sich nach Bestätigung ihrer »Eltern-Fähigkeiten«. Sie lieben positive Bemerkungen über ihre Kinder. Eine Familie mit ein paar Worten aufzumuntern, ist einfach. Jeder Jugendmitarbeiter kann das, egal wie viel Erfahrung er oder sie mitbringt.

Wenn du von einer Freizeit zurück zur Gemeinde kommst, renne nicht gleich weg, um das Auto auszuräumen. Treffe dich mit Eltern auf dem Parkplatz, schau ihnen in die Augen und erzähle ihnen eine Geschichte über eine Situation, die du mit ihrem Kind erlebt hast. Oder nenne ihnen einige gute Eigenschaften ihrer Kinder. Rufe Eltern nach der Jugendstunde an und hebe eine Sache hervor, die dir an diesem Abend an ihrem Kind aufgefallen ist. Geh nach dem Gottesdienst auf Eltern zu und ermutige sie mit einem ehrlichen Kompliment.

Wenn deine Aussagen ehrlich und konkret sind, werden sie positive Auswirkungen haben.

Familienbeziehungen entwickeln

Eines der schwierigsten Dinge in der Jugendarbeit ist, die richtigen Prioritäten zu setzen. Viele Jugendmitarbeiter nehmen sich keine Zeit für Eltern, weil sie Elternarbeit für unproduktiv halten.

Das Gleiche könnte man auch über Gebet sagen – es hat nicht den Anschein, produktiv zu sein. Aber Gebet ist ein wesentlicher Teil des Glaubenslebens.

Beziehungen zu Eltern aufzubauen, ist eine Top-Priorität für Jugendleiter. Es

...auf den punkt gebracht

Zehn Wege, Eltern Wertschätzung zu zeigen

1. Lern die Namen der Eltern und ihrer Kinder.
2. Suche im Anschluss an Jugendveranstaltungen den Kontakt zu Eltern.
3. Mach Eltern Komplimente über ihre Eltern-Fähigkeiten. Suche nach Stärken in den Jugendlichen und lobe die Eltern dafür. (»Euer Sohn hat ein dienendes Herz. Das ist selten unter Teenagern. Ihr seid gute Eltern.«)
4. Schick Eltern nach einer Unterhaltung mit ihnen eine Notiz (»Es war schön, gestern mit euch zu reden. Ich schätze eure Familie.«)
5. Hör Eltern zu. Denke darüber nach, was sie über Jugendarbeit zu sagen haben. Du musst nicht auf jeden Vorschlag reagieren, aber versichere ihnen, dass du ihre Ideen zu schätzen weißt.
6. Erzähl ihnen, wie wichtig dir ihre Familie ist. Lass Eltern wissen, dass du ihre Familie achtest und wertschätzt. Plane familienfreundlich. Kinder sollten nicht mehr als zwei Abende pro Woche in derGemeinde verbringen.
7. Erkenne, dass Eltern in der Regel ihre Kinder mehr lieben, sich mehr um sie kümmern und mehr für sie tun, als du es jemals tun kannst. Deine Rolle im Leben der Jugendlichen ist bedeutungsvoll, aber du wirst niemals den Platz der Eltern einnehmen.
8. Plane ein jährliches Abendessen, um Eltern deine Wertschätzung zu zeigen.
9. Ermutige Jugendliche, im Gottesdienst bei ihren Eltern zu sitzen.
10. Respektiere Zeitabsprachen. Schließe deine Veranstaltungen zur geplanten Zeit ab. Wir wollen ja auch, dass Eltern rechtzeitig da sind, um Jugendliche abzuholen.

könnte der entscheidende Faktor sein, ob du nur eine kurze, gute Jugendarbeit machst – oder eine lange, pulsierende und familienfreundliche Jugendarbeit aufbaust.

Vorteile guter Eltern-Jugendmitarbeiter-Beziehungen:

- Du findest vielleicht Eltern, die deine Mentoren werden können.
- Eltern können Verbündete werden, die wiederum andere Eltern positiv beeinflussen, wenn es um dich oder die Jugendarbeit geht.
- Du lernst, Dinge aus Sicht der Eltern zu sehen, wenn du selbst noch keine Kinder hast.
- Du hast Beziehungen zu Erwachsenen, nicht nur zu Jugendlichen.
- Du hörst die andere Seite der Geschichten, die Jugendliche dir erzählen. Es gibt immer zwei Seiten.
- Eltern können Jugendliche einzigartig beeinflussen.
- Dein Dienst geht über Jugendliche hinaus.
- Du kannst Jugendlichen durch Erwachsene dienen.
- Du zeigst Jugendlichen, dass Eltern wichtig und wertvoll sind.
- Du kannst ab und zu kostenlos essen.

Sei beziehungsorientiert

So, wie du bewusst Beziehungen zu Jugendlichen aufbaust, baue auch bewusst Beziehungen zu Eltern auf. Natürlich kannst du keine tiefen Beziehungen zu *allen* Eltern oder zu jedem Jugendlichen haben, wenn deine Jugendarbeit groß ist, aber du kannst Beziehungen zu *einigen* Menschen aufbauen.

Ich sage Eltern: »Ich würde euch gerne kennen lernen. Ich esse jeden Tag Mittag, komm doch einfach mit und wir reden über das Leben, eure Familie, deinen Job und Gott. Ich werde keine Bibelarbeit halten oder dich zwingen, Fragen zu beantworten. Ich möchte einfach nur mehr über euch und eure Familie erfahren.«

Was kannst du einen Vater oder eine Mutter fragen, wenn du sie zum ersten Mal triffst?

- Was machst du beruflich?
- Was ist deine Lieblingsaktivität mit der Familie?
- Wie hilft die Jugendarbeit deinem Kind, geistlich zu wachsen?
- Was könnten wir tun, um besser zu helfen?
- Was war das bedeutenste Erlebnis, das du mit Gott hattest?
- Kann ich deinen Mercedes für mein nächstes romantisches Abendessen mit meiner Frau ausleihen?

Der Beziehungs-Prozess ist bei Eltern und Jugendlichen gleich: Lerne sie kennen, kümmere dich um sie, höre ihnen zu, hilf ihnen, ermutige sie – und schau zu, wie sich eure Jugendarbeit weiterentwickelt.

Am liebsten lerne ich Eltern in ihrer eigenen Welt kennen. Nach einem gemeinsamen Mittagessen lud Garrett mich ein, einen Tag in seiner Praxis zu verbringen. Er gab mir einen weißen Kittel, ein Stethoskop und einen Notizblock. Einen ganzen Tag lang war ich mit ihm unterwegs. Es war ein Tag voller Spaß (ein paar Geschichten mit Gummihandschuhen, auf die ihr mich mal ansprechen müsst), guten Erinnerungen, frischen Illustrationen und einer neuen Freundschaft.

Beziehungen wie diese bilden die Grundlage für eine familienfreundliche Jugendarbeit.

Lass Eltern anderen Eltern dienen

Eine gesunde Jugendarbeit dient den Eltern, aber Eltern können und sollen sich auch gegenseitig dienen.

Über die Jahre habe ich gelernt, dass Eltern anderen Eltern am besten dienen können – viel effektiver, als meine jüngeren Mitarbeiter oder ich selbst.

In deinen ersten Jahren kannst du, realistisch gesehen, ein Elternpaar finden, das beim Aufbau einer familienfreundlichen Jugendarbeit hilft.

Fang mit zwei vorsichtigen Schritten an: Erstelle eine Dienstbeschreibung zur Elternarbeit und finde eine Schlüsselperson, die sich dafür verantwortlich erklärt.

Eine Dienstbeschreibung erstellen

Du musst eine klare Vorstellung davon haben, wie die Elternarbeit aussehen soll. Nur dann kannst du auch nach einer geeigneten Person Ausschau halten, deren Gaben zu dieser Arbeit passen.

Erstelle eine Dienstbeschreibung nach diesem Muster:

Dienstbeschreibung Elternarbeit

1. Die Kommunikation mit Eltern verwalten: Erstellen eines monatlichen Elternbriefes mit Informationen zur Jugendarbeit

2. Veranstaltungen für Eltern organisieren (zwei bis vier pro Jahr).

- Aufbau eines Eltern-Teams, das bei den Veranstaltungen mithilft
- Planung von Schulungen für Eltern (Themen: Teenager verstehen, Angst vor Veränderungen überwinden u.a.)
- Organisation der Veranstaltungsdetails (Verpflegung, Referenten, Einladungen usw.)

3. Erstellen einer Liste von erfahrenen Personen für Familienthemen

- Nach Eltern und Personen Ausschau halten, die bereit sind, von ihren Erfahrungen und Krisen zu berichten (Alleinerziehende Eltern, Drogenprobleme bei Kindern, Scheidung u.a.)
- Nach Rückssprache mit dem Jugendpastor eine Liste mit Ansprechpartnern zu den verschiedenen Themenbereichen erstellen
- Erklären, wie sie verletzten Eltern in Krisensituationen konkret helfen können

4. Interessierte Eltern in Kleingruppen einladen.

- Bei jeder Veranstaltung für Eltern Werbung für Kleingruppen machen.
- Nach gutem Material für Eltern-Kleingruppen suchen
- Sich um Kleingruppenleiter für Eltern kümmern.

5. Ansprechpartner sein für Fragen von Eltern

- Erstkontakt für Eltern sein, die Hilfe brauchen
- Anrufer bei einer Krise an die erfahrenen Personen vermitteln

Wie man Eltern erreichen kann, die keinen Kontakt zu anderen haben

Es frustriert mich zu sehen, dass manche Eltern weniger in unsere Veranstaltungen eingebunden sind, als sie es eigentlich sein sollten. Was können wir tun, um Eltern einzubinden – egal ob sie gar nicht zur Gemeinde kommen oder zu einer anderen Gemeinde gehen? Was tun wir bei denen, die offensichtlich gar nicht eingebunden werden wollen?

1. Kommuniziere deutlich den Wunsch, sie kennen zu lernen.
2. Lobe ihre Kinder, wenn du mit ihnen redest.
3. Beteilige sie an Aufgaben. Manche Eltern warten nur darauf, gefragt zu werden.
4. Erkenne ihre Bedürfnisse. Denk über Dinge nach, die sie betreffen könnten und biete Hilfe an (Kinder abholen, Sonderpreise für Familien mit mehreren Teenagern).
5. Gestalte Veranstaltungen, die sie besuchen wollen: Nachtreffen von Missionseinsätzen, Elterntreffen, bei denen die Eltern Veranstaltungen für Jugendliche anschauen können.
6. Sei im Krisenfall erreichbar.
7. Schicke Elternbriefe und bedanke dich für die Möglichkeit, Zeit mit ihren Kindern zu verbringen. Schreibe deine Telefonnummer oder Email-Adresse dazu, unter der du erreichbar bist.
8. Übergib einem Mitarbeiter die Verantwortung, die Eltern zu begrüßen, wenn sie ihre Kinder zu Veranstaltungen bringen. Tu alles, um freundlich zu Eltern zu sein, selbst wenn sie es nicht sind.
9. Mach einen Termin für einen Besuch aus oder rufe an, um Eltern zu erklären, was in der Jugendarbeit passiert. Sage Eltern, dass du gerne möchtest, dass sie wissen, welche Gemeinde und welche Veranstaltungen ihre Kinder besuchen. So kannst du auf Eltern zugehen, ohne dass sie zu dir kommen müssen.
10. Denke daran, dass du nicht alle Eltern und Familien erreichen kannst. Du tust dein Bestes, das Mögliche – im Glauben, dass Gott das Unmögliche tun wird.

Das ist eine ziemlich umfangreiche Aufgabenliste, um dir Ideen für Elternmitarbeiter zu geben. Du musst nicht alle Ideen im ersten Monat oder Jahr übernehmen. Eine gesunde Elternarbeit braucht Zeit zur Entwicklung. Am Anfang bittest du vielleicht einen Mitarbeiter darum, einen Elternbrief zu verschicken. Mit der Zeit kommen andere Aufgaben dazu. Du kannst deine Beschreibung auch später noch deinen Bedürfnissen anpassen, wenn es notwendig ist.

Finde Schlüsselpersonen

Unsere derzeitige ehrenamtliche Mitarbeiterin in der Elternarbeit – Kathleen, 45 Jahre alt, vier Kinder, zwei davon mit der Schule fertig – hilft unserer Jugendarbeit familienfreundlicher zu werden. Dafür investiert sie etwa zehn Stunden im Monat. Diese großartige Frau dient Gott, indem sie sich um Familien kümmert und ihnen Gottes Liebe zeigt.

Ich wünschte, ich könnte sie für deine Gemeinde klonen. Aber ich denke, dass du auch jemanden wie Kathleen in deiner Gemeinde hast, der nur darauf wartet, entdeckt und dazu befähigt zu werden, Familien zu unterstützen.

Sobald du eine realistische Dienstbeschreibung erstellt hast, kannst du anfangen, nach Gottes Person für diese Aufgabe zu suchen.

Wenn du überlegst, wer in Frage kommt, denke über folgende Ideen nach:

- Frag die Leiter der Kinderarbeit nach drei Eltern, die ein Herz für andere Eltern haben. Vielleicht ist eine Person dabei, die die neue Elterngruppe übernehmen könnte, weil ihre Kinder inzwischen aus der Kinderarbeit rausgewachsen sind.
- Finde »Modelleltern« – Eltern, die umsetzen, wovon sie reden. Wenn ich mit einigen Eltern zu tun habe, denke ich oft: »Ich finde die Art gut, wie sie ihre Kinder behandelt.« Oder: »Ich bin beeindruckt, wie er mit seiner Tochter redet.« Solche Eltern sind gute Kandidaten.
- Finde Eltern, die schon anderweitig eingebunden sind. Vielleicht hast du diesen Satz schon gehört: »Wenn du etwas erledigt haben willst, dann gib es an die beschäftigten Leute.« Aktive Menschen bewegen etwas. Kathleen arbeitete beim Sport mit, in der Gemeinde und bei anderen Veranstaltungen. Sie war eigentlich zu beschäftigt für die Elternarbeit. Aber als ich ihr mehr darüber erzählt habe, hat sie ihre anderen Verantwortlichkeiten reduziert und konnte sich auf den neuen Dienst konzentrieren.

- Lade deine »Lieblingseltern« zum Abendessen ein.

  Wenn du diese netten Familien bei dir zu Hause hast – ungefähr drei bis fünf Familien pro Abendessen –, erzähl ihnen, wie wertvoll sie dir sind und was du in ihrem Leben und ihren Kindern siehst.

  Dann präsentiere ihnen deinen Traum, einen Verantwortlichen für die Elternarbeit zu finden.

  Erzähl ihnen nicht nur das Nötigste. Lass sie dein Herz und deine Vision spüren. Frage sie, ob sie darüber nachdenken und dafür beten würden, diesen Dienst zu übernehmen.

  Selbst wenn sich keiner findet, wissen jetzt mehr Leute, welche Art von Person du suchst.

Als Doug mich fragte, ob ich mir vorstellen könnte, die Elternarbeit zu koordinieren, dachte ich: »Ich kann doch nicht noch eine Aufgabe annehmen. Ich bin doch schon viel zu beschäftigt!«

Aber als wir darüber geredet und dafür gebetet haben, habe ich gemerkt, dass ich durch die Elternarbeit anderen Eltern helfen könnte – und sie mir. Als ich das verstand, habe ich andere Aufgaben abgegeben und mich auf die Elternarbeit konzentriert. Ich bin heute sehr dankbar, Partner gefunden zu haben, mit denen ich den steinigen Weg der Erziehung von Teenagern gemeinsam gehen kann. Die anderen Eltern waren begeistert davon, dass unsere Jugendarbeit Hilfe angeboten hat und so für ihre Familien sorgte.

Ich bin froh, dass Doug den Bedarf gesehen und mich gefragt hat, diese Aufgabe zu übernehmen. Ich bin eine bessere Mutter, weil ich diese Reise mit anderen teilen kann – und ich hoffe, es geht den anderen Eltern genauso.

Kathleen Hamer

Eines habe ich mit den Jahren gelernt: Das beste Prinzip ist, Leute unter vier Augen auf die Mitarbeit anzusprechen. Menschen möchten, dass man an sie glaubt und sie buchstäblich »beruft«, Gott in einzigartiger Art und Weise zu dienen – um für ihn etwas zu bewirken.

Mit wenig Aufwand kannst du den Bedarf und die großartigen Möglichkeiten von Familien in deiner Gemeinde präsentieren. Schau dich um und frag – du wirst überrascht sein, wen Gott schon alles darauf vorbereitet hat, anderen Eltern zu dienen.

Sich um wütende Eltern kümmern

In jeder Jugendarbeit wirst du mit wütenden Eltern zu tun haben. Manche sind zu Recht wütend, andere zu Unrecht. Wie du mit ihnen umgehst, bestimmt, ob du an Glaubwürdigkeit gewinnst oder Respekt verlierst.

Versuche nicht, Konflikte zu vermeiden. Bete auch nicht, dass sich diese Dinge in aller Stille auflösen – sie tun es nicht. Ich erwarte nicht, dass du Freude an Konflikten hast, aber ich biete dir vier Ideen an, um dir bei Konflikten mit Eltern zu helfen (im nächsten Kapitel mehr zu Konfliktlösung):

1. Geh wütenden Eltern nicht aus dem Weg

Wütende Eltern rufen normalerweise an, wenn sie auf der Spitze ihres Ärgers sind – dann, wenn sie sich mehr emotional als sachlich ausdrücken. Ich war schon häufig froh, dass ich nicht da war, wenn solche Anrufe kamen. Wenn ich im Büro bin, dann nehme ich den Anruf an, aber oft ist es besser, erst später zurückzurufen. Wenn möglich, ruf nicht zurück, sondern besuche die Eltern persönlich. Im persönlichen Gespräch kannst du – anders als am Telefon – auch auf die nonverbale Kommunikation achten.

2. Höre bis zum Ende zu

Zu guter Kommunikation gehört, dass du Eltern ausreden lässt. Es ist normal, dass man jemanden unterbrechen will, um Dinge klarzustellen. Wenn Eltern ihre Meinung dargelegt haben, kannst du deine sagen. Findet die Unterhaltung am Telefon statt, mach dir Notizen und warte, bis die andere Person ausgeredet hat.

3. Sei rational, nimm Kritik nicht persönlich

Wenn Eltern sauer sind, drücken sie sich vielleicht unangemessen aus. Du wirst Dinge hören wie: »Du bist nicht qualifiziert, Jugendleiter zu sein«, obwohl der Hintergrund so aussieht: »Ich weiß nicht, wie ich an meinen Sohn heran kommen soll, ich mache mir Sorgen um seine Zukunft. Ich komme zur Gemeinde, spende, und ich brauche deine Hilfe. Aber ich bin zu unsicher, um das ehrlich zuzugeben.« Oder: »Eure Freizeiten sind immer viel zu teuer.« Das kann heißen: »Das Geld ist gerade etwas knapp und ich könnte Hilfe brauchen.«

Es ist deine Aufgabe, das wirkliche Problem zu finden, falls es nicht offensichtlich ist. Bitte Gott – wenn möglich, vor einem Gespräch – um Weisheit und Urteilsvermögen.

4. Schließe das Gespräch positiv ab

Das Gespräch mit einer positiven Bemerkung abzuschließen bedeutet nicht, jammernden Eltern nachzugeben. Ein positiver Gesprächsabschluss signalisiert, dass du versuchst, Frieden zu schaffen.

Ich möchte gerne, dass Eltern am Ende eines Gesprächs fühlen, dass...

- sie gehört und verstanden wurden.
- wir Schritte unternehmen werden (oder unternommen haben), um das Problem zu lösen.
- ihre Offenheit geschätzt wird. Das ist besonders wichtig, damit die Tür für zukünftige Gespräche offen bleibt.
- ich mich, falls notwendig, entschuldige. Wenn du Mist gebaut hast, bitte um Vergebung. Versöhne dich. Demut löst Wut in Rauch auf.

Einige Konflikte werden dich so aufwühlen, dass du es sogar körperlich zu spüren bekommst. Es ist schwer, Kritik nicht persönlich zu nehmen, wenn dein Herz sehr an dem hängt, was du tust.

Du kannst Konflikte nicht vermeiden. Eltern werden ihrer Wut irgendwie Ausdruck verleihen. Sei vorbereitet, bete und schau dir den nächsten Abschnitt gut an.

Lerne, Konflikten sofort ins Auge zu sehen. Mit der Zeit entwickelst du die richtigen Fähigkeiten, die du für den Umgang mit Menschen brauchst – und je besser deine Fähigkeiten werden, desto einfacher werden die Situationen.

Wenn du wütend auf Eltern bist...

So sicher, wie Eltern sich bei dir beschweren werden, werden Eltern bei dir Frust, Enttäuschung und Wut hervorrufen. Aber es gibt einige Möglichkeiten, richtig mit Ärger umzugehen:

1. Sei nicht voreilig

Diese Idee ist in jedem Konflikt wichtig. Glaub mir, ich bin kein Meister dieses Prinzips. Als meine Frau dieses Kapitel zum ersten Mal las, sagte sie: »Warum schreibst du nicht über etwas, womit du Erfahrung hast?«

Es hat bei mir besser geklappt, bevor es Emails gab. Emails sind so schnell geschrieben! Wenn ich in einer Email attackiert werde, kann ich antworten, bevor ich nachdenke. Ich habe schon einige ekelige, boshafte und sarkastische Emails weggeschickt, bevor ich Zeit zum Prüfen hatte, ob nicht vielleicht doch etwas an den Anschuldigungen dran sein könnte. Ich habe es jedes Mal bereut.

Wenn mich etwas ärgert, muss ich kurz eine Pause einlegen, beten, nachdenken, Fragen stellen, meine Gedanken und Gefühle mit einer neutralen Person durchsprechen, einen Marathon laufen und dann warten, bis ich rational denken kann und nicht mehr meine, ich müsste mich verteidigen.

Eine gute Regel ist, mindestens 24 Stunden zu warten. Lass jemanden deine Antwort lesen, wenn du sie per Email verschickst. So stellst du sicher, dass du angemessen und im Einklang mit Gott antwortest.

Du tust das Richtige, wenn du dir Zeit mit deiner Antwort lässt.

»Ich kann nicht fassen, dass *sie* in meinem Büro ist, um *mir* zu sagen, wie ich meine Jugendarbeit leiten soll! «, dachte ich im Stillen. Dass Eltern meinten, sie wüssten mehr über Jugendarbeit als ich, ließ mich in mich hineinlachen. »Wenn sie so genau Bescheid weiß, warum sitzt *sie* dann nicht auf *meinem* Stuhl?«

Das einzig Positive an meinen Gedanken war, dass ich sie nicht ausgesprochen habe. Sonst wäre das Gespräch eskaliert.

Ich weiß, das Eltern manchmal ziemlich weit weg von ihren Kindern sind. Aber Tatsache ist, dass Eltern Gott gegenüber für ihre Kinder verantwortlich sind – nicht ich.

Mittlerweile macht mich diese Tatsache sehr froh. Aber früher hat sie mich wütend gemacht. Ich hatte die Antworten und Veranstaltungen, die nötig waren, um jedem Jugendlichen zu helfen. Das einzige, was ich von Eltern brauchte, war der Fahrdienst. Wenn ein Jugendlicher es irgendwie schaffen würde, zu mir zu kommen, würde ich den Rest bestens alleine geregelt bekommen.

Ich weiß, dass viele Konflikte mit Eltern vermeidbar gewesen wären, wenn ich besser mit ihnen kommuniziert hätte. Ich wünschte, ich hätte früher gemerkt, dass nicht alle Eltern sechzehnjähriger Mädchen es für eine gute Idee halten, von einem Felsen in einen See zu springen. Die Zeit und unsere eigenen Kinder haben mir geholfen, meine Haltung Eltern gegenüber zu überdenken.

Heute ist mir klar, dass man Eltern nicht unberücksichtigt lassen sollte. Im Gegenteil – viele meiner besten Mitarbeiter sind Eltern. Sie haben die unglaubliche Möglichkeit, wie Eltern zu denken, zu helfen und mir ihre Meinung über viele Dinge mitzuteilen. Und weißt du was? Inzwischen ist mir ihre Meinung sogar so wichtig, dass ich sie danach frage!

Mike Wilson,
Jugendpastor ,
Two Rivers Baptist Church, Nashville/Tennessee

2. Untergrabe nicht die Autorität der Eltern

Wenn du sauer auf Eltern bist, versuche nicht, ihre Kinder auf deine Seite zu ziehen. Mach die Jugendlichen nicht zum Zentrum. Halte sie aus der Situation raus, wenn sie kein Teil der Lösung sind.

Entscheide dich für Gottes Weg. Sieh von Kommentaren ab, die die Autorität der Eltern untergraben. Eltern haben sowieso ein Problem, den Respekt ihrer Kinder zu behalten.

Du hilfst niemandem, wenn du Eltern lächerlich machst.

Das passiert schon in viel zu vielen Fernsehsendungen. Wir brauchen nicht noch Mitarbeiter, die dasselbe tun – selbst wenn es manchmal berechtigt wäre.

3. Suche nach der Quelle des Konflikts

Jedes Mal, wenn ich versucht habe, Probleme über Drittpersonen (ihre Kinder, Ehepartner, das Gebetsteam, andere Pastoren, die Zeitung) zu lösen, habe ich den Kampf verloren und meinem Ruf geschadet.

Die meisten Konflikte sind Missverständnisse, die durch große Vorstellungskraft völlig aufgebläht wurden.

Wenn du einen Konflikt mit Eltern hast, geh zu den Eltern. Selbst wenn die Eltern nicht das Gleiche bei dir tun würden, musst du den schwierigeren Weg gehen und mit ihnen persönlich reden.

4. Versetze dich in ihre Lage

Viele Probleme treten hinter verschlossenen Türen auf. Die meisten davon wirst du nie zu Gesicht bekommen. Es hat einige Jahre gedauert, bis ich dieses einfache Prinzip gelernt habe: Jede Geschichte hat zwei Seiten. Wenn ich wie Eltern denke, dann verstehe ich, warum Eltern auf Konflikte in der Familie so reagieren, wie sie es tun. Versetz dich – besonders wenn du selbst noch keine Kinder hast – in die Lage der Eltern. Stell dir vor, wie die Situation aus ihrer Perspektive aussieht.

Während ich dieses Buch schreibe, gehen mir einige fatale Fehler aus meinen Anfangsjahren durch den Kopf. Ich bereue sie zutiefst. Was wäre wohl passiert, wenn ich von Anfang an die richtigen Schritte gegangen wäre?

Du hast die Möglichkeit, deinen Dienst von Anfang an mit der richtigen Einstellung gegenüber Eltern zu beginnen. Eltern sind keine Feinde gesunder Jugendarbeit. Sie sind die besten Verbündeten, die du haben kannst.

Familien in Krisenzeiten helfen

Eine der herausforderndsten Aufgaben der Jugendarbeit ist, Familien mit Teenagern zu erreichen, die gerade in einer Krise stecken. Du wirst nicht jede Krisensituation in deiner Jugendgruppe vorhersehen können. Aber du kannst dich darauf vorbereiten.

1. Diene Familien in Krisen

Beziehungen machen es einfacher, ein Trauma durchzustehen – ein klein wenig einfacher. Ehrlich und echt zu sein erlaubt dem anderen die gleiche Haltung.

2. Sei ein guter Zuhörer

Deine Anwesenheit und Taten sind wichtiger als deine Worte. Stille ist besser als Worthülsen und bedeutungslose Floskeln. Stelle dich zum Zuhören zur Verfügung.

3. Hab keine Angst, die Krise anzusprechen

Menschen wollen reden, aber sie fühlen sich vielleicht schuldig oder sind zu sehr auf sich selbst fixiert. Sie freuen sich, wenn sie gebeten werden, etwas zu erzählen.

4. Sei informiert über Personen und Materialien, die weiterhelfen könnten

- Wer in der Nähe ist ein guter christlicher Seelsorger?
- Welche Kontaktpersonen gibt es beim Jugendamt?
- Wie sieht die Gesetzgebung zum Thema Missbrauch aus? Wozu bin ich verpflichtet? An wen muss ich mich wenden?
- Welche Bücher, CDs, Videos und Webseiten gibt es?

5. Biete Hilfe an

- Biete an, dich in einem Todesfall um die Formalitäten zu kümmern
- Biete Bücher und andere Materialien an
- Verweise die Leute an Personen, die du kennst und die weiterhelfen können

6. Pack an

In Krisen sind Eltern offener für Hilfe als zu jeder anderen Zeit. Vielleicht haben sie keine spezifischen Dinge für dich zu tun. Du vermittelst eine kraftvolle Botschaft, wenn du Hilfe anbietest. Noch kraftvoller ist es, wenn du wirklich etwas tust. Viele Leute sagen zwar: »Ruf mich an, wenn du etwas brauchst« – aber sie packen nicht mit an.

7. Hab keine Angst davor, anzurufen

Wenn du von einer Krise hörst, warte nicht. Ruf sofort an. Denk nicht, dass andere anrufen werden oder die Familie zu beschäftigt ist. Es muss kein langes Gespräch sein. Ruf an. Drück deine Betroffenheit aus und biete Hilfe an. Dann leg wieder auf.

8. Bring die Familie in Kontakt mit Menschen, die ähnliche Krisen erlebt haben

Das macht es der Familie möglich, mit anderen zusammen zu sein, die ihre Nöte verstehen und nachvollziehen können. Ähnliche Erfahrungen und ähnlich erlebte Krisen verbinden Menschen.

fragen zu kapitel 5

freunde oder feinde?

Zur Gruppendiskussion

- Wo könnte unsere Jugendarbeit familienfreundlicher arbeiten?
- Warum ist es deiner Meinung nach schwierig für Eltern, Autorität von Mitarbeitern zu akzeptieren, die selbst keine Eltern von Teenagern sind? Kann man das ändern? Wenn ja, wie?

Zur persönlichen Reflexion

- Verstehe ich, dass ich unsere Jugendarbeit repräsentiere, selbst außerhalb geplanter Veranstaltungen? Wie geht es mir damit?
- Was halte ich von Eltern, die ihre Kinder zur Gemeinde bringen, aber selbst nie kommen?
- Wie kann ich Familienfreundlichkeit in unserer Jugendarbeit fördern?
- Wie kann ich besser mit den Eltern der Jugendlichen kommunizieren?
- Stell dir vor, wie es aussehen könnte, wenn Ehrenamtliche sich in der Jugendarbeit um Eltern kümmern würden.

Nächste Schritte

- Erstelle eine Liste mit fünf Dingen, die du regelmäßig tun kannst, um Eltern und Familien zu ermutigen.
- Begrüße Eltern, die ihre Kinder zur Gemeinde bringen oder abholen.
- Überlege dir, mit welchem Elternteil du dich in den nächsten drei Monaten verabreden kannst. Ruf an und vereinbare einen Termin.

6

was soll der ärger?

konflikte lösen lernen

Francisca war eine großartige Mitarbeiterin. Auf Freizeiten habe ich beobachtet, wie sie mit Jugendlichen umgeht – und war beeindruckt. Francisca hat schon in drei verschiedenen Gemeinden gearbeitet. Zwei musste sie verlassen, bei der dritten ist sie von sich aus gegangen, bevor sie gefeuert wurde. Es waren nicht ihre Fähigkeiten, die sie in diese Situationen gebracht haben, sondern ihre Unfähigkeit, mit harten Zeiten, Konflikten und schwierigen Menschen umzugehen.

Wenn ich heute mit ihr rede, sehe ich Sanftheit in ihren Augen und Schmerzen in ihrem Herz. Sie ist traurig, weil sie Fehler gemacht und Möglichkeiten zur Versöhnung verpasst hat. Ich habe schon mit hunderten Mitarbeitern geredet, die wie Francisca sagen: »Wenn Jugendarbeit nichts mit Menschen zu tun hätte, würde es mir Spaß machen.«

In meiner Zeit als Jugendleiter habe ich so viele Spannungen erlebt, dass ich damit ein ganzes Buch füllen könnte. Ich habe Tränen vergossen, Tränen verursacht, Konflikte vermieden, Konflikte angefangen, Menschen vorsichtig konfrontiert, Menschen taktlos konfrontiert, mir Freunde und Feinde gemacht. Manchmal hatte ich Recht, aber oft lag ich falsch.

Dieses Kapitel ist ganz sicher nicht mein Lieblingskapitel. Aber das Thema ist sehr wichtig. Ich will dir meine Horrorgeschichten ersparen und dir lieber ein paar Prinzipien weitergeben, die ich im Umgang mit Konflikten gelernt habe.

Du wirst Jugendliche, Eltern und Leiter in der Gemeinde erleben, die:

- Deine Persönlichkeit nicht mögen
- Deine Entscheidungen nicht mögen
- Es lieben, bei dir nach Fehlern zu suchen
- Aus einer Mücke einen Elefanten machen
- Sich wie kindische Dummköpfe benehmen
- Mit dem Teufel verwandt sein könnten

Es macht mich traurig, das zu schreiben: Aber ein paar Leute hassen dich vielleicht sogar.

Du wirst dich dabei erwischen, deine Leitungsfähigkeiten und sogar deine Berufung in Frage zu stellen. Manchmal möchtest du dich vielleicht vor Leuten verstecken; ein anderes Mal denkst du vielleicht darüber nach, ein Missionar zu werden und zu einem Volk zu gehen, dass deine Sprache nicht spricht.

Konflikte sind unvermeidbar, denn wenn unvollkommene Menschen in unvollkommenen Situationen zusammen arbeiten, werden Probleme auftreten. Egal, ob du haupt- oder ehrenamtlicher Mitarbeiter bist: Sobald du ja zu einer Leitungsaufgabe sagst, sagst du auch ja zu Konflikten.

Aber ich habe auch gute Nachrichten: Einige Leute werden dich mögen, dir zuhören, deiner Leitung folgen, für dich beten und dir beim Verbinden deiner Wunden helfen, wenn du mit jemandem kollidiert bist. Du kannst lernen, Konflikten den Wind aus den Segeln zu nehmen, Frieden zu schaffen und schwierige Situationen zu vermeiden, bevor sie beginnen. Harte Zeiten helfen dir außerdem, persönlich zu wachsen und deinen Charakter zu stärken. Dafür bin ich Gott dankbar.

Ich halte schon seit vielen Jahren Mitarbeiterseminare. Ich musste mit Erschrecken feststellen, dass die häufigsten Fragen von Mitarbeitern mit Konflikten oder dem Umgang mit schwierigen Menschen zu tun hatten. Niemanden belasten neue Programmideen. Es sind die zwischenmenschlichen Spannungen, die zu dicken Felsbrocken werden.

Konflikte sind ein großes Problem in der Jugendarbeit. Ob am Anfang deiner Mitarbeit oder nach Jahren im Dienst: Du wirst gezwungen sein, Entscheidungen zu diesem Thema zu treffen.

Die Optionen sind:

- Du tust gar nichts und hoffst, dass der Konflikt sich von selbst regelt. Das Ergebnis ist Frust.
- Du tust so, als gäbe es den Konflikt nicht.
- Du versuchst, es allen Recht zu machen und hoffst, dass du Konflikte dadurch vermeiden kannst.
- Du gehst die unangenehmen Dinge an, sobald sie auf dich zukommen.

Wie frustrierend, emotional auslaugend oder verletzend eine Person dir gegenüber auch sein mag – *du* entscheidest, wie du reagierst. Die ersten drei Möglichkeiten sehen zwar attraktiv aus, aber nur die letzte bringt gute Ergebnisse und führt zu Frieden in deinem Leben und Ermutigung in deinem Dienst.

Es ist mein Gebet, dass du gesunde Techniken für den Umgang mit Menschen in schwierigen Situationen lernst. Wenn du vorlebst, wie man Konflikte lösen kann, werden sie in deiner Jugendarbeit nicht unter den Teppich gekehrt. Du musst lernen, dass Konflikte nicht schlecht sind, sondern zu Wachstum führen.

Es gibt noch eine weitere unattraktive Option, zu der wir uns viel zu oft hinreißen lassen: Wir kämpfen bis zum Umfallen für unsere Ideen und wollen auf Biegen und Brechen unsere Meinung durchsetzen, ohne überhaupt den anderen zuzuhören – egal ob wir Recht haben oder nicht.

Mitarbeiter, die immer ihren eigenen Weg durchsetzen wollen, verlieren die Menschen um sich herum und bleiben nicht lange in ihrem Job. Und traurigerweise werden fast immer andere Menschen dadurch verletzt.

Marv Penner
Dozent für Jugend- und Familienarbeit, Briercrest Bible College, Saskatchewan/Kanada

Gott versteht Schmerz und Frustration und er begleitet dich auf deinem Abenteuer Jugendarbeit. Auch Jesus kannte Konflikte – manchmal hat er sie provoziert, manchmal vermieden, ein anderes Mal auch gelöst.

Einige der wichtigsten Lektionen meines Lebens habe ich durch Konflikte gelernt. Ich habe zwar Narben davon getragen, aber durch diese Erfahrungen bin ich ein reicherer, tieferer, stärkerer und einfühlsamerer Mitarbeiter geworden.

Während eines Konflikts: Sei ein Leiter!

Ich habe ein allgemeines Prinzip aus meinem Umgang mit Konflikten gelernt: Ich muss der Leiter sein, zu dem Gott mich berufen hat.

Wenn ein Jugendmitarbeiter in einer Konfliktsituation um Rat fragt, antworte ich meistens: »Sei ein Leiter.«

Sie protestieren dann oft: »Aber Doug, du verstehst mich nicht. Dieser Typ hat das Problem schon bei anderen Leuten ausgelöst und jetzt macht er das Gleiche mit mir.«

Ich lächle dann und sage: »Ich verstehe dich. Aber meine Antwort bleibt gleich: Sei ein Leiter. Rede mit der Person. Geh mit einem Herzen voll Gnade zu ihr und sprich das Problem offen und ehrlich an. Warte nicht einfach nur, bis sich die Sache von alleine löst. Die Person wird die gleichen Spannungen mit weiteren Mitarbeitern erleben, wenn du mit dieser Situation nicht richtig umgehst. Sei ein Leiter, auch wenn es hart ist und keinen Spaß macht.«

Ausrede 1: »Ich möchte die Person nicht verletzen«

Ein Leiter zu sein ist meistens das Gegenteil von dem, was uns unser Herz in einem Konflikt sagt: »Ich möchte diese Person nicht verletzen.«

Ich schockiere Leute häufig, wenn ich sage: »Warum nicht?«

Ich kann die Verwirrung in ihren Augen sehen. »Doug, du warst gerade noch so nett – was ist passiert?«

Ich sage nicht, dass du als Leiter gemein sein musst. Aber das beste Heilmittel für einen Konflikt ist Wahrheit. Und Wahrheit tut oft weh. Aber die Freude und das Wachstum, das entsteht, ist es wert, jemandem die Wahrheit zu sagen und diesen Schmerz auf sich zu nehmen.

Viele Christen sind schuldig geworden, weil sie schweigen und Verletzte in der Gemeinde einfach links liegen lassen. Besser ist es, ihnen die harte, aber helfende Wahrheit ins Gesicht zu sagen.

> Konflikte zu lösen macht nie Spaß. Doug und ich mögen es auch nicht. In den Jahren unserer Zusammenarbeit waren wir beide oft am hin und her Schwanken zwischen »Dem-Konflikt-ausweichen« und »Den-Konflikt-ansprechen«.
>
> Aber als Mitarbeiter in der Jugendarbeit wissen wir auch, dass Konfliktlösung ein Teil von Leiterschaft ist.
>
> Ein Teil unseres gemeinsamen Dienstes (für den ich sehr dankbar bin) war es, dass wir in schwierigen Zeiten Vertrauenspersonen füreinander waren. Nachdem ich mehr als zehn Jahre mit Doug zusammengearbeitet habe, sehe ich, wie Gott diese Situationen benutzt hat, um uns zu besseren Leitern, Menschen mit mehr Tiefgang und größerer Abhängigkeit von Gottes Gnade gemacht hat.
>
> *Lynne Ellis*

Nur jemand, der mich liebt, könnte mir sagen: »Doug, du kommst so arrogant rüber, wenn du versuchst, alles selbst zu machen. So bist du gar nicht, aber so erleben dich Menschen, wenn du alles an dich ziehst und keinen mitmachen lässt.«

Glaubst du nicht, dass mich das verletzt? Natürlich. Aber diese Wahrheit hat mir geholfen, mich zu ändern. Hätte ich so weiter gemacht, wären die Verletzungen, die ich mir und anderen zugefügt hätte, noch schlimmer.

In einem Konflikt sollte es nie dein Motiv sein, andere Leute zu zerstören oder zu demütigen – sondern ihnen in Liebe zu helfen.

Ausrede 2: »Ich bin zu jung«

In Konflikten höre ich auch oft diese Ausrede: »Doug, du hast leicht reden. Du bist schon über 40, aber ich bin noch jung.« Also, ich habe nie gesagt, dass es einfach ist. Das Problem ist nicht eine Frage des Alters, sondern eine Frage der Leitung.

Die Bibel zeigt, dass Gott junge Leiter gebraucht. Paulus sagt zu Timotheus:

Niemand soll dich verachten, weil du noch jung bist. Sei allen Glaubenden ein Beispiel mit deinem Reden und Tun, deiner Liebe, deinem Glauben und deiner Reinheit.
1.Timotheus 4,2

Sei ein Leiter und überlege, wie Gott dich in diesem Konflikt gebrauchen möchte.

Übrigens: Ich habe heute immer noch die gleichen Konflikte wie vor 20 Jahren. Aber mit zunehmendem Alter bekommst du mehr Erfahrung und Leitungsfähigkeiten.

Ausrede 3: »Einige Leute werden mich nicht mehr mögen«

Für junge Leiter ist es extrem schwierig zu verstehen, dass einen nicht alle mögen werden. Wer leitet, muss Entscheidungen treffen. Wer Entscheidungen trifft, wird andere enttäuschen und auch verletzten. Man kann es nicht allen Recht machen.

Manchmal entstehen Verletzungen auch durch Missverständnisse, die auf deinen Entscheidungen beruhen. Du musst so oder so darauf gefasst sein, dass dich nicht alle mögen werden – einfach, weil du der Leiter bist.

Um den Marathon zu Ende zu laufen, musst du schwierigen Situationen und Menschen ins Auge sehen.

Warum Becca mich hasst

Ich wünschte, ich könnte sagen, dass alle meine Konflikte gut ausgegangen sind. Aber das sind sie leider nicht.

In meiner Gemeinde gehen mögliche ehrenamtliche Mitarbeiter durch einen Bewerbungsprozess, der unter anderem auch Referenzen beinhaltet. Letztes Jahr wollten wir mit einigen neuen Kleingruppen starten, aber uns fehlten noch Leiter. Die Zeit war knapp und ich war schon recht verzweifelt. Eine der Personen, die sich beworben hatten, war Becca. Beim Gespräch mit ihr hatte ich den Eindruck, irgendetwas würde nicht stimmen, aber ich hatte keine konkreten Anhaltspunkte. Anstatt mir mehr Zeit für weitere Gespräche mit ihr zu nehmen, um sie besser kennen zu lernen, habe ich sie ziemlich schnell durch unseren Prozess geschleust und sie zu einer Kleingruppenleiterin gemacht.

Innerhalb eines Monats bekam ich mehrere Beschwerden von den Eltern der Mädchen aus ihrer Kleingruppe. Die Vorwürfe (die sich als wahr herausstellten) waren so schwerwiegend, dass ich Becca bitten musste, die Leitung der Kleingruppe abzugeben.

Ich machte mir Sorgen, weil sie noch recht neu in unserer Gemeinde war und noch nicht viele Freundschaften zu anderen Christen aufgebaut hatte. Als Pastor ist es mein Anliegen, dass sie geistlich wächst, aber ich wusste auch, dass diese Konfrontation vermutlich dazu führen würde, dass sie unsere Gemeinde verlässt. Ich habe versucht, mich mit ihr zu treffen, konnte dann aber nur am Telefon mit ihr reden.

Obwohl ich versucht habe, freundlich zu sein, waren meine Worte für Becca verletzende, ablehnende Attacken. Sie beendete das Gespräch ziemlich abrupt. Nach dem Telefonat war ich niedergeschlagen. Ich machte mir Sorgen um Becca, hatte Zweifel daran, das Richtige getan zu haben, und wusste nicht, wie ich das Chaos in ihrer Kleingruppe wieder in Ordnung bringen sollte.

Eine Woche später schrieb Becca einen Brief an meinen Pastor (ich bekam von ihr eine Kopie). Sie schilderte den Konflikt aus ihrer Sicht. Sie sah die Situation ganz anders als ich. Glücklicherweise hat mein Pastor meine Entscheidung unterstützt (was meinen Mut, harte Entscheidungen zu treffen, bestärkte). Er sagte mir, ich hätte die richtige Entscheidung getroffen. Danach habe ich gebetet, dass Becca eine Gemeinde findet, in der sie heilen und wachsen kann, und dass sie Menschen trifft, die ihr helfen können, ihre Gaben zu entdecken.

Ich bin sicher, dass Becca mich nicht mag, nicht respektiert und mich bestenfalls ein mieses Schwein nennt. Ich möchte nicht, dass Dinge so enden. Konflikte lassen sich nicht schön und schmerzfrei lösen – egal wie systematisch Konfliktlösungen auch aussehen. Um in Konflikten ein guter Leiter zu sein, brauchst du Gebet, Abhängigkeit von Gott und Vertrauen in deine Entscheidungen.

Häufige Konfliktbereiche in der Anfangszeit

Konflikte dieser Art sind unvermeidbar. Deshalb möchte ich dir gerne zeigen, an welchen Stellen du sie wahrscheinlich erleben wirst.

Mögliche Konfliktbereiche als leitender Mitarbeiter

- *Mangelnde Unterstützung:* Du bist jung und einige deiner Mitarbeiter sind schon länger Christen, als du auf der Welt bist. Sie sind nicht besonders begierig darauf, dem Enthusiasmus eines jungen Leiters zu folgen – wer weiß schon, ob deine Ideen funktionieren? Wenn du nicht jung bist, aber neu, kann dir das Gleiche passieren.

- *Mangelndes Vertrauen:* Wenn deine Gemeinde in den letzten zwei Jahren drei Jugendleiter hatte – weshalb sollten Jugendliche jetzt denken, dass ausgerechnet du länger bleibst?

- *Rivalität*: Einige ehrenamtliche Mitarbeiter gehören schon seit Jahren fest zur Jugendarbeit. Jetzt kommst du und sprühst vor neuen Ideen. Die Jugendlichen mögen dich. Die langjährigen Mitarbeiter fühlen sich minderwertig und kämpfen dagegen an. Sie wollen ihre eigenen Punkte durchsetzen, anstatt in eine neue Richtung zu gehen.

- *Festgefahrene Strukturen:* Was du für eine Stelle mit neuer Freiheit in deinem Lieblingsbereich gehalten hast, wird mehr und mehr ein Käfig, weil die Gemeindeleitung dir jedes Detail vorschreibt.

- *Probleme von Jugendlichen:* Alle Jugendlichen freuen sich, dass du als neuer Jugendleiter da bist – außer den beiden, die im Nebenraum gerade Stress machen. Einer ist der Sohn des Pastors und die andere die Tochter des Gemeindeleiters.

Vermutlich wirst du noch mehr Probleme haben. Ich habe nur einige aufgeschrieben, um dich darauf vorzubereiten, nicht um dich zu deprimieren.

Es gibt Zeiten, in denen unsere Rolle als Leiter von uns fordert, dass wir Position beziehen und fest stehen – selbst wenn es unpopulär oder unbequem ist. Einige Leute werden das nicht verstehen. Sie werden vielleicht sauer werden, uns drohen oder sogar die Gemeinde verlassen. Die Herausforderung besteht darin, unseren Standpunkt richtig zu kommunizieren.

Unsere Überzeugen müssen auf Prinzipien basieren, nicht auf Menschen oder persönlichen Vorlieben. Was immer wir vertreten, unser Umgang mit Anderen muss von freundlicher Demut bestimmt sein. Und es ist weise, einen Standpunkt, den man mit Händen und Füßen verteidigt, vorher von jemandem prüfen zu lassen. Damit gehen wir sicher, dass wir nicht vielleicht doch falsch liegen. Auf den richtgen Umgang kommt es an: Wir müssen Wege finden, stabil ohne gemein zu sein, standfest ohne starrsinnig zu sein und entschieden ohne arrogant zu sein. Nichts davon passiert automatisch.

Es gibt Konfliktthemen, die es wirklich wert sind, dass wir für sie kämpfen:

Lebensstil: Entscheidungen, die Kompromisse kommunizieren

Wir alle wissen, dass Jugendliche das Leben von Mitarbeitern intensiv beobachten. Die wichtigsten Lektionen des Lebens werden von Jugendlichen vorgelebt, nicht gelehrt. Wenn Mitarbeiter in einer Art und Weise leben, die Jugendliche dazu bringen könnte, zerstörerische Entscheidungen für ihr Leben zu treffen, musst du einschreiten.

Glaube: Irrlehren, die das Evangelium verwässern

Kleingruppenleiter oder Mitarbeiter im Kindergottesdienst, die etwas lehren, das im Gegensatz zu den Überzeugungen der Gemeinde steht, müssen damit konfrontiert werden. Aber: Vorsicht bei der Unterscheidung zwischen kleineren, berechtigten Nuancen in der Interpretation und tatsächlicher Irrlehre!

Autorität: Machtmissbrauch, der Jugendliche und Familien zerstört

Als Leiter sind wir verpflichtet, diejenigen zu beschützen, die verletzbar sind. Es wird Zeiten geben, in denen wir in schwierige, oftmals brisante Situationen kommen. Normalerweise sind die Menschen, die Macht missbrauchen, nicht gewohnt, dass ihnen jemand die Stirn bietet.

Mögliche Konfliktbereiche als Ehrenamtlicher

Konflikte, die ehrenamtliche Mitarbeiter erleben, drehen sich oft um Dinge wie diese:

- *Überlastung:* Die Jugendleitung erwartet von dir, alle Bedürfnisse der Jugendlichen zu stillen, obwohl du nur wenig Zeit zur Verfügung hast.

Sicherheit: Schutz deiner Gruppe

Wenn einer deiner Mitarbeiter im Adrenalinrausch die Jugendlichen anstachelt, von einer 25 Meter hohen Eisenbahnbrücke zu springen, weil das cool ist, musst du einschreiten und nein sagen – auch wenn du dann als Spaßbremse dastehst. Es ist ein schmaler Grad zwischen Abenteuer und absoluter Dummheit. Als Leiter ist es unsere Aufgabe, diesen schmalen Grad zu definieren.

Moral: Entscheidungen, die der Bibel widersprechen

Sünde erfordert Konfrontation. Einer der Verantwortungen geistlicher Leiterschaft ist es, moralische Probleme bei Menschen, die wir anleiten, zu entdecken und anzusprechen. Sexuelle Kompromisse, Unehrlichkeit, Stehlen, Tratschen und andere der Bibel widersprechende Verhaltensweisen müssen wir konsequent angehen.

Gesetz: Staatliche Vorschriften

Gute Leiter kennen gesetzliche Bestimmungen und stehen felsenfest, wenn es um deren Übertretungen geht. Ein befreundeter Pastor hat entschieden, einem sexuellen Straftäter mit einem Jüngerschaftsprogramm zu »helfen«, anstatt die Polizei zu informieren. Er wurde nachträglich wegen Behinderung der Justiz angeklagt.

Es gibt Zeiten im Leben jedes Mitarbeiters, wenn die Last, einen kompromisslosen Standpunkt zu beziehen, unerträglich erscheint. Aber merke dir: Diese Dinge einfach durchflutschen zu lassen, macht sie schlimmer. Die Versuchung, das Offensichtliche nicht zu beachten oder das Schwierige zu umgehen, sieht nach einer attraktiven und schnellen Lösung aus. Aber auf lange Sicht ist es immer besser, die Verantwortung entschlossen, demütig und direkt anzugehen. Das gehört dazu, wenn man Leitungsverantwortung hat.

Marv Penner,
Dozent für Jugend- und Familienarbeit,
Briercrest Bible College, Saskatchewan/Kanada

- *Babysitting-Syndrom*: Einige Eltern wissen nicht, was du gerne mit den Jugendlichen machen würdest, es interessiert sie auch nicht. Sie bringen ihre Teenager vorbei und erwarten, dass du ihnen etwas beibringst und sie gut unterhältst – einfach ihr Babysitter bist.

- *Mangelnder Respekt:* Da du für deinen Pastor und einige Eltern kein richtiger, sondern »nur« ein ehrenamtlicher Jugendmitarbeiter bist, werden deine Ideen nicht ernst genommen.

- *Hyperaktive Jugendliche:* Deine Arbeit wächst, auch die Zahl der Jugendlichen, die vor lauter Energie die Wände hoch laufen. Du versuchst, sie zu beruhigen und sie zum Zuhören zu bringen, aber sie schauen dich an, als wärst du der letzte Trottel.

- *Missverständnisse:* Du kannst sichergehen, dass Leute deine Motive, deine Botschaft, dein Verhalten, deine Anfragen und deine An- oder Abwesenheit missverstehen. Darauf wirst du nicht lange warten müssen. Es ist frustrierend!

- *Du gegen dich:* Du wirst dich fragen, ob Jugendarbeit die Mühen Wert ist. Du wirst ernsthaft überlegen: Wäre es nicht weniger schmerzvoll, ehrenamtlich als Crashtest-Dummy zu arbeiten?

Während einer Konfliktsituation

Menschen werden alle möglichen Taktiken ausprobieren – absichtlich oder unabsichtlich – um deine Leiterschaft auf die Probe zu stellen. Du wirst Spott, Gerüchte, Widerstand und Übertreibung erleben. Nimm es nicht persönlich, selbst wenn dein Charakter angegriffen wird.

Zugegeben, das ist einfacher gesagt, als getan. Aber von Menschen angeschossen zu werden, gehört zur Jugendarbeit. Ich habe es bereits gesagt: Leiterschaft ist nicht einfach und nicht jeder wird dich mögen.

Einige Schwierigkeiten und Probleme hast du selbst verursacht: Du hast das Taufbecken mit Eis und Limonade gefüllt und bekommst Stress mit dem Hausmeister. Es war zwar eine gute Idee, aber der Ärger ist ebenfalls verständlich.

Ich kann mich gar nicht mehr an meine vielen Fehler und Fehlentscheidungen erinnern. Ich war dafür bekannt, meine eigenen Pläne und Visionen durchzusetzen, ohne die Konsequenzen zu bedenken. Ich habe mir selbst großes Leid zugefügt, und du wirst das Gleiche mit dir tun. Es ist ein Teil des Wachsens und Lernens.

Aber manche Konflikte werden dich überraschend treffen und du wirst nicht wissen, was du tun sollst. Hier sind einige Prinzipien, die ich in Konflikten ganz bewusst anwende:

1. Gib Leuten Zeit, sich zu ändern

Niemand mag Veränderungen, und Menschen haben die Tendenz, das zu kritisieren, was sie nicht mögen. Sei vorsichtig, Leute in eine dieser Schubladen zu stecken, nur weil sie eine andere Meinung haben als du:

- Er hat eine kritische Einstellung.
- Sie möchte nicht meiner Leitung folgen.
- Er unterstützt unsere Jugendarbeit nicht.
- Sie hat Angst vor mir.
- Er ist einfach nur dumm.

Oft ist die lauteste Person entweder die unsicherste oder die leidenschaftlichste. Bestätige diese Menschen, zeige ihnen Wertschätzung und gib ihnen das Gefühl der Zugehörigkeit. Die Leidenschaftlichen können begeistert Veränderungen vorantreiben, wenn du sie dafür gewinnst.

Mach von Anfang an klar, dass Veränderungen nicht einfach sind. Wenn du der leitende Mitarbeiter bist, gib Möglichkeiten für Einzelgespräche, damit Leute ihre Angst, ihren Frust und ihre Fragen loswerden können (aber verteidige dich nicht).

Wenn du dich mit Menschen zu Einzelgesprächen triffst, können die Lautstarken nicht gleich die ganze Gruppe beeinflussen. Gleichzeitig sehen sie, dass du keine Angst vor Veränderungen und den damit verbundenen Konfrontationen hast. Die Zeit, die du dir zum Zuhören nimmst, zeigt, dass du Ideen gegenüber offen bist, auch wenn sie ganz anders sind als deine. Menschen lassen sich auf sinnvolle Veränderungen ein – einige brauchen nur länger als andere.

2. Halte Ausschau nach Stärken

Oft sind Menschen nur negativ, weil sie anders keine Aufmerksamkeit bekommen. Normalerweise findest du hinter Kritik ein Anliegen.

Steve, ein Bauingenieur, machte negative Kommentare über die Organisation unserer Sommerfreizeit. Erst war ich beleidigt. Dann ist mir aufgefallen, dass Steve sehr gut organisieren kann, er aber wenig Feingefühl im Umgang mit Menschen hat. Er wusste offenbar nicht, wie er mich hätte fragen können: »Doug, kannst du meine Organisationsfähigkeiten einsetzen?«

Ich realisierte, dass Steve mir eigentlich nur auf eigenartige Art mitteilen wollte, dass er helfen will. Ich sagte ihm: »Steve, ich habe das Gefühl, dass du eine viel bessere Arbeit mit all den Details geleistet hättest, als ich. Deswegen wollte ich dich fragen, ob du dir vorstellen könntest, die nächste Sommerfreizeit zu organisieren. Würde dir das helfen, deine Stärken einzusetzen und die Organisation der Freizeit zu verbessern?«

Steve hat mein Angebot angenommen. Er hat die Freizeitorganisation verbessert und unsere Arbeit effektiver und professioneller gemacht. Er hat mir Dinge abgenommen und mir so ermöglicht, mich auf Aktivitäten zu konzentrieren, in denen ich meine Stärken habe.

Die meisten Menschen machen sich keine Mühe, ihre Meinung auszudrücken, wenn ihr Herz nicht für eine Lösung schlagen würde oder sie selbst gerne ein Teil der Lösung wären. Nutze ihre Energie, erkenne ihre Weisheit (manchmal in Kritik versteckt) und gib ihnen etwas zu tun. Ein Sprichwort sagt: »Wenn du die Leute das Boot rudern lässt, haben sie keine Zeit mehr, es umzukippen.«

3. Lerne aus dem Konflikt

Hab keine Angst, dich zu fragen: »Was kann ich aus diesem Konflikt lernen?« Suche in Kritik, Beschwerden oder zweideutigen Kommentaren die Wahrheit.

Du wirst vielleicht die Art, wie Menschen ihren Frust kommunizieren, nicht gut finden, aber du kannst trotzdem daraus lernen. Frage dich selbst: »Was ist an diesem Kommentar wahr?« Wenn du etwas lernst, sei demütig und gib es zu.

Manchmal musst du die Art der Kritik ansprechen, aber trotzdem zugeben, dass du etwas gelernt hast: »Linda, ich fand die Art, wie du den Kindergottesdienst vor anderen kritisiert hast, nicht gut. Aber ich habe deinen Punkt verstanden. Danke für deine Meinung. Ich fände gut, wenn du das nächste Mal direkt zu mir kommen würdest, anstatt zu anderen, die weder Teil des Problems, noch Teil der Lösung sind.«

Wenn du bereit bist, zu lernen und zu wachsen, wirst du aus fast jeder Situation Gewinn ziehen. Du wirst ein besserer Jugendmitarbeiter und stärkerer Christ werden, wenn du in den Spiegel schaust und die Wahrheiten siehst, die auf dich zutreffen.

Liebe Brüder, wenn in schwierigen Situationen euer Glaube geprüft wird, dann freut euch darüber. Denn wenn ihr euch darin bewährt, wächst eure Geduld. Jakobus 1,2-3 (NL)

Ein Modell der Konfliktlösung

Konflikte sind nie gleich, weil die Charaktere immer unterschiedlich sind: Jugendliche, Eltern, Mitarbeiter, Pastoren, Familienmitglieder, Nachbarn, Tiere...

Aber zu jedem Konflikt gehören allgemeine Elemente, die jeder erlebt und die abhängig von unserer Reaktion sind.

Der Konfliktlösungsprozess kann entweder positiv oder negativ sein. So würde ich es auf einer Serviette in unserem Restaurant aufzeichnen:

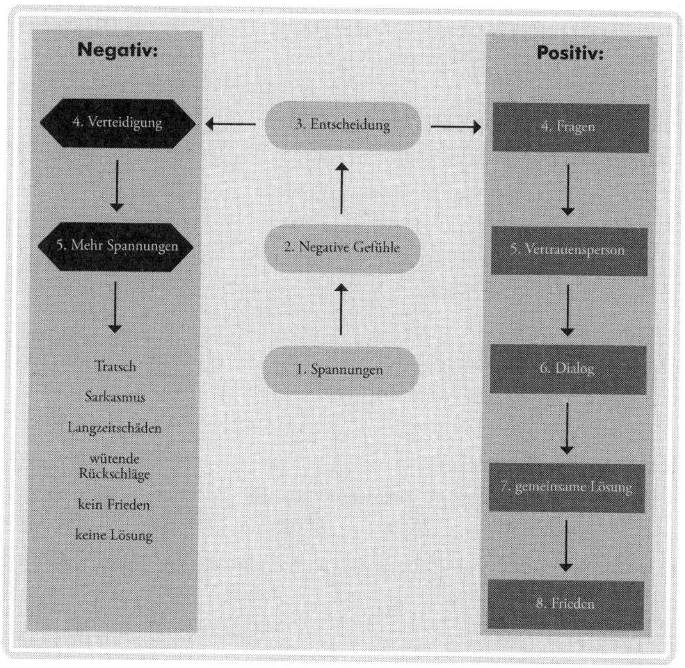

Konflikte sind unvermeidbar. Aber sie sind nicht nur negativ. Ein Konflikt wird dich entweder lähmen oder deine Effektivität erhöhen. Schau dir die Zeichnung auf Seite 143 nochmal an. Hier sind ein paar Erklärungen dazu:

1. Spannungen entstehen

Spannungen können verschiedene Gründe haben:

- Ein einfaches Missverständnis durch falsch verstandene Worte.
- Ein komplexes Missverständnis bedingt durch Charaktersunterschiede.
- Ein Mitarbeiter macht sich vor Jugendlichen über dich lustig.
- Jemand untergräbt eine deiner Entscheidungen.
- Der Kassierer der Gemeinde macht abfällige Bemerkungen über deine Organisationsfähigkeiten.
- Übereifrige Eltern kommen ständig mit neuen Ideen für dein Leben und deinen Dienst.
- Der Hausmeister ist sauer, weil dein Jugendraum chaotisch ist.

2. Negative Gefühle kommen auf

Die Bandbreite emotionaler Reaktionen in Konflikten ist riesig. Kannst du dich in diesen Gefühlen wiederfinden?

- Frustriert: »Ich mag das nicht!«
- Verwirrt: »Was ist los?«
- Drohend: »Denen werde ich es zeigen!«
- Unsicher: »Niemand mag mich.«
- Arrogant: »Was für Idioten, die raffen es einfach nicht.«
- Verteidigend: »Was ich auch tue, ich mache es nicht richtig.«
- Vergesslich: »Hä?«
- Jammernd: »Das macht keinen Spaß.«
- Unmotiviert: »Ohne mich.«

3. Ich entscheide mich

Das ist der kritische Punkt in einem Konflikt: du musst dich entscheiden! Der negative Weg ist unsere natürliche, menschliche Reaktion. Den Weg zum Frieden kann man aber nur über die positive Route erreichen. Lass uns beide ansehen.

Negativ

4. Negativ: Munition zur Verteidigung sammeln

Sobald du dich verteidigst, hast du dich für den negativen Weg entschieden. Das ist ein natürlicher Schritt zur Selbsterhaltung. Du sammelst Munition für den Gegenangriff. Dann fängt man normalerweise damit an, Leute fertig zu machen:

»Was für ein Dummkopf! Er versteht es einfach nicht! Er ist vielleicht sogar besessen oder, noch schlimmer, ein Bayern-Fan!«

Den schlimmsten Schmerz habe ich erlebt, als ich mich in Konflikten verteidigte. Denn meine Gedanken und Gefühle führten mich genau zum Gegenteil von Frieden: zu noch stärkeren negativen Gefühlen.

5. Negativ: Mehr Spannungen

Wenn du nicht die richtigen Schritte einleitest, werden die Spannungen größer und die negativen Gefühle stärker. Je größer die Spannungen werden, desto wahrscheinlicher ist es auch, dass du Dinge sagst oder tust, die du später bereuen wirst.

Wenn du dich selbst in diesem negativen Kreislauf wieder findest, dann korrigiere deinen Kurs. Sieh deinen Stolz und gib deine Rolle in dem Konflikt zu. Demut zwingt einen immer auf die positive Seite.

Selbst wenn die schwierige Person den negativen Weg geht, bleib du auf der richtigen Seite, indem du nach einer Lösung suchst. Das ist sehr wichtig, denn du kannst in Frieden leben, wenn du auf der positiven Seite bleibst – unabhängig davon, ob das Problem gelöst ist oder nicht.

Wenn du bereit bist, Frieden zu suchen, ist dein nächster Schritt, Fragen zu stellen.

Positiv

4. Positiv: Fragen stellen

Analysiere dich selbst, die Situation und deine Reaktion in dem Konflikt. Versuche, die andere Person zu verstehen, bevor du von ihr verlangst, dass sie dich versteht.

Stell dir einige dieser Fragen:

- Habe ich für diesen Konflikt gebetet?
- Worum geht es in diesem Konflikt wirklich?
- Was haben meine Gefühle zu bedeuten?
- Warum fühle ich mich so negativ?
- Was habe ich zu diesem Konflikt beigetragen?
- Gibt es etwas im Leben der Person, das ihre Reaktion beeinflusst?
- Ist die Person schon einmal mit diesem Problem konfrontiert worden?
- Wann wird die Entrückung sein?
- Was sind Stärken und Leidenschaften der anderen Person? Spielen sie in diesem Konflikt eine Rolle?
- Was sagt Gottes Wort in dieser Situation?
- Was möchte Gott mir durch diesen Konflikt zeigen?

5. Positiv: Suche eine Vertrauensperson

Erkläre die Fakten einem weisen und reifen Ratgeber, den du respektierst. Du solltest allgemein sprechen, um Tratsch zu vermeiden. Eine Vertrauensperson in den Konflikt einzubeziehen bedeutet nicht, dass du dir Truppen zur Seite stellst. Du bittest einen objektiven Freund um Rat, der dir hilft, über deine Fragen nachzudenken, der das Problem rational angeht, dir Zusagen und Weisungen Gottes weitergeben kann und für dich betet.

Es ist wichtig, dass deine Vertrauensperson eine »sichere« Person ist. Eine »sichere« Person...

- ...ist weder Teil des Problems, noch Teil der Lösung.
- ...ist weise, kann rational denken und bringt neue Perspektiven ein.
- ...ist unparteiisch.
- ...hört dir zu, betet für dich, unterstützt dich, fordert dich heraus, glaubt an dich und liebt dich.

6. Positiv: Suche den Dialog

Das ist die Konfrontation unter vier Augen. Es muss kein Kampf sein, und das wird es auch nicht, wenn du nicht anfängst, dich zu verteidigen.

Wenn du herausgefunden hast, dass du das Gespräch suchen musst, bekommst du schweißnasse Hände, Magenkrämpfe und wirst dich dabei ertappen, dir lieber einen langsamen und qualvollen Tod zu wünschen, als dieser Person gegenüber zu treten (es sei denn, du bist einer von den seltenen Leuten, die Konfrontation lieben).

Diese Gespräche sind hart. Aber sie öffnen die Tür zu Frieden. Wenn du falsch liegst, entschuldige dich und bitte um Vergebung. Wenn du die Wahrheit sagen musst, sage sie in Gnade.

Bevor du ins Gespräch gehst, musst du dir vielleicht diese Fragen stellen:

- Suche ich das Gespräch, weil die Person mich verletzt hat oder ihr Verhalten problematisch ist?
- Was möchte Gott mir oder der anderen Person durch diese Spannungen zeigen?

Gott hat vielleicht einen Plan, dich durch die Situation zu stärken. Oder vielleicht hat er dich ausgesucht, »göttliches Schleifpapier« zu sein, um der anderen Person zu helfen, Christus ähnlicher zu werden. Bist du bereit, verändert zu werden? Bist du bereit, gebraucht zu werden?

Ich habe mich aus vielen Konfliktgesprächen herausgeschwafelt, weil ich die schwierigen Sätzen nicht über die Lippen gebracht habe: »Entschuldigung« oder »Ich bin von dir verletzt worden«.

Menschen verdienen es, die Wahrheit zu hören. Wenn du die Wahrheit in Liebe sagst, gibst du Menschen die Möglichkeit zu wachsen. Mach nicht den Fehler, deine momentanen Gefühle dem persönlichen Wachstum vorzuziehen. Das kann Auswirkungen bis in die Ewigkeit haben.

Ich werde immer wieder gefragt, ob man so ein Gespräch mit einer Entschuldigung beginnen sollte. Gott kann deine Demut nutzen, um Wut zu heilen. Wenn du ruhig sprichst und gut zuhörst (anstatt deine Meinung durchzusetzen) entschärfst du die Situation.

7. Positiv: Gemeinsam eine Lösung erarbeiten

In der Regel lassen sich Konflikte nicht mit einem einzigen Gespräch klären. Biete nach dem Gespräch innerhalb einer Woche einen weiteren Schritt der Heilung an. Schick eine Karte, eine Email oder SMS: »Vielen Dank, dass du bereit bist, mit mir über dieses Problem zu reden.«

Selbst wenn das Gespräch nicht genau so war, wie du es dir gewünscht hast, kommuniziert diese Botschaft deinen Wunsch, den Konflikt zu lösen. Plane Nachgespräche und Treffen, um weiter an einer Lösung zu arbeiten.

Wenn die Spannung auf Persönlichkeitsproblemen oder unterschiedlichen Werten basiert, müssen vielleicht die Rahmenbedingungen für eure Beziehung verändert und angepasst werden.

Du musst vielleicht:

- Deine Grenzen im Umgang mit dieser Person neu definieren
- Die Zahl der Gespräche über das Konfliktthema reduzieren
- Eine dritte Person für weitere Gespräche hinzuziehen
- Dankbar sein für die Stärken der Person und sie vorbehaltlos lieben
- Mehr für die Person und eure Beziehung beten
- Das beste Ergebnis erwarten, nicht das schlechteste
- Das Vertrauen neu aufbauen – Vergebung passiert sofort, Vertrauen muss wachsen
- Fünf Jungscharler zu dieser Person schicken, die ihr Auto in Toilettenpapier einwickeln

Wenn diese Person in der nächsten Woche nicht angemessen auf dein Gespräch reagiert, beziehe eine weitere Person in den Konflikt ein und versucht, euch zu dritt zu treffen. Schau dir Matthäus 18 ab Vers 15 an. Nachdem du alle diese Schritte durchgeführt hast und die Person sich nicht geändert hat, hast du die Freiheit, den Konflikt loszulassen und zu akzeptieren, dass du nicht »gewinnen« kannst.

Wenn du die Situation mit reinen Motiven angehst und biblische Richtlinien befolgst, dann bist du befreit, wieder das zu tun, wozu Gott dich berufen hat – Jugendliche zu prägen. An diesem Punkt kannst du für dich wieder Frieden

Konfrontationstechniken

Es könnte dir helfen, das Gespräch vor dem Treffen zu üben. Es ist wichtig, dass du dein beabsichtigtes Ziel klar machst: Lösung, Wiederherstellung und Frieden.

Im Gespräch

- Beginne mit einem ***Beobachtungsstatement***. Benutze »Ich-Aussagen.« Beschreibe die Situation oder das Verhalten ohne Einsortieren in Schubladen – und ohne dich zu verteidigen. Das konzentriert das Gespräch auf das Verhalten, nicht auf den Charakter. Sollte dem Konflikt ein Charakterproblem zu Grunde liegen, gibt eine Aussage über das Verhalten eine gute Grundlage für dein Interpretationsstatement.

- Gib ein ***Interpretationsstatement***. Erzähl der Person, wie du das gerade beschriebene Verhalten interpretierst und was du darüber denkst. Dann frage: »Was ist deiner Meinung nach der Grund für dein Verhalten?« Lass die Person auf deine Interpretation reagieren. Vielleicht öffnet sie sich und erklärt dir, was los ist.

- Teile der Person deine ***Gefühle*** mit und erzähl ihr, wie der Konflikt deine Mitarbeit beeinflusst. Das ist wichtig. Die Person muss wissen, dass ihr Verhalten dir und deinem Dienst schadet. Du kannst auch sagen, warum du in einer Situation vielleicht so extrem reagiert hast. Wenn du dein Herz demütig öffnest, kann das zu einer schnellen Heilung führen, aber sei weise und erzähle nur angebrachte Dinge.

- Erkläre der Person, dass du dir gegenseitige ***Heilung und eine Lösung*** wünschst. Was ist dein Ziel? Dass du die Person und ihr Verhalten besser verstehst? Oder dass die Person ihr Verhalten ändert? Wenn euer Ergebnis Konsequenzen beinhaltet, dann haltet fest, wie diese Konsequenzen umgesetzt werden sollen. Macht außerdem einen Zeitpunkt aus, an dem ihr euch trefft, um das Ergebnis noch einmal zu reflektieren.

schließen mit der Situation oder der Person. Du hast alles getan, was Gott von dir möchte.

8. Positiv: Friede – unser biblisches Ziel

So weit es möglich ist und auf euch ankommt, lebt mit allen in Frieden. Römer 12,18 (GNB)

Und der Friede, den Christus schenkt, soll euer ganzes Leben bestimmen. Gott hat euch dazu berufen, als Gemeinde Jesu in diesem Frieden eins zu sein. Kolosser 3,15 (HFA)

Friede entsteht, wenn du vergibst, den »Täter« freilässt und herausfindest, dass die Schritte, die du gegangen bist, Schritte zum Frieden waren. Du musst dir vielleicht noch mal die Lösung ansehen und die Veränderungsphasen durchsprechen, bis du zu einer gesunden und funktionierenden Situation zurückkommst. Gott wird dir seinen Frieden geben, wenn du dich in schwierigen Situationen seiner Weisheit unterstellst.

Der Konfliktprozess im richtigen Leben

Ich saß Porter beim Frühstück in einem Café gegenüber, bereit für unser Gespräch. Porter schien ein Herz für unsere Jugendarbeit zu haben, aber sein kritischer Geist *(der Spannungspunkt)* brachte mich auf die Palme *(negative Gefühle)*.

Monatelang habe ich mit dieser Spannung gelebt und Argumente gesammelt, warum er nicht mehr zu unserer Jugendarbeit gehören konnte *(Munition für Verteidigung sammeln)*. Dann habe ich mich dazu durchgerungen, dieses Problem nicht mehr abzustreiten *(meine Entscheidung)*.

Ich habe angefangen, das Problem zu analysieren *(Fragen stellen)*, damit ich die Situation besser verstehe. Ich habe mich mit meinem Mentor getroffen, der mir wichtige Impulse gegeben und mich ermutigt hat *(Vertrauensperson)*. Wir haben zusammen für Mut gebetet, Porter zu einem Treffen einzuladen *(Dialog)*.

Beim Frühstück habe ich ihn mit einigen Aussagen konfrontiert, die er gemacht hatte. Ich habe ihm erklärt, wie er mich und die Jugendarbeit damit verletzt hat.

Obwohl mein Ton freundlich war, hat er sich bedroht gefühlt und wirkte frustriert. Wütend stürmte er aus dem Restaurant.

Als er weg war, fühlte ich mich emotional ausgelaugt, aber frei, weil ich das

Einer meiner vielen Fehler in meinen Anfangsjahren als Jugendleiter war, schwierigen Eltern oft einfach aus dem Weg zu gehen. Das ist mir auch neulich wieder passiert (nach 14 Jahren ist es ziemlich peinlich, das zuzugeben).

Ich war lange der Meinung, dass ich weder Zeit, Lust noch die Energie habe, mich mit ihren kritischen Äußerungen auseinanderzusetzen. Außerdem, so dachte ich, wenn ihre Jugendlichen keine Probleme haben, dann habe ich auch keine.

Neulich war ich mit einer Mutter zusammen, die es scheinbar darauf angelegt hatte, mir meine Arbeit etwas schwieriger zu machen. Ständig kam sie mit kritischen Kommentaren an. Ich habe sie ab und zu besucht und gehofft, dass, was auch immer ihr Problem war, es sich von selbst lösen würde.

Mein Hauptpastor hat von diesem Konflikt gehört und mir den besten Tipp gegeben, den ich je zum Thema Konfliktlösung mit Eltern bekommen habe.

Er benutzte die Analogie eines Torhüters. Wenn ein Gegner sich dem Tor nähert, lässt der Torhüter das Tor stehen und läuft auf den Stürmer zu. Die Torhüter wissen, dass sie so den Winkel zum Tor verkleinern und der Angreifer weniger Platz hat, ein Tor zu schießen.

Mein Pastor verkleinerte den Winkel und vereinbarte ein wöchentliches Treffen mit den entsprechenden Eltern. Wir haben uns zuerst in einem Café getroffen (ihr einen Kaffee zu kaufen, tut ja nicht weh). Das haben wir zwei Monate lang gemacht. Auf diese Mutter und den Konflikt zuzulaufen, hat sich gelohnt. Wir haben nicht nur den Konflikt lösen können, ich habe in dieser Mutter auch eine ehrenamtliche Mitarbeiterin gefunden, die sich mit unglaublich viel Zeit und Energie für unsere Arbeit einsetzt.

Ich bin immer noch in Versuchung, Konflikten aus dem Weg zu gehen, weil es viel Zeit und Energie kostet – zuletzt heute morgen, als ich eine Nachricht von wütenden Eltern auf dem Anrufbeantworter hatte. Aber den Konflikt zu vermeiden führt nur dazu, dass der Konflikt größer wird und es mehr Zeit und Energie braucht, um ihn zu lösen.

Dan Snyder,
Jugendpastor,
Mountain Park Church, Lake Oswego/Oregon

Problem endlich angesprochen hatte. (Außerdem war ich mehr als satt, weil ich den Rest von seinem Frühstück gegessen hatte.)

Ich erinnere mich, ein stilles, kurzes Gebet gesprochen zu haben: »Danke Gott, dass du mir den Mut gegeben hast, die Wahrheit zu sagen.«

Als ich das Restaurant verlassen hatte, spürte ich eine ungeheure Erleichterung *(Friede)*, obwohl ich alles alleine zahlen musste. Porter und ich hatten zwar keine Lösungen gefunden, aber ich wusste, dass ich die richtige Einstellung in meinem Herzen hatte, weil ich in Wahrheit und Demut mit ihm geredet hatte.

Porter war wütend gegangen, deshalb war ich mir nicht sicher, ob wir weiterhin unterschiedliche Ansichten haben würden *(verstärkte Spannungen)*. Ich war mir aber sicher, dass ich das Richtige getan hatte und die Tür für künftige Gespräche geöffnet hatte.

Jetzt musste ich diesen Konflikt in Gottes Hände legen, damit der Heilige Geist das Unmögliche tun konnte.

Zu meiner Überraschung rief Porter mich am nächsten Tag an. Er entschuldigte sich für sein Verhalten und dankte mir dafür, dass ich ehrlich zu ihm war.

Dann erzählte er mir, wie sein kaputter Familienhintergrund dazu beiträgt, sich häufig wütend zurückzuziehen. Wir haben Schritte angesprochen, die wir beide bei weiteren Konflikten gehen würden. Er hat sich dafür entschieden, die Arbeit nicht mehr öffentlich zu kritisieren. Und ich, sofort zu ihm zu kommen, wenn Spannung entsteht. Wir beide haben uns verstanden und wertgeschätzt gefühlt. Unsere Beziehung war wieder hergestellt.

Innerhalb eines Jahres wurde Porter einer der Ehrenamtlichen, die mich am meisten unterstützten. Bis heute danke ich Gott für Porter.

(Wenn du glaubst, dass alle meine Konflikte so enden, dann blättere ein paar Seiten zurück und lies noch mal über meinen Konflikt mit Becca.)

Übung: Der Konfliktprozess in einem konkreten Fall

Daniel, ein Mitarbeiter in deiner Jugendgruppe, ist sehr kritisch, wenn eine deiner Ideen etwas mit Veränderung zu tun hat. Seine Opposition ist in letzter Zeit immer stärker geworden. Inzwischen gibt er ständig negative Kommentare über dich und andere Mitarbeiter von sich – vor den Jugendlichen.

Übe dein Vorgehen:

Beobachtung (offensichtliches Verhalten)

»Daniel, ich habe von einigen negativen Aussagen über unsere Jugendarbeit gehört, die du gegenüber Jugendlichen gemacht hast. Du hast bei den letzten beiden Jugendstunden ständig gesagt: »Das wird nicht klappen, wie können die so etwas tun?«

Interpretation (was du denkst)

»Ich weiß, dass dir Details wichtig sind. Daniel, kann es sein, dass wir deiner Meinung nach die Dinge nicht genug durchdenken oder mögliche Probleme nicht erkennen. Ist das so?«

Gefühl (wie es dich berührt)

»Ich fühle mich etwas unwohl, wenn du negative Kommentare gegenüber Jugendlichen machst. Damit kommunizierst du, dass du mich und die anderen Mitarbeiter nicht respektierst und dir die Einheit in der Jugendarbeit nicht wichtig ist.«

Gewünschtes Ergebnis (gemeinsame Lösung)

»Ich bin zu dir gekommen, um von dir persönlich zu hören, ob mein Eindruck richtig oder falsch ist. Du hast wertvolle Ideen. Wärst du vielleicht bereit, die Details anzusprechen, die wir übersehen? Vielleicht könnten wir beide uns mal privat treffen, um in Ruhe darüber zu reden. Was meinst du?«

Du kannst Konflikte lösen!

Du wirst dieses Kapitel später vielleicht nochmal lesen und einige Abschnitte vielleicht sogar auswendig lernen wollen. Die Ideen in diesem Kapitel können dir helfen, Konflikte zu lösen – aber sie werden sie dir nicht ersparen.

Aber unser Dienst muss nicht eine lange Spannung nach der anderen sein. Wenn du lernst, anderen Menschen die Wahrheit zu sagen und barmherzig zu sein, wirst du ihren Charakter aufbauen, sowie ihre Integrität und ihre Furcht vor Gott stärken. Und in dem du Spannung positiv begegnest, wirst du Unterstützung, Vertrauen und Wachstum ernten.

Du wirst mit zunehmender Erfahrung weniger Konfliktsituationen erleben, aber du wirst es nicht allen recht machen können (verschwende keine Zeit, das zu versuchen). Gott wird dich belohnen, wenn du Konflikte demütig und gehorsam zu lösen versuchst.

Ich weiß, dass du mit schwierigen Menschen umgehen kannst. Es ist hart, manchmal chaotisch und viel Arbeit. Aber Gott hat dich dazu berufen, Menschen zu lieben und in eine tiefere Beziehung mit ihm zu führen. Was für ein Vorrecht – selbst wenn es manchmal hart ist!

fragen zu kapitel 6

was soll der ärger?

Zur Gruppendiskussion

- Kannst du in unserer Jugendarbeit ehrlich über Verletzungen, Gefühle und Spannungen reden? Warum? Warum nicht?
- Wann hat dich zum letzten Mal eine Person in unserer Jugendarbeit zur Weißglut gebracht? Worum ging es? Wie wurde das Problem gelöst? *(Achtung: Es geht um die Lösung eines Problems, nicht um Tratsch)*
- Welcher Teil des Konfliktlösungsprozesses ist am schwierigsten für dich? Warum?

Zur persönlichen Reflektion

- Wie beeinflussen mich die Geschichte meiner Familie oder Charaktermerkmale in meinen Konfliktfähigkeiten?
- Was tue ich, wenn ich alles versucht habe und nichts zu helfen scheint?
- Tue ich etwas, das zu wiederkehrenden Konflikten führt?
- Gibt es etwas in meinem Leben, worauf ich schnell übersensibel reagiere oder was mich schnell wütend macht? Wenn ja, was ist es?
- Was hält mich davon ab, die Initiative zu ergreifen und ein Leiter zu sein?

Nächste Schritte

- Entwickle einen persönlichen Plan für den Umgang mit Konflikten.
- Suche dir eine Vertrauensperson, die mit dir durch den nächsten Konflikt geht, dich berät und dir zur Seite steht.

7

wer ist der boss?

leiten und folgen verstehen

»Doug, du musst mir helfen, meinen Job nicht zu verlieren. Kannst du mit meinem Pastor reden? Er ist außer Kontrolle geraten!«

Diesen verzweifelten Hilferuf bekam ich während eines Telefonats von einem Jugendpastor. Als ich mir Clarks Geschichte anhörte, war ich davon überzeugt, dass er mit einem arroganten und machthungrigen Pastor zusammenarbeitete, der kein Interesse an Jugendarbeit, keine Vision für seine Umgebung und keinen Respekt für die Familien der Mitarbeiter hatte. Er schien einer dieser Männer zu sein, die sich bei Fußballspielen ständig mit dem Schiedsrichter anlegen. Ich mochte den Mann nicht und habe mich gefragt, warum Gott so einem Menschen erlaubt, eine Gemeinde zu leiten.

Während ich Clark zuhörte, bat ich Gott im Stillen, mir etwas Positives zu schenken, das ich Clark sagen könnte. Wie könnte ich ihn in dieser bedrückenden Situation ermutigen?

Ich habe Clark ein paar allgemeine Frage gestellt. Seine Antworten trafen mich unvorbereitet und verwirrten mich. Als ich nachbohrte, fing ich an zu begreifen, dass Clark das Problem war. Er verhielt sich seinem Pastor gegenüber trotzig, egoistisch und respektlos. Ich konnte die Gefühle, die in mir hochkamen, nicht richtig einordnen. Ich wollte mich um Clark kümmern, aber ich musste ihn auch mit der Wahrheit konfrontieren (gut, dass ich das Konfliktdiagramm aus Kapitel 6 gerade in der Tasche hatte).

Also habe ich beides getan. Ich habe tief Luft geholt, meine Gedanken sortiert und freundlich gesagt:

»Clark, je länger ich dir zuhöre, desto stärker wird mein Eindruck, dass du das eigentliche Problem bist. Ich glaube, du selbst machst das Leben für deine Gemeinde, deinen Pastor, deinen Dienst und dich selbst unerträglich. Dein Egoismus und deine Arroganz sind die Ursachen der Probleme mit deinem Pastor, von denen du mir berichtet hast. Wie kannst du deinem Pastor und der Gemeinde innerhalb der ersten Monate deine Sichtweise von Dienst aufzwingen wollen? Das ist eine selbstzentrierte Einstellung, die andere erniedrigt. Sie bringt Jugendmitarbeiter in Verruf.«

Es gab eine seltsame Pause am anderen Ende der Leitung. Ich wusste nicht, ob ich mir jetzt selbst gratulieren sollte (weil ich so schön in Fahrt gekommen war) oder weinen sollte (weil ich über Clark und seine Gemeindesituation traurig war). Ich entschied mich, auf eine Reaktion zu warten.

Wir haben unser Gespräch am selben Tag weitergeführt und in den folgenden Wochen noch mehrere Male miteinander geredet. Ich habe mich mit Clark und seinem Pastor getroffen, um über Wege zu sprechen, wie sie ihre angeknackste Beziehung wieder herstellen konnten.

Die meisten Mitarbeiterbeziehungen sind zwar nicht so ungesund, wie die Beziehung zwischen Clark und seinem Pastor, aber jedes Team in der Gemeinde hat zu einem gewissen Grad Schwierigkeiten. Sich einfach mehr Fähigkeiten für den Dienst oder mehr Bibelwissen anzueignen, heilt selten Beziehungsprobleme. Clark war ein talentierter Jugendmitarbeiter, der Gott und Jugendliche liebte, aber es mangelte ihm an der Fähigkeit, mit Autoritätspersonen umzugehen.

Für jeden von uns spielt Autorität eine Rolle.

Wenn du ein vollzeitlicher Jugendleiter bist, der von der Gemeinde angestellt ist, dann hast du dich dem Hauptpastor, den Ältesten und dem Hausmeister gegenüber zu verantworten.

Wenn du ehrenamtlicher Mitarbeiter bist, dann bist du gegenüber dem Jugendleiter, den Ältesten und dem Hausmeister verantwortlich.

Ich habe noch nie einen Jugendmitarbeiter gesehen, der eine ganze Gemeinde alleine geschmissen hat und der alleinige Boss war. Ich weiß, dass einige denken, sie wären für alles verantwortlich, aber ein Jugendmitarbeiter wird immer eine Autoritätsperson haben, der er sich unterstellen muss.

Meine Probleme in der Beziehung zu Autoritätspersonen hatten ihren Grund häufig darin, dass ich andere kritisierte, obwohl ich gegenüber mir selbst kritisch sein sollte. Ich habe begriffen, dass ich erst den Balken aus meinem eigenen Auge entfernen muss, bevor ich auf den Splitter im Auge des anderen zeige (hast du das irgendwo schon mal gelesen?).

Lass uns in diesem Kapitel das Thema Unterordnung so angehen, wie es mit den Lesern dieses Buches in Verbindung steht: ehrenamtliche und leitende Jugendmitarbeiter. Ich möchte dir einige Wege zeigen, wie du mit deinen Vorgesetzten umgehen kannst.

Ich konnte nicht begreifen, warum sich in den letzten Jahren keiner für meine Probleme interessierte. Die Jugendgruppe war von 80 auf mehr als 150 Jugendliche gewachsen – obwohl das Budget, die Mitarbeiterzahl und unsere Räumlichkeiten unverändert blieben. Ich habe alle Räume bis in den letzten Winkel benutzt und sämtliche Arbeitsbereiche am Leben gehalten. Ich wurde von meinem eigenen Terminplan gejagt, weil wir zu wenig Mitarbeiter hatten. Ich habe meinen Vorgesetzten regelmäßig über diesen schlechten Zustand informiert.

Und was war das Problem?

Erstens: Das einfache Mitteilen eines Problems garantiert nicht, dass auch irgendetwas passiert. Ich habe mit meinem Vorgesetzten immer wieder über das Problem gesprochen. Er hat genau das getan, was er tun sollte: mir zugehört. Ich hätte ihm aber auch mitteilen sollen, was ich von ihm erwarte. Er konnte ja nicht meine Gedanken lesen, und ich hatte mir meine Wünsche ja auch nicht auf die Stirn tätowiert.

Zweitens: Ich bin davon ausgegangen, dass die Gespräche mit meinem Vorgesetzten bis ans Ende der Kommunikationskette vordringen würden. Falsch. Die Gemeindeleitung sitzt auf einem hohen Berg, und viele Informationen versuchen, diesen Berg zu erreichen. Nicht alle kommen bis zum Gipfel. Es ist ja nicht so, dass es die Gemeindeleitung nicht interessiert. Aber wenn sich die Gemeindeleitung auch noch um jedes meiner Probleme kümmern sollte, würden die entsprechenden Personen zu gar nichts mehr kommen. Ich hätte also schon vorher regelmäßig mit der Gemeindeleitung kommunizieren müssen. Und zwar so, dass sie meine Erwartungen kennen und mein Vorgesetzter sich nicht hintergangen fühlt.

Drittens: Ich wollte, dass andere meine Probleme lösen. Ich wollte die eigentliche Arbeit machen, also richtigen Dienst – und meinte, dass Gebäude, Budget, Organisation und diese Dinge den Leuten überlassen werden sollten, die weiter oben saßen. Aber Tatsache ist, dass ich auch für diese Dinge zuständig bin: Es gehört zu meinen Aufgaben, sämtliche Angelegenheiten in der Jugendarbeit zu klären und Lösungen zu präsentieren. Und falls ich keine Lösung finde, bringe ich persönlich die Informationen den Berg hoch.

Schlussfolgerung: Kommuniziere, kommuniziere, kommuniziere. Sei bereit, deine Erwartungen mitzuteilen und deine eigenen Probleme selbst zu lösen.

Toni Chimento,
Jugendpastor,
River of Life Church/Kansas-City

Für Ehrenamtliche:
Erfolgreich mit Vollzeitlern zusammenarbeiten

Ehrenamtliche Mitarbeiter sind das Rückgrat einer gesunden Jugendarbeit. Wenn sie sich auf ihre Rolle ausrichten und den Jugendleiter unterstützen, werden Leben von Jugendlichen verändert. Die Jugendarbeit wird ein Modell der Effektivität für die ganze Gemeinde.

Wenn ehrenamtliche Mitarbeiter aber damit Probleme haben, den Jugendleiter zu unterstützen und seine Leitung öffentlich in Frage stellen, leidet das gesamte Team. Warum? Weil Uneinigkeit keinen Platz in der Gemeinde hat!

Dein Kampf richtet sich gegen den Feind dieser Welt, aber nie gegen die Heiligen in der Gemeinde. Wenn du eine »spaltende« Person bist – betrachte die Arbeit und die Beziehungen, die hinter dir liegen –, dann fordere ich dich heraus, deine Position aufzugeben und ernsthaft Zeit damit zu verbringen, dieses Problem zu lösen. Das Spaltende ist meistens in Form einer konkreten Sünde im Leben der Person verwurzelt.

Der Apostel Paulus hat eine sehr deutliche Meinung über Spaltung und fleht geradezu eindringlich und sehr emotional um Einheit:

> *Brüder und Schwestern, im Namen von Jesus Christus, unserem Herrn, rufe ich euch auf: Seid einig! Bildet keine Gruppen, die sich gegenseitig bekämpfen! Haltet in gleicher Gesinnung und Überzeugung zusammen!* 1. Korinther 1,10 (GNB)

Ich schreibe mit der gleichen emotionalen Intensität. Ich bitte dich inständig, deine Einstellung und dein Handeln im Gebet mit Hilfe folgender Fragen zu reflektieren:

- *Gehe ich gegen Spaltung vor?*
  Dein Leiter erhält Beschwerden von allen möglichen Seiten. Deswegen konfrontiere schnell jede Art von Tratsch mit einer einfachen Frage: »Hast du schon mit Andi (dem Jugendleiter) darüber gesprochen?« Wenn die Antwort Nein ist, gehe mit der Person direkt zum Jugendleiter, damit das Problem angegangen wird. Somit vermeidest du, dass die kritische Person einfach weiter macht.

  Wenn du Tratsch und negative Gespräche mitbekommst, dann konfrontiere die Leute damit. Oder mach auf dem Absatz kehrt, wenn gelästert wird. Wenn du weißt, dass jemand dem Jugendleiter gegenüber kritisch ist, dann erzähle von den großartigen Dingen, die der Jugendleiter in der Gemeinde tut. Du arbeitest gegen Spaltung, indem du positiv redest.

- *Unterstütze ich neue Ideen?*
  Normalerweise ist für niemanden die Last der Jugendarbeit größer als für den Jugendleiter. Wenn er neue Ideen vorstellt, ist es lebensnotwendig für ihn, dass die ehrenamtlichen Mitarbeiter die Ideen unterstützen und ausprobieren. Veranstaltungen können und sollen diskutier- und veränderbar sein. Unsere biblischen Ziele (Evangelisation, Gemeinschaft, Jüngerschaft, Dienst, Anbetung) bleiben für immer gültig, nicht die Veranstaltungen.

  Sei offen für neue Ideen, selbst wenn deine Gemeinde es vorher noch nie so gemacht hat. Deine »heilige Kuh« muss vielleicht erst geschlachtet werden, bevor geistliche Gesundheit entsteht. Wenn du Veränderungen unterstützt, sendest du eine »Ich-glaube-an-dich«-Botschaft an den Jugendleiter, die ihm Energie gibt. Du kannst mithelfen, dass deine Jugendarbeit gesund wird, indem du Veränderungen anpackst. Geh mit deiner Unterstützung an die Öffentlichkeit – spar dir die Kritik für Einzelgespräche mit dem Leiter.

- *Unterstütze ich den Jugendleiter trotz seiner Schwächen?*
  Jeder hat Schwächen. Gute ehrenamtliche Mitarbeiter erkennen diese Wahrheit und unterstützen ihre Leiter trotz ihrer Schwächen. Eine weitverbreitete Schwäche von Jugendleitern ist, dass sie zu viele Aufgaben schaffen wollen. Teile die Last der Verantwortung, indem du bei problematischen Aufgaben mithilfst. Wenn du das tust, kommunizierst du deinen Wunsch zu helfen und packst mit an.

  Konfrontiere Schwächen mit Lösungen. Statt zu sagen: »Du bist ein mieser Organisator!«, könntest du das Problem auch so ansprechen: »Debby, ich weiß, dass du mit organisatorischen Details Probleme hast, aber du gehst großartig mit Jugendlichen um. Georg und ich wollen dir mit der Organisation helfen, damit du dich auf die Jugendlichen konzentrieren kannst. Sollen wir in der nächsten Woche einige Anrufe für dich erledigen?«

- *Zeige ich Liebe, wenn mein Jugendleiter Fehler macht?*
  Leiter machen Fehler – viele Fehler! Viele Jugendleiter sind jung und haben nur wenig Erfahrung. Erwarte nicht, dass sie perfekt sind. Sei ihr Fürsprecher. Ermutige sie. Bestätige ihre Bemühungen.

  Selbst erfahrene Jugendleiter machen Fehler, weil sie risikobereit sind und dazu tendieren, einfach Ideen auszuprobieren. Ermutige ihren Glauben und ihre Kreativität, egal wie lange sie schon in der Jugendarbeit sind.

  Vieles, was ich über Jugendarbeit gelernt habe, habe ich durch Fehler gelernt. Fehler sind großartige Lehrer.

- *Bestätige ich den Jugendleiter öffentlich?*
  Öffentliche Bestätigung hilft deinem Leiter, in der Jugendarbeit zu bleiben und nach mehr zu streben. Ausgesprochenes Lob beflügelt das Herz, besonders wenn der Feind – oder streitsüchtige Eltern – das Gegenteil behaupten. Wenn es in der Gemeinde die Möglichkeit gibt, öffentlich etwas zu erzählen, gib konkrete Beispiele davon, wie Gott in der Jugendarbeit Leben verändert. Erzähle, welche Rolle der Jugendleiter in diesen Lebensveränderungsprozessen spielt.

  Mach dir keine Sorgen, dass dein Jugendleiter zu eingebildet werden könnte. Du weißt selbst, wie hart Jugendarbeit sein kann – von Jugendlichen kommt nur wenig Bestätigung.

- *Bin ich der Letzte, der von einer Veranstaltung nach Hause geht?*
  Die Zeit unmittelbar nach einer Veranstaltung, egal wie erfolgreich sie war, kann besonders schwierig sein, weil der Feind den Leiter häufig angreift mit destruktiven Gedanken, Gefühlen der Einsamkeit und Isolation. Ein Leiter muss wissen, dass er sich in dieser Zeit auf das ehrenamtliche Mitarbeiterteam verlassen kann. Hilf mit, indem du noch dreißig Minuten länger bleibst, damit dein Leiter nicht alleine ist.

- *Bin ich eine positive Person?*
  Niemand ist gerne mit negativen, bitteren und fiesen Menschen zusammen. Eine positive Einstellung im Dienst bringt dagegen Freude.

  Andrew ist einer meiner Helden unter den ehrenamtlichen Mitarbeitern. Er hat schon unzählige Predigten gehört, die ich für Jugendliche gehalten habe. Deswegen weiß er schon während der Predigt, ob es gut läuft oder nicht. Ich kann jedes Mal auf seine nonverbale Kommunikation zählen. Sein Lächeln und seine Körpersprache helfen mir. Seine Augen kommunizieren Hoffnung: »Ich bin mit dir im Team. Deine Predigt ist gerade ätzend, aber ich weiß, dass du noch 51 andere in diesem Jahr hältst. Alles wird gut.«

Reagiere schnell auf Anweisungen. Ersetze Aussagen wie »Oh, ich glaube nicht, dass wir das machen sollten« mit »Los geht's. Gute Idee. Kommt, helft mit!«

- *Schaue ich mich nach Leuten um, die im Team mithelfen könnten?*
Andere zu fragen, ob sie mitmachen wollen, sollte nicht nur Aufgabe des Jugendleiters sein, sondern eine Herausforderung für alle. Du kennst die Leute, die gut ins Team passen würden. Also ermutige potentielle Mitarbeiter, sich zu bewerben. Erzähle, was Gott in deinem Leben durch die Mitarbeit in der Jugendarbeit tut. Hebe dein geistliches Wachstum und die Freude, die du erlebt hast, hervor. Wenn du mithilfst, andere Mitarbeiter ins Team zu holen, bist du Gold wert.

Jim und Jamie, ein Ehepaar in unserer Jugendarbeit, haben ihren kompletten Hauskreis für die Jugendarbeit »rekrutiert«. Es hat ein paar Jahre gedauert, aber Jim und Jamie sind direkt für acht großartige Mitarbeiter verantwortlich, von denen heute jeder eine eigene Kleingruppe leitet. Diese Menschen arbeiten mit, weil Jim und Jamie immer gut über die Jugendarbeit geredet haben und ihre Freunde gefragt haben, ob sie auch mitarbeiten wollen.

- *Löse ich Probleme auch alleine?*
Als ehrenamtlicher Mitarbeiter hast du die Autorität, ein Problem zu lösen. Es ist frustrierend, wenn ein ehrenamtlicher Mitarbeiter auf mich zukommt und sagt: »Doug, es sind nicht genügend Stühle hier. Was soll ich tun?« Ich würde gerne antworten: »Brillante Beobachtung, Sherlock Holmes. Das ist offensichtlich. Du musst dann wohl welche hinstellen.« Stattdessen sage ich: »Danke. Bitte hol doch noch ein paar Stühle. Und das nächste Mal darfst du Probleme wie dieses auch direkt lösen. Ich vertraue dir.«

Verlass dich nicht darauf, dass dein Jugendleiter alle Probleme löst.

Wenn du Entscheidungen treffen kannst, dann triff sie. Erspare dem Leiter die Mühe. Kurz gesagt: Wenn du ein Problem lösen kannst, dann löse es. Das ist ein Kennzeichen eines guten Mitarbeiters.

- *Habe ich ein Herz für langfristige Jugendarbeit?*
  Das größte Geschenk, das du deiner Gemeinde machen kannst, ist langfristig in der Jugendarbeit mitzuarbeiten. Erfahrene Teammitglieder tragen zu einer Jugendarbeit bei, die stärker, gesünder und fruchtbarer ist – und mehr Spaß macht.

Traurigerweise habe ich schon von vielen Kämpfen zwischen Pastor und Jugendpastor gehört. Zum Glück gibt es aber auch gute Verhältnisse zwischen dem Pastor und dem Jugendteam. Die Arbeit zwischen ihnen funktioniert einwandfrei, wenn sie sich gegenseitig schätzen. Ich war lange Jugendpastor, bin jetzt seit 25 Jahren Pastor und kann Autorität von beiden Seiten beurteilen. Seit ich 1980 anfing, die Saddleback Church aufzubauen, hatte ich fast immer gute Beziehungen zu meinen Mitarbeitern. Diese guten Beziehungen brachten mir Freude und sind heute eine wichtige Grundlage für die Gesundheit unserer Gemeinde.

Diese guten Beziehungen sind nicht zufällig entstanden. Vertrauen in andere Menschen und der Glaube an sie entstehen nicht über Nacht. Es braucht Zeit, um zu lernen, wie man richtig miteinander kommuniziert. Das Wichtigste, das ich gelernt habe: Ich muss diese Beziehungen bewusst pflegen. Ich muss für ihren Fortschritt arbeiten.

Eine weitere Wahrheit ist, dass Gemeinden einen unglaublichen Schub bekommen, wenn der Pastor und die Jugendmitarbeiter eine starke, von Vertrauen geprägte Beziehung leben.

Vertrauen.

Das ist das, was sich ein Pastor von einem Jugendleiter wünscht. Jemanden, dem man einen kompletten Arbeitsbereich der Gemeinde überlassen kann. Jemand, der gut leitet. Jemand, über den man sich keine Sorgen machen muss. Als Saddleback noch kleiner war, musste ich alle Arbeitsbereiche selbst organisieren. Aber als die Gemeinde größer wurde und wir Mitarbeiter einstellten, war es ein Segen zu sehen, wie Gott vertrauenswürdige Männer und Frauen zu uns brachte, die unsere Arbeitsbereiche leiteten. Für mich war das wichtig, denn nur so konnte ich mich auf andere Bereiche konzentrieren.

Vertrauen.

Wie wird Vertrauen aufgebaut? Ziemlich einfach – in dem man vertrauenswürdig ist. In-

Das Schönste an der Jugendarbeit ist für mich, dass ich mit ehrenamtlichen Mitarbeitern arbeiten darf, die einfach unglaublich sind. Ich liebe sie. Es macht mir Freude, sie zu beobachten und zu sehen, wie sie Gottes Segen erleben, weil sie Teenager lieben und auf Jesus aufmerksam machen.

Danke, dass du ein ehrenamtlicher Mitarbeiter bist und den Leiter der Jugendarbeit unterstützt.

dem der Pastor und die Jugendmitarbeiter miteinander Zeit verbringen. Es gibt keine Abkürzungen. Sich gegenseitig kennen zu lernen, füreinander zu beten, gemeinsam zu dienen, gemeinsam zu lachen und voneinander zu lernen braucht Zeit. Aber alle diese Dinge lassen ein Klima entstehen, in dem Vertrauen wachsen kann. Und wo Vertrauen wächst, wächst auch Einheit. Und wo Einheit wächst, werden sowohl der Pastor als auch die Jugendmitarbeiter gesegnet und die Gemeinde wird gesünder.

In den ersten Jahren deines Dienstes kannst du drei Dinge tun, die auch noch Jahre später Frucht bringen werden:

- *Kommuniziere klar und deutlich.* Dein Pastor muss nicht alles wissen, was in deiner Arbeit läuft, aber die wichtigsten Dinge solltest du ihm mitteilen.
- *Hör nie auf zu lernen.* Alle guten Leiter sind gute Lernende. Sobald du aufhörst zu lernen, wirst du auch aufhören zu leiten. Einige Menschen glauben, dass sie Vertrauen dadurch aufbauen, wenn sie keine Fehler machen. Nichts ist weiter entfernt von der Wahrheit als dieser Gedanke. Ich sage meinen Mitarbeitern immer, dass ich von ihnen erwarte, mindestens einen Fehler pro Woche zu machen – das ist einer der Wege, wie wir lernen. (Natürlich möchte nicht, dass sie jede Woche den gleichen Fehler machen!)
- *Bleib eng verbunden mit Christus.* Das richtige Verständnis von Autorität hängt an folgendem Punkt: Deiner Beziehung zu Jesus Christus. Der Druck des Dienstes kann dich schnell von der Hauptquelle deiner Kraft lösen. Ignoriere deine Zeit mit Gott nicht.

Rick Warren
Pastor in Saddleback und Autor von »Leben mit Vision«

Für Jugendleiter:
Erfolgreich mit Pastoren und Ältesten zusammenarbeiten

(Wenn du ehrenamtlicher Mitarbeiter bist und nicht direkt mit dem Pastor zusammenarbeitest, kannst du dieses Kapitel gerne überspringen.)

Ein weiser Jugendleiter baut eine gute Beziehung zum leitenden Pastor der Gemeinde auf. Du *willst* den Pastor in deinem Team haben. Er kann dir so sehr in deinem Dienst helfen, dass du ernsthaft über diese Beziehung nachdenken solltest. Es wird einige Jahre dauern, eine gute Beziehung zu deinem Pastor aufzubauen. Aber es ist die Mühe wert, schon jetzt mit dem Lernen anzufangen.

Lasst uns über einige Ideen nachdenken, wie wir diese besondere Beziehung entwickeln und stärken können:

1. Finde seinen Führungsstil heraus

Wenn du noch nicht Mitarbeiter in einer Gemeinde bist, frag den Pastor während deines Vorstellungsgespräches, ob er den Stil beschreiben kann, wie er seine Mitarbeiter führt. Bitte um Beispiele. Dann erkundige dich bei Leuten, die Mitarbeiter sind – bei Ältesten oder anderen Leitern in der Gemeinde – über den Führungsstil, um die Selbsteinschätzung des Pastors zu bestätigen. Das Feedback zeigt dir, was dich erwartet, wenn du in diesem Team mitarbeitest.

Du wirst als neuer Jugendmitarbeiter davon profitieren, wenn du für jemanden arbeiten kannst, der:

- auf deine Ziele achtet.
- dir Einblick in die Probleme von Menschen gibt.
- dir hilft, eine Vision zu entwickeln.
- erwartet, dass du Grenzen setzt.
- für dich da ist, wenn du Rat oder Erfahrung brauchst.

Wenn du merkst, dass der Pastor zwar eine sagenhafte Person ist, aber kein guter Manager, wirst du in deinen Anfangsjahren Probleme haben. Ausnahme: Dein Pastor hat gute Manager, die ihn unterstützen.

Nach meinem Vorstellungsgespräch mit meinem jetzigen Pastor war ich etwas besorgt. Er schien alles über Jugendarbeit zu wissen. Ich meine, ALLES! Die

Geschichte, aktuelle Trends, Zukunftsdenken, Namen von Jugendlichen, Probleme von Eltern, Details der Veranstaltungen und und und.

Meiner Meinung nach wusste er viel zu viel. Ich habe sofort gedacht, dass er ein stark kontrollierender Leiter sei.

Als ich allerdings mit anderen Mitarbeitern über seinen Leitungsstil diskutierte, bemerkte ich, dass genau das Gegenteil der Fall ist. Er hatte nur seine Hausaufgaben gemacht, weil gerade kein Jugendleiter da war. Er hat die Jugendgruppe kennen gelernt und sich ihrer Sorgen angenommen. Das war gut!

So wurde mir klar, dass er an Jugendarbeit interessiert ist und ihm wichtig war, dass sie wächst. Sein Management-Stil war attraktiv für mich, da ich schon lange in der Jugendarbeit war und keinen kontrollierenden Leiter brauchte. Ich brauchte einen Pastor, der meine Leiterschaft unterstützt und mir Freiheit lässt. Das ist genau das, was mein Pastor auch heute immer noch tut.

Es gibt zwar kontrollierende Persönlichkeiten, aber die meisten Pastoren, die ich kenne oder von denen ich gehört habe, wollen dich gar nicht kontrollieren. Sie haben gar nicht die Zeit dazu. Sie wollen dir vertrauen und glauben, dass du den Job machen wirst, für den sie dich angestellt haben. Sie wollen glauben, dass du das Dienstverständnis der Gemeinde unterstützt und praktizierst.

Wenn du weißt, was von dir erwartet wird, sollte dir das für den Anfang genügen (in Kapitel 12 beschäftigen wir uns noch mehr mit Erwartungen).

Pastoren, die auf der Kanzel herausragen, sind nicht unbedingt begabte Organisatoren. Gib deinem Pastor die Freiheit, sich zu entwickeln und zu wachsen. Schraube deine Erwartungen an ihn auf eine Ebene, die nicht alles beinhaltet, was du dir wünschst und brauchst.

Viele Jugendleiter sind enttäuscht, wenn sie herausfinden, dass ihre Pastoren nicht so gut Dinge managen können, wie sie sich das wünschen. Auch Pastoren sind eine Kombination aus Stärken und Schwächen. Genau wie jeder andere Mensch.

2. Was du vermeiden solltest

Jedes Mal, wenn du aus einem Fehler lernst, kannst du deine eigenen Ideen zu dieser Liste hinzufügen. *Leben* und *Lernen* macht in diesem Bereich sehr viel Sinn.

- *Lauge deinen Pastor nicht aus*
  Sei ein Atemzug frischer Luft, wenn dein Pastor dich trifft. Beschütze seine Zeit, komm vorbereitet zu Besprechungen und verlass sein Büro innerhalb von zehn Minuten. Respektiere die Zeit deines Pastors – du wirst erstaunt sein, wie viel Zeit du von ihm bekommen wirst. Wenn er dich für einen »Auslauger« hält, wird er dir aus dem Weg gehen. Dein Pastor ist vielleicht sehr beziehungsorientiert und unterhält sich gerne mit dir. Sieh es als eine Gabe an – trotzdem hat er noch andere Verantwortungsbereiche. Also geh gewissenhaft mit seiner Zeit um.

  Ich weiß, dass mein Pastor extrem beschäftigt ist. Ich möchte seine Zeit gerne respektieren. Ich frage ihn nur selten nach Terminen für eine Besprechung. Er weiß also, dass ich etwas Wichtiges zu besprechen habe, wenn ich ihn um etwas Zeit bitte. Ich fange die Besprechung meistens mit einem solchen Satz an: »Ich habe drei Punkte auf meiner Liste, die ich mit dir besprechen muss. Zwei Fragen und eine Idee. Ich weiß, du bist zugepackt mit Arbeit, deswegen mache ich es kurz.« Manchmal setze ich mich nicht einmal hin. Wenn ich die Zeit meines Pastors schätze und respektiere, respektiert er auch meinen Zeitplan und ist in Zukunft offener dafür, mir Zeit zu geben. Übrigens: Wenn mein Pastor mich einlädt, länger zu bleiben, bleibe ich natürlich gerne!

- *Mach dein Problem nicht zu seinem Problem*
  Dein Pastor hat genug Probleme und muss sich nicht auch noch mit den Problemen deiner Arbeit rumschlagen. Wenn du für eine bald stattfindende Veranstaltung kein Auto finden kannst, mach es nicht zu seinem Problem.

Bedenke, womit sich Pastoren auseinandersetzen müssen:

- Sie haben zu viel zu tun
- An sie werden zu viele und hohe Erwartungen gestellt
- Sie müssen sich viel anhören (jeder kommt mit Beschwerden zu ihnen)
- Sie werden häufig persönlich angegriffen: Was sie anziehen, wie ihre Kinder sich benehmen, was für ein Auto sie fahren, wie oft sie Urlaub machen...

Es war wieder die Zeit des Jahres, in der ich nach einem Sommerpraktikanten Ausschau hielt. Er sollte mir helfen, durch die wichtigen Monate Juni, Juli und August zu kommen. Zu dieser Zeit war ich in einer Gemeinde, die von einem Arbeitskreis geleitet wurde. Alle Bewerbungen für diese Position mussten durch die Hände dieses Arbeitskreises gehen.

Es gab drei Bewerber für die eine Stelle. Ich kannte alle drei gut. Eine Person war den anderen Bewerbern meilenweit überlegen. Ich teilte unserem Pastor und dem Personalbeirat also mit, dass ich nur einen der drei Bewerber empfehlen könnte, obwohl alle drei gute Freunde von mir waren.

Das Problem war, dass einer der Bewerber ein »Neubekehrter« war – er trank und führte noch Wochen vor seiner Bewerbung ein sehr »weltliches« Leben. Diese Tatsache war allen bekannt. Allerdings hatte diese Person Familienverbindungen innerhalb der gesamten Gemeinde, auch in dem Arbeitskreis, der über meinen Praktikanten zu entscheiden hatte.

Ich werde nie vergessen, wie mein Pastor mich in sein Büro rief, um mir mitzuteilen, dass die Entscheidung auf den »Neubekehrten« und nicht auf meine Wahlperson gefallen sei (die übrigens mittlerweile Jugendpastor in einer der größten Jugendgruppen des Landes ist).

Ich sagte, dass ich mit dieser Entscheidung absolut nicht übereinstimme, aber dass ich sie außerhalb seines Büros unterstützen würde. Später hat er noch ein paar Anrufe gemacht und den Arbeitskreis davon überzeugt, die Meinung zu ändern und beide Personen als Praktikanten anzunehmen.

Wie sich herausstellte, hat der »Neubekehrte« mit Jugendlichen während einer Gemeindeveranstaltung Glücksspiele gespielt und wäre beinahe in eine Schlägerei auf dem Gemeindegelände verwickelt gewesen.

Die Moral von der Geschichte? Es wird Zeiten geben, in denen du weißt, dass du Recht hast, und dass die Leute, die Autorität über dich haben, falsch liegen. Die beste Möglichkeit, diesen Konflikt zu bewältigen ist, ehrlich deine Gefühle zu zeigen, aber ihre Entscheidung trotzdem zu unterstützen. Ich glaube, dass Uneinheit unter Gemeindemitarbeitern eines der größten Werkzeuge Satans ist, um den Leib Christi zu zerreißen. Also bewahre die Einheit der Mitarbeiter und rede niemals hinter ihrem Rücken – selbst wenn du weißt, dass du Recht hast. Ermutige sie und baue sie auf. Das ist das einzige, was du hinter ihrem Rücken tun kannst und tun sollst.

Tim Nussbaumer,
Jugendpastor,
Piedmont Baptist Church/Georgia

Sprich mit deinem Pastor, wenn du ein *großes* Problem hast. Ist es nichts Kritisches, bei dem du aber einen Ratschlag brauchst, rede mit einem Mentor oder einem anderen Mitarbeiter, dem du vertraust. Wenn du schon selbst ziemlich beschäftigt bist, ist die Wahrscheinlichkeit groß, dass dein Pastor noch beschäftigter ist.

- *Erwarte nicht viel Zeit von deinem Pastor*
  Erwarte nicht, dass dein Pastor dich wie jeden anderen in der Gemeinde behandelt. Du brauchst in den ersten zwei Jahren einen Mentor, aber nicht unbedingt deinen Pastor. Er kann nicht alles für jeden sein. Befreie ihn von dieser Erwartung. Finde andere Menschen, die sich um dich kümmern können, dein Wachstum und deinen Dienst fördern. Wie sehr du dir auch wünschst, dass diese Person dein Pastor ist – du musst vielleicht jemand anderen finden, der dieses Bedürfnis stillt.

Ich werde mein erstes Gemeindeleitungstreffen als neuer Jugendpastor nie vergessen. Ich habe mich extra schick angezogen, sogar mit Krawatte, um so professionell auszusehen, wie ich konnte. Ich habe auf die Tagesordnung geschaut und gesehen, dass es einen Punkt gab, der »Probleme in der Jugendarbeit« hieß. Das Problem bestand darin, dass jemand während meiner ersten und (recht erfolgreichen) Veranstaltung einige Zuckerstücke genommen hatte, die für das Kaffeetrinken der Erwachsenen am nächsten Morgen bestimmt waren!

Meine Leiterschaft wurde wegen dieser paar Zuckerstücke ernsthaft in Frage gestellt. Ich habe der Gemeindeleitung in Gedanken den Stempel aufgedrückt: »Leidet hochgradig an Realitätsverlust«. Das war ein großer Fehler – weil es mich im Verlauf des nächsten Jahres ständigen Frust gekostet hat.

Heute gehe ich so mit Konflikten um:

- Ich schreibe vor jeder Leitungssitzung auf, was ich mit den Jugendlichen gemacht habe, was ich plane und wie diese Pläne unseren Auftrag erfüllen.
- Ich mache mir klar, dass einige Erwachsene mich und Jugendliche immer verdächtigen werden, weil Jugendliche offenbar einschüchternd auf Erwachsene wirken.
- Wenn ein Konflikt ausgelöst wird – zum Beispiel, als ich ein Konzert im Jugendraum veranstaltete und vergaß, dass eine ziemlich konservative Gemeindegruppe während des Konzertes einen Bibelkreis direkt unter unserem Raum besuchte – versuchte ich,

- *Behalte das ganze Bild im Auge: Jugendarbeit gehört zur Gemeinde.*
Geh dem Glauben aus dem Weg, die Jugendarbeit sei die wichtigste Arbeit der Gemeinde. Ja, Jugendarbeit ist ein kritischer Punkt im Gemeindeleben. Leider wird sie von Pastoren auch häufig ignoriert. Das gibt dir aber nicht das Recht, darüber zu jammern, dass du vernachlässigt wirst. Beschwere dich nicht darüber, dass du mehr Geld brauchst – oder dass du überhaupt Geld brauchst. Verbringe deine Zeit damit, Leben zu verändern und damit zu beweisen, wie wichtig die Jugendarbeit ist.
Pastoren sind müde geworden, weil sie so viele Beschwerden hören und Jugendmitarbeiter ständig versuchen, ihre Position in der Gemeinde zu verbessern. Jede Aufgabe, die Gott ehrt, ist wichtig. Wenn du nach dieser Wahrheit lebst, wirst du ein geschätzter Mitarbeiter sein, kein Konkurrent.

das Problem direkt zu klären. Als ich bemerkte, dass wir die Gruppe bei ihrem Bibelkreis gestört hatten, habe ich sie eine Woche später mit einem Kuchen besucht und mich für unseren Krach entschuldigt. Ich habe mich für ihre Geduld bedankt und versichert, dass wir beim nächsten Mal vorsichtiger sind.

- Ich stelle sicher, dass der Pastor über jeden Konflikt informiert ist. Ich bemühe mich um seinen Rat und seine Unterstützung. Es gibt nur wenige Dinge in der Jugendarbeit, die schlechter sind, als deinen Pastor zu verärgern, nur weil du ihn nicht informiert hast. Das Gleiche gilt für Gemeindeleiter oder Älteste.
- Je nach Ernsthaftigkeit eines Konflikts gehe ich nicht alleine auf eine Person zu. Oft kommen meine Mitarbeiter mit und unterstützen mich.
- Ich bete vor jeder Sitzung um Geduld, Verständnis und eine Einstellung, dass ich mich nicht selbst rechtfertigte und verteidige.

Die durchschnittliche Überlebensdauer eines Jugendpastors ist nicht sehr lang. Ich glaube, dass das auch daran liegt, dass Jugendpastoren Fehler in der Konfliktlösung mit der Gemeindeleitung machen. Meine ersten drei Gemeinden stützen diese Statistik. Aber als ich die oben genannte Strategie angewendet habe, ist mein persönlicher Durchschnitt auf drei bis vier Jahre gestiegen. Ich hoffe, dass ich meiner jetzigen Gemeinde zehn Jahre bleiben werde.

Dan Snyder
Jugendpastor, Mointain Park Church/Oregon

- *Wirf den Pastor vom Sockel der Perfektion*
  Erlaube deinem Pastor, menschlich zu sein. Jeder Pastor hat Probleme, die ihm zu schaffen machen (Unsicherheit, Mangel an Glauben, Familienprobleme, zu viel Arbeit, Stolz, Wut). Erwarte nicht, dass dein Pastor perfekt ist. Dann bist du auch nicht enttäuscht, wenn er es nicht ist. Je näher du an einen Leiter heran kommst – jeden menschlichen Leiter – desto offensichtlicher ist seine Unvollkommenheit. Gestehe deinem Pastor zu, nicht perfekt sein zu müssen. Schließlich weißt du, wie viele Probleme dir selbst zu schaffen machen.

3. Dinge, die du für deinen Pastor tun solltest

Meine Arbeitsphilosophie mit Pastoren lautet: »Ich tue, was immer ich tun kann, um sein Leben einfacher zu machen. Ich möchte, dass er erfolgreich ist und mir in jeder Situation vertrauen kann.« Wenn du das genauso siehst, findest du hier ein paar Ideen:

- *Kümmere dich um seine Familie*
  Liebe seine Kinder. Stell sicher, dass sich jemand um sie kümmert. Schenk ihnen Aufmerksamkeit auf Freizeiten. Achte während Veranstaltungen auf sie und hilf ihnen, richtige Freunde zu finden. Schütze die Familienzeit des Pastors. Bestätige ihn, wenn seine Familie für ihn den ersten Platz einnimmt.

> Ich kenne die Begeisterung und die Schmerzen, die aus der Zusammenarbeit mit Mitarbeitern resultieren, weil ich seit 20 Jahren Pastor bin. Wenn alles glatt läuft, gibt es nichts Besseres – aber wenn es Spannungen oder Konflikte gibt, gibt es nichts Schlimmeres. Doug ist erfolgreich durch die Wasser einer guten Pastor-Jugendpastor Beziehung navigiert. Ich habe es mit eigenen Augen gesehen, als ein Freund im Dienst. Das ist einer der Gründe, weshalb Dougs Dienst fruchtbar ist, die Jugendarbeit in unserer Gemeinde hohes Ansehen genießt und Gottes Reich gebaut wird. Doug hat seinem eigenen Leiterteam gezeigt, wie er Autorität respektiert und Unterordnung lebt, damit sie von ihm lernen und es nachahmen können.
>
> *Brad Johnston*

- *Unterstütze seine Träume*
  Höre seinen Träumen zu und sieh über seine negativen Veranlagungen hinweg. Manchmal werden seine Träume zu deinen Alpträumen werden. Aber deine Ermutigung ist entscheidend. Sei ein Zuhörer, der sich über das freut, was dein Pastor auf dem Herzen hat – ohne ungebeten kritische Analysen zu liefern.

- *Ermutige ihn*
  Auch Pastoren brauchen Bestätigung. Lass sie wissen, wenn sie dir geholfen haben. Dein Lob sollte möglichst konkret sein. Sag deinem Pastor, wenn dir etwas Lobenswertes auffällt.

  Während einem der letzten Mitarbeitertreffen hat mein Pastor eine Bibelarbeit gehalten, die mich dazu bewegt hat, genau das zu tun. Ich habe mir nicht nur Zeit genommen, ihm für seine geistliche Leiterschaft zu danken, sondern ich habe auch seine Bibelarbeit »geklaut« und vor meinen Jugendlichen gehalten. Das habe ich ihm erzählt – so war es eine doppelte Bestätigung für ihn.

- *Steh für ihn ein*
  Wenn du deinen Pastor beschützen kannst, indem du Beschwerden entgegen nimmst, die an ihn gerichtet sind, dann tu es. Pastoren müssen wissen, dass sie Leute im Team haben, die etwas von ihrem Schmerz abfangen können und ihnen vorübergehende Schmerzstillung bieten.

- *Lade ihn ein – und lade ihn wieder aus*
  Lade deinen Pastor zu allen Jugendveranstaltungen ein, aber erwarte nicht von ihm, dass er kommt. Lass ihn wissen, dass du seine Anwesenheit gut findest, aber gib ihm die Möglichkeit, ohne Schuldgefühl abzusagen. Wenn dein Pastor bei jeder Veranstaltung der Gemeinde auftauchen würde, wäre er immer ausgepowert. Und: Wenn dein Pastor bei jeder Veranstaltung der Gemeinde auftaucht, dann bist du wahrscheinlich in einer kleinen Gemeinde. Und vermutlich ist einer der Gründe, warum die Gemeinde klein ist, dass dein Pastor auf jeder Veranstaltung auftaucht.

  Vor unserem jährlichen Sommerpicknick für Familien habe ich meinen Pastor eingeladen: »Wir würden uns freuen, wenn wir dich dort sehen. Aber ich weiß, dass der Sonntag ein voller Tag für dich ist, also bleib nach dem Gottesdienst zu Hause und ruh dich aus. Ich erwarte nicht, dass du kommst.« An diesem Tag ist er nicht gekommen. Wenn er aber zu einer Veranstaltung kommt, bin ich begeistert (weil er gekommen ist, ohne dass ich es erwartet hätte). Wenn er nicht kommt, dann ist *er* begeistert (weil er sich guten Gewissens Zeit zum Ausruhen nehmen kann). Wenn es meine Einstellung ist, meinem Pastor zu dienen, dann möchte ich, dass er begeistert ist.

Du solltest allerdings nicht zu weit gehen – also nicht: »Hey Pastor, warum nimmst du dir nicht mal ein Jahr frei? Ich glaube nicht, dass es jemand merken wird.«

- *Sprich mit anderen in hohen Tönen von deinem Pastor*
  Tue das besonders hinter seinem Rücken. Dein Pastor sollte sich darauf verlassen können, dass du anderen etwas Positives über ihn erzählst.

- *Informiere deinen Pastor, aber überflute ihn nicht*
  Wenn du deinen Pastor über eine Situation in Kenntnis setzt, konzentriere dich auf Fakten. Lass zeitraubende, unwichtige Details weg. Warte darauf, dass er nach mehr fragt, bevor du ihm die für dich interessanten Geschichten erzählst.

- *Spare dir deinen Pastor für die großen Dinge auf*
  Plane strategisch, wenn du deinen Pastor zu etwas überreden willst. Bring seine Unterstützung auf kluge Art und Weise in Schwung, weil er wahrscheinlich mehr Einfluss in der Gemeinde hat als du.

Im Frühjahr waren einmal einige Eltern sauer, weil das Datum unseres traditionellen Sommercamps geändert werden musste. Ich konnte die Eltern verstehen, aber es war nicht möglich, den ursprünglichen Termin beizubehalten. An einem Sonntagabend kamen viele unserer Eltern zu einem Nachtreffen eines Missionseinsatzes. Teil dieser Veranstaltung war, dass mein Pastor eine kurze »Wir-sind-stolz-auf-euch-Botschaft« geben wollte. Also habe ich ihn gebeten, dass er die Situation mit dem Sommercamp in positiver Art und Weise anspricht. Er hat nicht nur die Probleme wegen des Camptermins angesprochen, sondern auch meine Leiterschaft und seinen Glauben in alles, was wir tun, bestätigt.

Er hat das gesagt, was ich selbst nicht sagen konnte. Weil seine Worte Gewicht haben, war er in der Lage, die Eltern so zu beeinflussen, dass sie diese Veränderung akzeptierten. Wenn deine Gemeinde deinen Pastor respektiert, geh weise und strategisch mit der Frage um, wann du seinen Einfluss nutzt.

- *Bete für deinen Pastor*
  Bete für die Leiterschaft deines Pastors und deine Bereitschaft, zu folgen. Bete für die Beziehung deines Pastors zu Gott, für seine Ehe und Familie. Bitte Gott, sein Herz zu ermutigen. Bete, dass dein Pastor wächst und lernt. Bete für geistlichen Schutz vor dem Feind.
  Erinnere ihn auch regelmäßig daran, dass du für ihn betest. Damit ermutigst und bestätigst du ihn zusätzlich.

Wenn es um die Beziehung des Jugendleiters zum Pastor geht, dann habe ich diese Adjektive gehört: großartig, gut, durchschnittlich, schlecht, fürchterlich, halbtot. Man sollte meinen, dass diese partnerschaftliche Beziehung mit Freude und Gottesfurcht gefüllt sein sollte und konfliktlos ist. Aber das ist nicht die Realität.

Bete für Weisheit, diese Ideen umzusetzen, für Sensibilität, dich für deinen Pastor als Person zu interessieren (nicht als Boss). Bete für den Mut, ihn direkt anzusprechen, wenn du Spannung spürst oder wenn du verletzt wurdest. Unterschätze die Möglichkeiten nicht, die du hast, diese Beziehung zu verbessern.

Ich wünschte, die Beziehung von Clark (am Anfang des Kapitels) zu seinem Pastor wäre die Ausnahme. Leider verlieren viel zu viele Jugendmitarbeiter Kämpfe mit Autoritätspersonen in Gemeinden. Zu viele Jugendleiter wissen nicht, wie sie mit dem Pastor umgehen und auf ihn reagieren sollen. Ehrenamtliche schreiben mir heimlich und fragen, wie sie ihren Pastor verändern könnten. Aber sie denken gar nicht über ihre eigene Veränderung nach. Das macht mich traurig. Die Geschichten sind gleich. Nur die Namen sind anders.

Arbeitsbeziehungen sind nicht einfach, weil viele Konflikte auftreten, wenn man mit Autoritätspersonen zu tun hat. Der Umgang mit ihnen wird sich in der Effektivität deines Dienstes widerspiegeln.

Wie Gemeindeleitung und Jugendteam zusammenarbeiten können

Wenn man das Wort Gemeindeleitung erwähnt, hat man schnell Bürokratie, Sitzungen, Kaffee und Politik im Kopf. Manchmal ist der Besprechungsraum ein gemeiner Ort. Besteht deine Gemeindeleitung aus Menschen? Wenn ja, dann wirst du Sünde, gemischte Motive, politische Allianzen und Vetternwirtschaft vorfinden. Dein gesamtes Team in der Jugendarbeit sollte wissen, wie man am besten mit der Leitung zusammenarbeitet.

Annahmen können stärker sein als Fakten

Wenn die Gemeindeleitung Gerüchte über chaotische Jugendräume hört, Rechtschreibfehler in Elternbriefen findet, Privatdetektive engagiert, um verlorene Kassenbons zu finden und nur selten Jugendliche im Gottesdienst sieht, dann macht sie sich selbst ein Bild über die Jugendarbeit – meistens ein negatives.

Ob fair oder unfair, sie bewerten deine Jugendarbeit vom Hörensagen und anhand dessen, was sie zu sehen meinen, nicht anhand der Realität. Viele der Entscheidungsträger, die Veranstaltungen genehmigen oder das Budget bestimmen, schauen sich vielleicht nie eine deiner Jugendveranstaltungen an. Das ist schlecht. Weil Annahmen schnell zu Fakten werden können, sollte das Jugendteam herausfinden, wie euer Dienst in der Gemeinde wahrgenommen wird. Dann entscheidet, wie ihr negative Annahmen verändern und positive verstärken könnt.

Respektiere die Gemeindeleitung, aber lass dich nicht einschüchtern

Bete für und ehre die Menschen in der Gemeindeleitung. Behalte im Hinterkopf, dass es nicht unbedingt die geistlich reifsten Männer und Frauen der Gemeinde sind.

In meiner alten Gemeinde war der Älteste, der für die Jugendarbeit zuständig war, ein geistliches Kleinkind. Als ich etwas Zeit mit ihm verbrachte, habe ich gemerkt, dass viele seiner Entscheidungen auf rein menschlichen Erfahrungen beruhten, nicht auf der Bibel. Ich habe mich in der Situation wiedergefunden, ein Mentor für einen Mann zu sein, der doppelt so alt war wie ich. Ich habe seine Position respektiert, hatte aber Probleme damit, ihn als einen reifen Gläubigen zu respektieren.

Die Männer und Frauen, die bedeutende Entscheidungen in deiner Gemeinde treffen, können nicht auf dem Wasser laufen. Sie sind fehlbare Wesen, die versuchen, einem unfehlbaren Gott zu dienen – genau wie du und ich.

Lade sie ein, mitzumachen

Bitte die Gemeindeleitung, einige deiner Jugendevents zu besuchen, um selbst zu sehen, wie die Arbeit läuft. Lade sie ein, eure Treffen mit Gebet zu beginnen. Stelle sie den Jugendlichen vor. Binde sie in die Mitarbeit ein. Wenn sie eingebunden sind, wird ihre Wahrnehmung genauer werden. Dann werden sie deine Arbeit eher unterstützen.

Kümmere dich um die Gemeindeleitung

Lerne die Leute in der Gemeindeleitung persönlich kennen. Hab keinen Schlachtplan, außer, dass du dich um sie kümmern willst. Wenn du dich um Menschen sorgst, werden sie gute Mitarbeiter.

Stell direkte Fragen

Viele, die Leiterpositionen bekleiden, sind Geschäftsleute. Sie sind Tabellen und Ergebnisse gewohnt. Hab keine Angst, direkte, forschende Fragen zu stellen: »Hier ist ein Vorschlag, den ich gerne umsetzen würde. Welche Hindernisse siehst du? Wie können wir die Entscheidungsträger der Gemeinde dazu bewegen, diese Idee zu unterstützen? Kannst du dein Haus verkaufen und den Gewinn der Jugendarbeit spenden?« Deine direkte Art wird sie nicht verletzen – besonders dann nicht, wenn du dich um sie kümmerst und sie merken, dass du versuchst, Unterstützung für die Jugendarbeit zu bekommen.

Halt sie auf dem Laufenden

Da die Gemeindeleitung deine Jugendarbeit nicht regelmäßig besucht, biete ihnen Fakten über das, was in deinem Verantwortungsbereich passiert. Sei dein eigener »Marketingdirektor«. Wenn die Gemeindeleitung ein Postfach in der Gemeinde hat, fülle es. Wenn nicht, gib ihnen das Material vor ihren regelmäßigen Treffen. Der Schlüssel ist, sie regelmäßig zu informieren – nicht nur direkt vor dem Treffen, in dem es um dein Budget geht.

Realisiere, dass Dienerschaft ein langer Weg ist

Gib dir jede erdenkliche Mühe zu zeigen, dass du und das Jugendarbeitsteam sich um die gesamte Gemeinde sorgen, nicht nur um die Jugendarbeit. Zeige es, in dem du Dinge sagst wie: »Lasst unser Jugendarbeitsteam diese Aufgabe übernehmen. Wir wollen Teil der großen Arbeit sein.« »Wir würden gerne die Infozettel zusammenstellen und falten. Wir möchten, dass die Jugendlichen der Gemeinde dienen.« »Ich werde jemanden in meinem Team finden, um diese Anrufe zu erledigen. Wir gehören als ganze Gemeinde zusammen.«

Natürlich möchtest du nicht, dass die Jugendarbeit eine Art Fußmatte für die kleineren Projekte ist. Deswegen muss du lernen, deinen Dienst-Enthusiasmus in Balance zu halten und gelegentlich auch Anfragen zurückweisen: »Wir würden das gerne machen, aber das ist direkt vor dem Sommercamp. Unsere Mitarbeiter sind dann schon zu eingespannt.«

Deine Gemeindeleitung wird positiv auf eine dienende Einstellung reagieren.

Erkläre der Gemeindeleitung deine Jugendarbeit

Viele Leute in der Gemeindeleitung kennen den wahren Grund für Jugendarbeit nicht. Nutze die Gelegenheiten, ihnen respektvoll zu erklären, was du denkst. Wenn sie Jugendliche Kinder nennen oder die Jugendarbeit »die Gemeinde der Zukunft«, könntest du sagen: »Ich finde es gut, dass du dir Gedanken um die Zukunft der Gemeinde machst. Aber ich denke, dass unsere Jugendlichen Teil der heutigen Gemeinde sind.« Oft sagen Menschen etwas aus Unwissenheit, nicht aus Gehässigkeit.

Ein einflussreiches Mitglied der Gemeindeleitung hat mich einmal angerufen und mich gebeten, eine Veranstaltung ausfallen zu lassen. Er wollte, dass ich die Jugendlichen zu ihm nach Haus bringe, damit sie babysitten und nach der Geschätsparty aufräumen. Ehrlich gesagt: Ich war von dieser Anfrage geschockt. Ich habe tief eingeatmet und sehr deutlich geantwortet: »Es tut mir Leid, aber ich glaube nicht, dass das eine gute Idee ist.« (Es ist viel einfacher, diesen Satz Jahre später zu schreiben, als ihn damals auszusprechen!). Dann habe ich diesen Mann gefragt, was er für das Ziel unserer Jugendarbeit halte. Als er versuchte, seine Antwort in Worte zu fassen, hat er gemerkt, dass er eine fragwürdige Ansicht hatte. Er zog seine Anfrage zurück. Ich sagte: »Ich bin so dankbar, dass du unsere Jugendarbeit nun verstehst und unterstützt.«

Bei meiner Abschiedsfeier einige Jahre später sagte der gleiche Mann öffentlich: »Doug ist der erste Leiter in dieser Gemeinde, der nein zu einer meiner dummen Ideen gesagt hat. Ich habe ihn dafür immer respektiert.« Ich bin zwar nicht sicher, ob er mich immer respektierte, aber ich bin sicher, er hat verstanden, dass unsere Jugendarbeit nicht aus einem Haufen Kinder besteht, der nichts anderes tut, außer darauf zu warten, angerufen zu werden und Geschäftsfunktionen für die Gemeindeleitung zu übernehmen.

Ermutige sie und bete für ihre Aufgaben

Bitte ein paar Eltern und jugendliche Leiter, dass jeder für ein oder zwei Mitglieder der Gemeindeleitung betet. Suche Eltern oder Ehrenamtliche, die bereit sind, gelegentlich Karten an eine bestimmten Person in der Gemeindeleitung zu schicken: »Wir schätzen dich. Danke, dass du dem Herrn dienst. Die Jugendarbeit betet für dich.« Solche Kommentare werden ihre Wirkung nicht verfehlen.

Definiere Gemeindepolitik neu

Ja, es gibt Politik in der Gemeinde. Du kannst das positiv sehen, indem du Politik so definierst: »Politik ist die Möglichkeit, Unterstützung für den Dienst zu gewinnen, den Gott dir anvertraut hat.« Eine Aufgabe des Jugendleiters ist, der Gemeindeleitung ein klares und positives Bild der Jugendarbeit zu vermitteln. Ich möchte, dass die Leitung Sicherheit und Begeisterung spürt, wenn sie sieht, was wir für unsere Jugendlichen und Familien zu tun versuchen.

fragen zu kapitel 7

wer ist der boss?

Zur Gruppendiskussion

- Von den zehn Fragen, die in diesem Kapitel gestellt werden (ab Seite 160): Was ist dein stärkster Bereich?
- Welche der zehn Fragen erfordert von dir Veränderung oder Anpassung?

Zur persönlichen Reflexion

(ändere die Frage entsprechend deiner Rolle: Vollzeitler oder Ehrenamtlicher)

- Wie kann ich dem Pastor/Jugendleiter regelmäßig Bestätigung geben?
- Was kann ich tun, wenn mir meine Beziehung zum Pastor/Jugendleiter seltsam erscheint?
- Wie kann ich meinen Pastor/Jugendleiter in besserem Licht erscheinen lassen?
- Wenn ich der Pastor/Jugendleiter unserer Gemeinde wäre und einen Jugendleiter/Ehrenamtlichen mit Stärken und Schwächen ins Team bringen wollte – wo würden Reibungspunkte auftreten?

Nächste Schritte

- Stelle eine Liste mit den Stärken deines Pastors/Jugendleiters zusammen. Schreibe eine ermutigende Nachricht an ihn und hebe einige der Stärken hervor.
- Bete für Einheit innerhalb deines Jugendmitarbeiterteams.
- Wähle einen Ältesten oder ein anderes Mitglied der Gemeindeleitung aus und beginne, für diese Person zu beten.

8

wer hilft mir?

ein team aufbauen

Bei unserem imaginären Essen haben wir beide jetzt den Nachtisch aufgegessen. Die Kellnerin überlegt schon, ob wir überhaupt nochmal gehen werden. Ich frage dich: »Sollen wir später weiter reden, oder möchtest du dich noch über ehrenamtliche Mitarbeiter unterhalten – wie man sie findet und was man mit ihnen macht?«

Eine Bemerkung für Ehrenamtliche in der Jugendarbeit

Wenn du nicht der Jugendleiter bist, kannst du dieses Kapitel ruhig überspringen. Betrachte dieses Angebot als ein frühes Weihnachts- oder verspätetes Geburtstagsgeschenk.

Solltest du aber daran interessiert sein, die Rolle deines Jugendleiters zu verstehen, darfst du gerne weiter lesen. Du wirst in diesem Kapitel merken, wie lebenswichtig deine Rolle als Ehrenamtlicher ist. Du wirst sehen, wie wichtig es ist, die richtigen Mitarbeiter für das Team zu finden. Teamwork ist ein wichtiges Element für gesunde Jugendarbeit. Danke, dass du dein Team unterstützt.

Eine Bemerkung für Jugendleiter

Wenn du der leitende Jugendmitarbeiter bist, kannst du dieses Kapitel auswendig lernen (oder dir die Prinzipien auf den Unterarm tätowieren lassen).

Vergiss die »Do-It-Yourself-Jugendarbeit«. Gesunde Arbeitsbereiche beruhen auf den Gaben, den Talenten, der Leidenschaft und der Energie anderer Mitarbeiter. »Ich bin mehr, als ich bin, aber ich bin weniger, als wir sind«, hat mal jemand gesagt. Für eine gesunde Jugendarbeit musst du nicht nur *irgendwelche* Menschen finden, sondern eine Partnerschaft mit den *richtigen* Menschen aufbauen. Auch wenn zur Zeit nicht viele Jugendliche kommen, baue schonmal ein Team von Leitern für die Zukunft auf. Teil eines Teams zu sein verbessert deine Ausdauer im Abenteuer Jugendarbeit und stärkt deine Gemeinde.

Warum ein Team?

Ein Team zu entwickeln und mit einem Team zu arbeiten, ist das zweitwichtigste Thema für einen Leiter (nach Kapitel 3 – geistliche Gesundheit) und unerlässlich für eine gesunde Jugendarbeit.

Ein Team aus Erwachsenen, die Jugendliche lieben, zusammenzustellen, ist die schwierigste Aufgabe. Aber gleichzeitig bringt sie auch die größte Freude. Ich wünschte, es wäre einfacher. Wenn du Leiter findest, entwickelst und bevollmächtigst, bist du ein Gewinn für deine Gemeinde. Du legst die Grundlage für eine erfolgreiche Mitarbeit in der Zukunft.

Einige Leute in deiner Gemeinde glauben vielleicht, du seist der angestellte Alleskönner. Ihre Einstellung ist: »Du bist der Jugendleiter. Du musst alles tun.« Ich bin nicht sicher, ob ich es so deutlich ausdrücken sollte: Aber vielleicht bist du in der falschen Gemeinde. Ich glaube fest daran, dass es unsere Aufgabe als Pastoren ist, die Heiligen für den Dienst auszurüsten (Epheser 4,12). Deine Gemeinde hat sich nicht einen Profi »gekauft«, um ihre Jugendlichen zu unterhalten.

Nicht jeder wird diese Einstellung teilen. Aber wenn die einflussreichen Leiter in deiner Gemeinde dich als »Einsamer-Cowboy« sehen, musst du entweder ihr Denken ändern (viel Glück!), kämpfen oder dafür beten, dass Gott dir eine andere Gemeinde zeigt.

Einige Gemeinden werden sich nicht verändern. Sie werden auch weiterhin Jugendmitarbeiter verheizen. Möglicherweise kannst du der Ignoranz dieser Leute nicht völlig entfliehen. Aber du kannst sie erfolgreich bekämpfen, indem du ein Team aufbaust, das sich besser um andere kümmert, als du alleine. Du wirst einen gesunden und wertvollen Dienst leisten, wenn du mit anderen und durch andere dienst. (Für eine intensiviere Diskussion zum Thema »Leiter entwickeln«, lies Kapitel 15 und 16 in meinem Buch »Jugendarbeit mit Vision«.)

Du brauchst ein Team! Lass mich einige Gründe nennen, warum.

1. Mit einem Team gibt es Wachstum

Deine Arbeit wird irgendwann aufhören zu wachsen, wenn du alles alleine machen willst. Mal ehrlich: Du kannst dich nur um wenige Jugendliche persönlich kümmern. Jesus hat Zeit mit zwölf Jüngern verbracht, aber die meiste Zeit mit dreien. Und er hatte mehr Ahnung vom Dienst als du und ich.

Wenn alle Anrufe, Bedürfnisse von Menschen und die gesamte Verantwortung für sie auf dir lasten, wird deine Leidenschaft nachlassen und du wirst nicht mehr in der Lage sein, angemessen für die Jugendlichen in der Gemeinde zu sorgen.

Deswegen musst du dir darüber im Klaren sein: »Ich kann nicht Jugendpastor für alle sein.«

Das ist ein sehr (!) wichtiger gedanklicher Schritt, den du gehen MUSST – überfliege diesen Abschnitt nicht. Es ist am Anfang nicht leicht. Das war es für mich auch nicht.

Wir Leiter haben die Neigung, jeden wissen zu lassen, dass wir die Leiter sind. Wir möchten, dass Jugendliche sich auf unsere Fähigkeiten verlassen können. Aber die Arbeit in Gottes Reich ist viel zu groß, als dass sie jemand alleine erledigen könnte. Wir werden ein Team aus begeisterten Menschen aufbauen, wenn wir ihnen erlauben, Teile der Arbeit zu übernehmen, in Beziehungen zu investieren und ihnen Wertschätzung entgegenbringen.

Neulich habe ich mit Laurie gesprochen, eine unserer neuen Ehrenamtlichen:

»Ich wollte mal fragen, wie du dein erstes Jahr als Kleingruppenleiterin empfunden hast.«

Sie sagte: »Ich liebe meine Mädels.«

Besonders schön fand ich, dass sie von »meinen Mädels« sprach – ein Ausdruck von Zuneigung, der zeigt, dass sie ihr Herz in diesen Dienst investiert. Sie hat das Herz eines Hirten. Ich hätte diesen Mädchen niemals so dienen können, wie Laurie es getan hat. Es ist Spitze, dass die Mädchen beim Stichwort »Jugendpastor« in erster Linie an Laurie denken – und nicht an mich.

> Doug hat mich als Ehrenamtlichen davon überzeugt, dass ich der Jugendpastor meiner Jungs in der Kleingruppe bin.
>
> - Er sieht mich als Teil des Teams und meine Zeit als Geschenk an das Team.
> - Er hat mich zum Dienst ausgebildet. Ich nutze meine Gaben und Talente.
> - Er bestätigt mich in meinem Dienst.
> - Er kommuniziert deutlich, warum unsere Arbeit existiert.
> - Indem wir seine dienende Einstellung nachahmen, hilft er uns, unseren Jugendlichen zu helfen.
> - Er erwartet, dass meine Haltung der eines Pastors entspricht.
>
> Praktisch kann das so aussehen: Vor einigen Jahren war ich auf meinem ersten Missionseinsatz in Mexiko. Meiner Frau und mir wurde eine Gruppe von Jugendlichen zugeordnet und ein Dorf, wo wir den Menschen eine Woche lang dienen sollten.
>
> Am Ende dieser Woche habe ich mit den Jugendlichen das Abendmahl gefeiert. Später ist Doug auf mich zugekommen und hat gesagt: »Mein Highlight war, dich zu beobachten, wie du mit deinen Jugendlichen das Abendmahl gefeiert hast.« Es war unglaublich schön, das zu hören.
>
> *Jim McNeff*

»Du bist der Jugendpastor.« – Dieser Satz ist für meine ehrenamtlichen Mitarbeiter extrem wichtig. Steh anderen Menschen aus der Gemeinde nicht im Weg. Erlaube ihnen, Jugendliche zu prägen und sich um sie zu kümmern – wie ein richtiger Hirte.

2. Mit einem Team hast du mehr Energie

Gott hat niemals gewollt, dass du alleine dienst. Es geht ihm immer um Beziehungen. Von der Schöpfung bis zur Dreieinigkeit erkennt man Gottes beziehungsorientiertes Konzept.

In 2. Mose 18 sah Jethro, wie hart sein Schwiegersohn Mose arbeitete. Jethro fragte ihn: »Warum bist du der einzige, der Unstimmigkeiten zwischen anderen Menschen löst? Du machst da etwas falsch. Das ist zu viel Arbeit für dich, du kannst nicht alles alleine machen.«

Jethro zeigte Mose, dass ein Team mehr Menschen helfen könnte.

Das ist ein großartiger Grund, weitere Leiter zu fördern. Die meisten entmutigten und müden Jugendmitarbeiter tun ihren Dienst alleine. Aber alleine zu arbeiten, laugt einen völlig aus.

3. Mit einem Team ist deine Gemeinde stärker

Vor Jahren ist ein Komiker vor einer Gruppe von Kriegsveteranen aufgetreten und hat Folgendes erlebt:

Er sah, wie zwei Männer applaudierten. Jeder von ihnen hatte nur einen Arm. Aber weil sie nebeneinander saßen, konnte jeder mit seiner Hand in die des anderen klatschen.

Was für ein gutes Bild für Teamwork! Diese Männer konnten zusammen etwas erreichen, wozu sie alleine nie fähig gewesen wären.

Das Gleiche gilt für die Jugendarbeit. Egal, wie sehr du Gott und Jugendliche liebst, egal wie begabt du bist – du wirst niemals in der Lage sein, alleine genauso viel zu erreichen, wie in einem Team.

Andere Menschen in deiner Gemeinde werden geistlich wachsen, wenn sie merken, wieviel Freude es bringt, Jugendliche zu Jesus zu führen und ihnen zu dienen. Sie werden reifere Nachfolger Christi und bessere Jugendmitarbeiter. Ich sehe unsere Jugendarbeit als eine Wegstrecke, die Christen für ihre geistliche Reise brauchen. Ein Ort, der ihren Glauben vertieft.

4. Mit einem Team hast du mehr Einfluss

Ein Team hilft dir, verschiedene Arten von Jugendlichen zu erreichen. Obwohl meine Frau und meine Kinder denken, dass ich ziemlich »hip« bin, würden meine Jugendlichen mich nie so beschreiben (der Gebrauch des Wortes »hip« beweist schon, dass ich es nicht bin).

Sie würden sagen, dass Brad, einer unserer Ehrenamtlichen, ziemlich cool ist. Ich persönlich kann nicht erkennen, was an Brad so super sein soll. Er sieht aus wie ein Model, spielt Gitarre, leitet Worship und hat eine fantastische Stimme (aber ich weiß, dass ich schlauer bin als er!). Wenn Brad redet, hören Jugendliche zu und lachen – und das ist gut so!

Einige Jugendliche verstehen sich sehr gut mit Brad, aber nicht mit mir.

Verschiedene Typen von Mitarbeitern erreichen verschiedene Typen von Jugendlichen, weil ihr Stil, ihre Interessen, ihr Alter und ihre Erfahrungen anders sind. Je unterschiedlicher deine Teammitglieder sind, desto vielseitiger kannst du dich um deine Jugendlichen kümmern. Wenn du mehr Einfluss auf Jugendliche nehmen willst, dann suche nach unterschiedlichen Mitarbeitern.

5. Mit einem Team werden deine Fähigkeiten im Dienst zunehmen

Wenn du mit anderen Leitern arbeitest, kannst du ständig dazulernen, indem du beobachtest, wie jeder von ihnen mit den Jugendlichen umgeht – egal, wie alt du bist und wie viel Erfahrung du schon hast.

Ich war überzeugt, dass ich den einzig wahren Weg für Kleingruppengespräche gefunden hatte. Bis ich Woodys Kleingruppe besuchte. Er hat so ziemlich jede geschriebene und ungeschriebene Regel für die Leitung von Kleingruppen missachtet.

Ich schämte mich für ihn, als ich ihm beim Leiten seiner Gruppe zusah. Ich wollte ihn mehrmals unterbrechen, um ihn zu korrigieren, zu coachen und ihn davor zu bewahren, Schiffbruch zu erleiden. Ich schrieb ein paar Dinge auf, weil ich ihn nach dieser schrecklichen Vorstellung freundlich korrigieren und ermutigen wollte. Ich konnte mir kaum vorstellen, wie schlecht er sich fühlen musste.

Aber ich bekam an diesem Abend keine Chance, mit Woody zu sprechen, weil ihn die Jugendlichen die ganze Zeit belagerten. Sie sprachen mit ihm, dankten ihm für seine Einsicht und teilten ihre tiefsten Sorgen mit ihm.

Ich konnte mich nicht daran erinnern, dass Jugendliche in *meiner* Kleingruppe sich je für etwas bedankt hätten (vielleicht das eine Mal, als sie etwas früher gehen konnten).

Als ich das Haus verließ, fing ich an, mir noch mehr aufzuschreiben – dieses Mal Dinge, die ich von Woody lernen konnte. Er war kein großartiger Lehrer oder Gastgeber, aber er hatte eine unglaubliche Leidenschaft und Zuneigung für seine Jungs. Ich konnte viel Neues lernen, als ich ihn beobachtete.

Das macht ein Team aus – man lernt voneinander.

6. Mit einem Team hast du mehr Freude

Eines meiner Lieblingswochenenden ist im Juni, wenn wir mit unserem Team ein paar Tage wegfahren. Wir reden nicht über Jugendarbeit, wir träumen nicht von der Zukunft und wir machen auch kein Brainstorming, um Lösungen für unsere Probleme zu finden.

Was tun wir? Wir essen, spielen Tennis, schlafen aus, essen, gehen ins Kino, vergnügen uns am Pool – und nach einem langen Tag mit Spielen und Lachen essen wir noch mehr. Ich liebe die Leute, mit denen ich zusammen Gott dienen darf. Sie gehören zu meinen besten Freunden.

...auf den punkt gebracht

Wenn du ein Team übernimmst

Ich bekomme ziemlich häufig Telefonanrufe von frustrierten Jugendleitern und Pastoren. Die meisten dieser Probleme haben mit fehlender Kommunikation mit dem bestehenden Leitungsteam zu tun.

Einige frischgebackene Jugendleiter werfen alte ehrenamtliche Mitarbeiter aus dem Team, damit sie neue Veranstaltungen starten können, ohne sich mit alten Problemen auseinandersetzen zu müssen. Andere wollen gerne mit dem bestehenden Team zusammenarbeiten, aber werden von Erwartungen erdrückt.

Während ein Präsident der Vereinigten Staaten etwa neunzig Tage lang regieren kann, ohne von den Medien kritisiert und angegriffen zu werden, haben einige Jugendleiter – wenn sie Glück haben – neunzig Minuten. Um deine Gemeinde positiv zu beeinflussen (und um etwas Zeit zu gewinnen), findest du hier einige Tipps:

1. Halte deinen Vorgänger in Ehren

Auch wenn diese Person wirklich schrecklich war – es tut nichts zur Sache für dich. Sprich nicht schlecht über die Person. Kritisiere sie nicht. Entscheide dich, positiv über deine Vorgänger zu sprechen. Sei kreativ (»Ihr habt bei jeder Veranstaltung Minus gemacht? Sehr gut, dass ihr drangeblieben seid. Das nenne ich Durchhaltevermögen.«). Ehre deinen Vorgänger und dein jetziges Team, indem du die Mitglieder des Teams bestätigst. (Schau dir noch mal Grundsatz Nummer 4 auf Seite 24 an).

2. Analysiere erst Kontext und Stärken deiner neuen Jugendarbeit, bevor du einen Plan entwickelst

Wenn andere fragen, was dein Plan ist, dann erzähle ihnen, was dir auf dem Herzen liegt. Aber erzähle nicht von deiner Strategie. Das bedeutet nicht, dass du keine Strategie oder Vision brauchst. Aber konzentriere dich auf Beziehungen. Du solltest zuerst die Jugendarbeit und die Menschen kennen lernen. Wenn du etwas länger in der Gemeinde bleiben möchtest, wird deine Strategie früh genug zum Vorschein kommen – und besser aufgenommen werden, weil du schon Beziehungen aufgebaut hast.

3. Lerne das Jugendteam kennen, bevor du wichtige Entscheidungen triffst

Hör dir ihre Geschichten und ihr Herz an. Bete dafür, dass ihr optimal zueinander findet. Manchmal müssen Leute nur ein wenig ermutigt werden oder sehen, dass du sie respektierst, um wieder gerne mitzuarbeiten.
Als ich in Saddleback anfing, wollte die Hälfte des Teams aufhören, weil sie keine Lust mehr auf Mitarbeit hatten. Bei manchen war kaum noch Puls zu fühlen. Ich war versucht zu sagen: »Großartig, du kannst gleich die Tür hinter dir zumachen, wenn du gehst.« Ich machte mir Sorgen, dass die Müdigkeit in negative Stimmung umschlagen könnte. Aber statt die Mitarbeiter zur Tür zu bringen, habe ich mit jedem einzelnen von ihnen Zeit verbracht. Ich habe mir ihre Geschichten angehört, habe versucht, mir ein Bild über ihre geistliche Gesundheit zu machen. Und ich habe ihnen für ihre wertvolle Arbeit gedankt. Dabei habe ich viel über den Dienst, die Gemeinde, die Sicht der Gemeinde über Jugendarbeit und das Klima für Veränderung herausgefunden.

4. Erstelle deine Pläne zusammen mit deinem Pastor

Triff dich mit deinem Pastor und formuliert gemeinsam Ziele für den ersten Monat, das erste Quartal und das erste Jahr. Bitte ihn, einen Brief zu schreiben und ihn an das ganze Team zu schicken. Die Bestätigung des Pastors stärkt deine Autorität.

5. Untersuche deine Motive

Jugendleiter, die ein Team übernehmen, sind leicht zu kränken. Sie erwarten von jedem Ehrenamtlichen (und Jugendlichen), sofort ihrer Leitung zu folgen.
Ich empfehle dir, das Motiv hinter dieser Erwartung herauszufinden. Warum möchtest du, dass sie dir die Veränderung sofort »abkaufen«? Geht es um deine eigenen Bedürfnisse oder um die der Jugendarbeit? Was ist dein Motiv?
Einige Ehrenamtliche akzeptieren dich vielleicht nur zögernd, weil sie noch immer an deinem Vorgänger hängen oder sie vielleicht resistent gegen Veränderung sind. Einige sehen sich selbst als die eigentlichen Veranwortlichen und dich als »das neue Kind in der Straße«. Ihre alten Veranstaltungen sind ihnen wichtiger als ein neuer Leiter.
Das wird sich mit der Zeit ändern.

Glücklicherweise habe ich die Freiheit, mir mit meinen Mitarbeitern ein paar Tage frei nehmen zu können.

Auch wenn dein Terminkalender das nicht erlaubt, beachte das folgende Prinzip: Zusammenarbeit macht mehr Spaß, wenn ihr euch mögt und Erfahrungen miteinander austauschen könnt. Jugendarbeit ist nicht zuletzt deshalb eine besonders schöne Arbeit, weil wir sie im Team tun können.

Nun bist du sicherlich begeistert, und möchtest ein gutes Team mit Leuten aufbauen, die du liebst. Du sagst: »Ich verstehe es! Alles macht Sinn und hört sich wunderbar an. Aber wie kann ich ein Team aufbauen, wenn ich gar keine anderen Mitarbeiter habe?«

Danke für die Frage – du solltest dir einen zweiten Nachtisch bestellen...

Was tun, wenn es keine Mitarbeiter gibt?

Die gute Nachricht lautet: Wenn du alleine als Jugendleiter startest, wirst du es sein, der die künftigen Mitarbeiter der nächsten Jahre prägt.

Die schlechte Nachricht: Du musst es alleine tun – am Anfang. Gott hat Mitarbeiter in deiner Gemeinde, du musst sie nur finden. Denk daran, dass Gott an den Jugendlichen interessiert ist. Er will, dass sich jemand um sie sorgt. Und er wird Hirten für die Schafe in deiner Herde bereitstellen.

Hier sind einige Prinzipien, über die du nachdenken solltest, bevor du mit dem Teamaufbau anfängst:

1. Realisiere, dass es immer einfacher wird, ein Team aufzubauen

Je mehr du am Aufbau eines Teams arbeitest, desto einfacher wird es. Und da es regelmäßig nötig ist, nach guten Teammitgliedern Ausschau zu halten, wird es irgendwann sogar Spaß machen. Wenn du Mitarbeiter findest und förderst, werden mehr Jugendliche im Glauben wachsen. Dann musst du weitere Mitarbeiter finden. Wenn Jugendliche in ihrem Glauben wachsen, werden sie ihre nichtchristlichen Freunde einladen. Dann brauchst du noch mehr Mitarbeiter, um das Wachstum aufzufangen.

Versteh mich nicht falsch. Neue Mitarbeiter zu finden ist nicht einfach, aber es wird einfacher. Gute Leute ziehen gute Leute an.

Kristi und ich haben drei Jahre als Ehrenamtliche mit unserem Jugendleiter Brian gearbeitet. Manchmal waren wir etwas neidisch auf das Lob, das er für unsere Arbeit bekam, weil wir ja eigentlich als Team von acht Leuten die Verantwortung für die Jugendarbeit teilten. Nichts passierte, ohne dass wir alle einverstanden waren.

Nachdem Brian mit der Ausbildung fertig war, ging er nach Mississippi. Gleichzeitig haben wir vier Ehrenamtliche durch arbeitsbedingte Umzüge verloren. Wir haben einen neuen Jugenddiakon angestellt. Für uns war das die richtige Entscheidung. Aber der junge Bibelschüler hatte nur wenig Freiraum, gute Spuren zu hinterlassen, weil wir uns zu sehr an unseren Dienst klammerten. Er ist innerhalb des ersten Jahres wieder gegangen.

In dieser Zeit habe ich mein Leben mit Jesus angefangen. Ich wurde als Jugendpastor angestellt und habe unglaubliche Fehler gemacht. Der größte war, dass ich vergaß, wie Brian mich nur vier Jahre vorher auf den Dienst vorbereitet hatte.

Ich war mit mehreren Ehrenamtlichen gesegnet. Aber mein Leben wurde kompliziert durch meinen Stolz und den Wunsch, DER Jugendleiter zu sein. Kurz darauf sahen sich meine Freunde nach anderen Möglichkeiten zur Mitarbeit in der Gemeinde um. Ich war total blind und habe ihr Weggehen akzeptiert. Ich dachte, dass Kristi und ich alles alleine regeln könnten. Schließlich waren wir erfahren. Wir meinten, wir hätten viel für den Dienst geopfert – selbst mehr, als Brian während seiner Zeit bei uns. Wir liebten es, mit Jugendlichen Zeit zu verbringen.

Innerhalb eines Jahres habe ich alle Mitarbeiter verloren. Unser erstes Kind wurde geboren. Mein Pastor begann gleichzeitig ein Kampf, der nur Verlierer hervorbrachte. Er verließ verletzt die Gemeinde.

Auf der Kippe des Burnouts, hat Gott mir durch monatelanges Beten meine Selbstzentriertheit gezeigt. Nachdem ich die Jugendarbeit drei Jahre praktisch alleine gemacht hatte, habe ich den früheren Mitarbeitern einen Brief geschrieben, in dem ich um Hilfe bat.

Auf meine allgemeinen Hilferufe hat sich niemand gemeldet.

Erst, als ich Gott bekannte, dass ich ein fehlbarer Leiter bin, und ich ihn um Weisheit anflehte, wen ich fragen sollte, kam Hilfe. Einige habe mich zurückgewiesen, andere waren überglücklich, weil sie helfen konnten. Einige haben nur zögerlich mitgemacht. Nachdem ich Leute angefragt hatte, ob sie für einen bestimmten Teil der Arbeit die Verantwortung übernehmen würden, ist unsere Arbeit stärker aufgeblüht, als ich es mir je hätte vorstellen können. Ich bin froh, dass ich seitdem nie wieder einen einzigen Mitarbeiter verloren habe – im Gegenteil: Es kamen immer mehr dazu.

Egal, wie klein deine Gemeinde oder Jugendgruppe ist, glaub niemals, dass du den Dienst alleine machen kannst. Frage Gott: »Wer kann noch mithelfen, DEIN Reich zu bauen?« Wenn du denkst, dass du alles alleine tun kannst, wirst du irgendwann auch alles alleine tun müssen.

Robert Smith,
Jugendpastor,
First United Methodist Church, Georgetown/Kentucky

2. Strebe nach Klarheit, bevor du neue Leute anwirbst

Mit potenziellen Mitarbeitern zu sprechen, ähnelt dem Job eines Verkäufers. Du musst dich nicht wie ein Gebrauchtwagenverkäufer verhalten, aber es ist erforderlich, dass du dein »Produkt« durchdenkst und Antworten auf Fragen hast. Zum Beispiel:

- Warum sollten Menschen in unserem Team mitmachen?
- Was ist die anziehende Vision, die unsere Jugendarbeit bietet?
- Wie kann ich das Positive am Wachstum herausstellen, um negativen Vorurteilen zuvorzukommen?
- Wie können Erwachsene in unserem Team für Jugendarbeit eingebunden werden?

Wenn du diese Fragen beantworten kannst, zeigst du, wie toll es ist, mit Jugendlichen zu arbeiten. Du wirst andere inspirieren und dich selbst motivieren.

3. Sei wählerisch!

Ein begabter Leiter übertrifft ohne Frage drei mittelmäßige Leiter. Teile deine Leidenschaft für Jugendliche und ihre Familien mit jedem, aber lade nur wenige ein, mit dir zu arbeiten. Es kann notwendig werden, einen Mitarbeiter zu »feuern«, also erspare dir Magenschmerzen und das Geld für die Medikamente dagegen.

Denk nach, bevor du möglichen Mitarbeitern zusagst. Verzweifelte Entscheidungen holen dich wieder ein und verfolgen dich. (Erinnerst du dich an Becca aus Kapitel 6?)

Nachdem du ein paar Menschen, die Gott und Jugendliche lieben, für dein Team ausgesucht hast, wird deine Gruppe auf ganz natürliche Weise weitere gute Mitarbeiter anziehen. Deshalb such dir von Anfang an die richtigen Menschen aus.

Wenn du ein Team aufbaust, investierst du in deinen Dienst. Du wirst beobachten, dass jede neue Person das Team wertvoller macht. Bevor du anfängst, solltest du aber überlegen, welche Hindernisse dich erwarten könnten.

An diesem Punkt fragst du vielleicht: »Wie finde ich eigentlich die Mitarbeiter, die meine Jugendlichen verdienen?«

Gute Frage. Lass uns drüber reden.

Wie trennt man sich wieder von einem Mitarbeiter?

Einige Menschen werden mich dafür kritisieren, dass ich diesen Abschnitt mit aufgenommen habe. Aber er behandelt eins der am häufigsten angesprochenen Themen. Bei jedem Seminar, das ich über Mitarbeiter halte, fragt jemand:
»Ich hab da so einen Mitarbeiter und... also, er ist schon sehr lange dabei... und ähm... «
Ich frage dann meist zurück: »Und du möchtest ihn gerne loswerden, aber weißt nicht wie?« Die Menge lacht dann meistens und die fragende Person atmet erleichtert auf, wenn sie herausfindet, dass sie mit dem Problem nicht alleine ist.
In den vielen Jahren Jugendarbeit musste ich schon einige Leute bitten, unser Team zu verlassen. Manchmal war der Mitarbeiter erleichtert, gehen zu können. Aber meistens hatte ich konfliktreiche, schwierige Gespräche mit schweißnassen Händen. Doch der Gesundheit unserer Arbeit tat es jedes Mal gut, dass diese Person gegangen war.

Denke bitte über diese Punkte nach:

- Wenn Gott dich als Leiter der Jugendarbeit berufen hat und die Gemeinde dir die Leitung anvertraut, dann leite. Leiter müssen Entscheidungen treffen und Schritte gehen, die manchmal nicht einfach sind – wie eben jemanden gehen zu lassen. Die Jugendarbeit ist zu wichtig, um deine Standards herunterzusetzen oder es jemandem nachzusehen, wenn er ständig Probleme verursacht. Untragbare Mitarbeiter schwächen die Moral, verletzen Jugendliche, verursachen Frust und behindern das Wachstum deiner Jugendarbeit.
- Als Jugendleiter bist du dafür verantwortlich, ein Team aufzubauen, das nach Gesundheit strebt und in die richtige Richtung geht. Nicht jeder sieht es wie du. In Apostelgeschichte 15 gingen Paulus und Barnabas unterschiedliche Wege, weil Paulus meinte, dass Johannes Markus nicht der Richtige für ihren gemeinsamen Dienst sei. Du bist nicht der erste Leiter in der Geschichte der Christenheit, der Entscheidungen über Mitarbeiter treffen muss.
- Es ist einfacher, Leute ins Team zu holen, als sie wegzuschicken. Erinnere dich an diesen Satz, wenn jemand mitmachen möchte und du ein ungutes Gefühl dabei hast. Vertraue deinem Instinkt und sag Nein.
- Beachte den Unterschied zwischen einer Person, die ein kleineres Problem ist, und jemandem, der sofortiges Einschreiten erfordert (moralische Fehler, Brechen einer wichtigen Regel). Manche Mitarbeiter brauchen mehr Gnade, Zuneigung und Chancen als diejenigen, die die Konsequenzen ihrer Entscheidungen kennen und sich trotzdem falsch entscheiden.

Sich von einem Mitarbeiter zu trennen, ist die letzte Möglichkeit – ein Schritt, den du nur gehen solltest, wenn du alles versucht hast, um dieser Person zu helfen.

Bevor du dich von einem Mitarbeiter trennst:

- Führe ein Gespräch mit deinem Vorgesetzten. Sag ihm, was du dieser Person sagen willst. Bitte ihn um Rat, Coaching und Gebet. Treffe keine wichtigen Entscheidungen in Isolation. Hol dir eine andere Meinung ein.
- Verbringe Zeit mit Gebet.
- Halte gute Argumente und konkrete Beispiele bereit, um deine Entscheidung zu begründen.
- Konfrontiere einen Problem-Mitarbeiter mit dem Problem, bevor du ihn wegschickst (siehe dazu auch Kapitel 6). Liegt das Problem an seiner Einstellung oder Arbeitsweise, oder passt er nicht ins Team? Sei ehrlich!
  Sag dem Mitarbeiter, welche spezifischen Veränderungen du sehen möchtest (schreib sie am besten auf), und dass du ihn sonst bitten musst, den Dienst zu beenden. Gib ihm einen Monat Zeit, diese Dinge zu ändern. Fühle ihm in dieser Zeit auf den Zahn und überprüfe, wie er sich einsetzt.
  Einige geben von selbst zu: »Ich bin nicht mehr so richtig daran interessiert.« Dann gib ihnen die Möglichkeit, ehrenvoll das Team zu verlassen.
- Vereinbare nach einem Monat einen Gesprächstermin mit ihm.

Wenn du dich von einem Mitarbeiter trennen musst:

- Sei nett, aber entschlossen. Du brauchst Barmherzigkeit und Wahrheit, um schwierige Gespräche führen zu können. Barmherzigkeit sagt: »Ich mache mir Sorgen um dich.« Wahrheit sagt: »Es klappt in diesem Dienst nicht richtig mit dir, weil...«
- Rede nicht um den heißen Brei herum. Sei klar und deutlich. »Carl, es hat sich seit unserem letzten Treffen nichts geändert und ich möchte dich bitten, eine Zeit lang aus der Jugendarbeit auszusteigen.« Das können sechs Monate sein, ein Jahr, zwei Jahre, den Rest des 21. Jahrhunderts. Es muss nicht sofort entschieden werden.
- Bitte den Mitarbeiter nicht, so lange zu bleiben, bis du Ersatz für ihn gefunden hast. Mach dir schon im Voraus Gedanken darüber. Du musst bereit sein, die Verantwortung zu übernehmen, wenn jemand das Team verlässt.

Nachdem du dich von einem Mitarbeiter getrennt hast:

- Verbringe unmittelbar nach dem Gespräch Zeit alleine. Schau zurück, reflektiere und bete. Tu etwas Entspannendes. Ich bin vor so einem Treffen immer gestresst – und nach so einem Treffen so erleichtert, dass ich besonders verletzlich bin.

- Schreibe einen Brief an den Mitarbeiter und sage ihm, dass du für seinen Dienst dankbar bist und es dir Leid tut, dass es nicht anders funktioniert hat. Schreib auch, dass du für Frieden und Erneuerung betest.
- Geh dieser Person nicht aus dem Weg!
- Wenn es angebracht ist, schlag die Person für einen Dienst in einem anderen Bereich in der Gemeinde vor.
- Erwarte, dass einige Leute sauer sein werden. Das ist eine natürliche Reaktion. Heilung braucht Zeit.
- Sprich mit einem vertrauten Freund oder Mentor über das Treffen. Oder mit einem anderen Jugendleiter, der verstehen kann, was du durchmachst.
- Du hast die richtige Entscheidung getroffen. Geh weiter. Leite dein Team. Es wird hoffentlich einige Zeit vergehen, bis du wieder einen Mitarbeiter entlassen musst. Aber du wirst es wieder tun müssen – eines Tages.

Zwei Lebensretter

1. *Eine Verpflichtung unterschreiben lassen.* Wir setzen Standards, indem wir unsere Mitarbeiter bitten, eine Verpflichtung zu unterschreiben (mich eingeschlossen). Jeder Mitarbeiter erklärt sich mit Themen wie Einstellung, Richtung, Mitarbeit, Einheit, Lebensstil, einverstanden. Wir erneuern diese Verpflichtung jedes Jahr. Das erleichtert Mitarbeitern den Ausstieg, falls sie diesen Entscheidungen nicht für ein weiteres Jahr zustimmen können.
   Wenn wir diese Verpflichtungen zu Beginn des neuen Schuljahres in unserem Mitarbeitertreffen unterschreiben, mache ich deutlich: »Ich bete, dass jeder in diesem Raum mich als Jugendleiter in dieser Gemeinde überdauern wird. Aber ich will auch ehrlich mit dir sein. Wenn ich merke, dass du nicht nach deinen Entscheidungen lebst, werde ich dich direkt darauf ansprechen und dich bitten, etwas zu ändern.« Je deutlicher du deine Erwartungen am Anfang formulierst, desto einfacher wird das Gespräch sein, wenn du Leute wegschicken musst. (Im Anhang findest du ein Beispiel, das du gerne benutzen und verändern kannst.)
2. *Die Verpflichtung von Zeit zu Zeit wiederholen.* Treffe dich ein paar Mal pro Jahr mit deinen Mitarbeitern, um ihre Einstellung, Arbeitsweise und ihren Platz im Team zu besprechen. Je regelmäßiger du das tust, desto einfacher ist es, mögliche Probleme schon im Vorfeld zu erkennen, bevor sie dir aus der Hand gleiten. Wenn alles im grünen Bereich ist, ist dieses Gespräch eine gute Möglichkeit, die Mitarbeiter zu loben.

Die richten Teammitglieder finden

1. Sei dir darüber im Klaren, welche Art von Mitarbeitern du suchst

Lass dich nicht von einem freundlichen Lächeln und ein paar glatten Antworten täuschen. Einige der treusten und begabtesten Jugendmitarbeiter kommen in exotischen Formen und Größen daher. Erinnere dich an Samuel, als er Israels zukünftigen König salben sollte:

> *Doch der Herr sagte zu ihm: »Lass dich von seinem Aussehen und von seiner Größe nicht beeindrucken. Er ist es nicht. Denn ich urteile nach anderen Maßstäben als die Menschen. Für die Menschen ist wichtig, was sie mit den Augen wahrnehmen können; ich dagegen schaue jedem Menschen ins Herz.«* 1. Samuel 16,7 (HFA)

Es gibt keinen idealen Jugendmitarbeiter. Einige sind groß, andere sind klein. Die einen können sämtliche Bibelverse auswendig, die anderen alle Ergebnisse der Bundesliga. Einige sind lustig, andere sehen lustig aus. Manche sehen »hip« aus, wieder andere hören Hip-Hop. Mit den Jahren habe ich gelernt, dass die besten Mitarbeiter nicht die jungen, extrovertierten Menschen sind. Es sind die normalen Männer und Frauen, die Gott lieben und Jugendliche mögen.

Der beste Weg, neue Mitarbeiter anzuziehen, sind Jugendmitarbeiter, die sämtliche Klischeevorstellungen brechen. Zum Beispiel ältere Mitarbeiter, die unmoderne Klamotten tragen. Erzähle ihre Geschichte und sprich über die Art und Weise, wie sie im Team mitarbeiten. Wenn diese »normalen« Menschen von anderen gesehen werden, denken sie: »Wenn der Typ das tun kann, kann ich das auch.«

Gute Jugendmitarbeiter gibt es überall, du musst nur wissen, wonach du suchst.

Ich halte bei potenziellen Mitarbeitern immer nach zwei Charaktermerkmalen Ausschau: 1. Sie lieben Gott, 2. Sie mögen Jugendliche.

Gute Mitarbeiter müssen nicht auf dem Wasser laufen können (obwohl das natürlich gut wäre, um einen lustigen Videofilm zu drehen), aber sie müssen Christen sein, die eine authentische Beziehung zu Gott haben.

17 Ideen, um ehrenamtliche Mitarbeiter zu finden

1. Frage Jugendliche, wen sie mögen.
2. Frage Eltern, wem sie vertrauen.
3. Frage andere Mitarbeiter, wen sie kennen.
4. Frage den Pastor, wen er als neuen Leiter vorschlagen würde.
5. Halte nach Jugendlichen aus deiner Arbeit Ausschau, die bisher unbeteiligt sind und die du einbinden könntest.
6. Sieh dir die Gemeindeliste an. Ruf jemanden an, von dem du dir vorstellen könntest, dass er genau der Mitarbeiter ist, den du suchst.
7. Überprüfe, ob es in deiner Nähe übergemeindliche Organisationen gibt, deren Mitarbeiter noch ohne feste Gemeinde sind.
8. Arbeite mit Eltern zusammen.
9. Halte die Augen innerhalb deiner eigenen Arbeit offen. Vielleicht gibt es ältere Jugendliche, die mit Jungscharlern arbeiten könnten. Oder Studenten, die Teenager anleiten würden.
10. Fordere frisch verheiratet Paare heraus, gemeinsam mitzuarbeiten.
11. Mach eine Ansage bei einer Gemeindeveranstaltung.
12. Such Sporttrainer und ähnliche Persönlichkeiten, die in deine Gemeinde gehen. Viele Trainer können gut mit Kindern umgehen.
13. Schreib einen Brief an deine Gemeinde und bitte um Hilfe.
14. Frage, ob Mitarbeiter der Kinderarbeit mit »ihren Kindern« in die Jungschararbeit wechseln wollen.
15. Wenn du die Möglichkeit hast, bei anderen Gruppen der Gemeinde zu sprechen, dann sag ihnen, dass du nach introvertierten Menschen suchst. Viele Introvertierte glauben nicht, dass sie gute Jugendmitarbeiter wären, weil sie nicht wild und verrückt sind. Aber sie sind großartig, weil sie in Gesprächen mit Jugendlichen Tiefgang entwickeln, während die Extrovertierten überall und nirgends sind.
16. Such nach Leuten, die in ihrer Jugendzeit gute Erfahrungen in ihrer Jugendgruppe gesammelt haben. Einer der Gründe für ihre guten Erfahrungen dürfte sein, dass sie gute Leiter hatten, die sich um sie kümmerten. Davon können sie jetzt etwas zurückgeben, indem sie Mitarbeiter in deinem Team werden. Diese Menschen sind oft schon mit Jugendarbeit vertraut.
17. Frage Menschen, die keine Lust mehr haben, weiter im Gemeindechor zu singen.

Sag nicht Ja zu Erwachsenen, die nur Teenager-Freunde haben wollen. Mitarbeiter sollten nicht Jugendliche brauchen, um ihr eigenes Leben komplett zu machen. Erwarte, dass die Mitarbeiter Gott lieben und Jugendliche mögen. Wenn sie diese Eigenschaften besitzen, dann sind sie Kandidaten – egal, wie alt sie sind, welchen Stil sie haben oder wie weit sie ihre Hose hochziehen.

2. Sei auf Ausreden gefasst

Es gibt eine Menge Ausreden, die Menschen erfinden, um nicht mitarbeiten zu müssen. Bevor du jemanden fragst, solltest du dir eine Liste mit möglichen Ausreden zusammenstellen. Die Liste sollte richtige Gründe enthalten wie:

- Ich habe nicht genug Zeit.
- Ich habe nicht genug Erfahrung.
- Ich habe nicht genug Talent.
- Ich kenne die Bibel nicht gut genug.
- Ich bin nicht jung genug.
- Ich weiß nicht, was mich erwartet.
- Die Gemeinde schätzt Mitarbeit in der Jugendarbeit nicht genug.

Natürlich solltest du auf alles gefasst sein. Also stell sicher, dass du auch einige unkonventionelle Ausreden auf deiner Liste hast:

- Ich würde lieber Gras essen.
- Ich habe Angst vor Menschen mit Piercings.
- Ich kann nicht ins Mikrofon brüllen.
- Ich kann Jugendliche nicht verstehen – ich kenne nicht genügend Schimpfwörter.
- Ich kenne nicht genügend Kampfsportarten, um mit Teens zu kämpfen.
- Ich habe Angst vor den Gemeindekindern, weil sie die Bibel besser kennen als ich.

Nimm dir Zeit, um mögliche Lösungen für jede Ausrede zu finden. Dein Ziel ist es, Antworten parat zu haben, die Ausreden entkräften.

Wenn potenzielle Mitarbeiter nur wenig Zeit haben, biete ihnen Möglichkeiten zur Mitarbeit in einem bestimmten Zeitrahmen an. Zeige ihnen eine Liste mit Möglichkeiten, bei denen sie 30 Minuten, eine Stunde, zwei Stunden oder fünf Stunden pro Woche mitarbeiten können.

Wenn deine potenziellen Mitarbeiter nicht genau wissen, wie sie ins Team passen, vereinfache die Einstiegsmöglichkeiten. Wenn sie nicht einmal pro Woche mithelfen können, setze sie auf deine Gebetsliste oder teile sie für gelegentliche Aufgaben ein (Kochen für das Camp, Gastgeber für Kleingruppen, ihre Ferienwohnung für deinen nächsten Urlaub zur Verfügung stellen). Je mehr Menschen mitarbeiten – egal, wie viel Zeit sie einbringen –, desto eher werden sie in der Zukunft dabei sein.

3. Lerne, richtig zu fragen

Die meisten Menschen arbeiten mit, weil du ihnen in die Augen schaust und ihnen die Möglichkeit gibst, Teil von etwas zu sein, das größer ist als sie selbst. In einer Anfrage steckt Kraft. Worauf solltest du achten?

- Du musst fragen (Ich will das Offensichtliche nicht vergessen).
- Du musst deutlich fragen. Komm zum Punkt.
- Du musst spezifisch fragen. Manipuliere nicht.
- Du musst mit Erwartung fragen. Sei über ein »Nein« schockiert.
- Du musst hartnäckig fragen. (Ein Nein kann auch heißen: »Nicht jetzt«. Frag einige Monate später nochmal – besonders bei fähigen Leuten.)
- Du musst kreativ fragen. Hab keine Angst, die Leute zu fragen, die nur für einige Zeit mithelfen können.
- Du musst gnädig fragen. Hinterlasse einen positiven Eindruck.
- Du musst betend fragen (siehe Matthäus 9,37-38).
- Du musst selbstbewusst fragen. Da du ja nicht verzweifelt bist, fang nicht an zu jammern, zu betteln oder Schuldgefühle hervorzurufen. Schäm dich nicht.

Wenn ich Jugendmitarbeiter ausbilde, dann frage ich sie einzeln: »Wie bist du dazu gekommen, Jugendarbeit zu machen?«

Die häufigsten Antworten sind:

- »Ich wurde von jemandem gefragt.«
- »Ich habe Gottes Ruf gespürt.«

Es ist offensichtlich: Du musst nach Menschen suchen, die du fragen kannst. Diejenigen, die von Gott berufen wurden, werden von selbst kommen. Aber alle anderen warten darauf, von dir gefragt zu werden.

Limitiere deine Rekrutierungsversuche nicht auf Anzeigen im Gemeindebrief. Die meisten Leute lesen sie so: »Schade, dass die Jugendlichen Mitarbeiter brauchen. Ich bin sicher, irgendjemand wird sich finden.« Papier kann Interesse wecken, aber schriftliche Mitteilungen haben nicht die gleiche Kraft, wie persönliche Gespräche.

4. Sei präsent

Erlaube deiner Jugendarbeit nicht, ein privater Untergrundclub zu sein. Verbreite die Botschaft: Unsere Gemeinde hat eine großartige Jugendarbeit. Setz dir zum Ziel, dass jeder in deiner Gemeinde weiß, wer du bist – nicht um dein Ego aufzublasen, sondern um die Präsenz deines Dienstes zu stärken.

Hier einige Möglichkeiten, wie du für Präsenz sorgen kannst:

- Sprich bei Veranstaltungen für neue Mitglieder (oder nimm daran teil).
- Mach die Ansagen im Gottesdienst.
- Begrüße Menschen, wenn sie zum Gottesdienst kommen.
- Stell dich im Kindergottesdienst vor. Lass die Teilnehmer wissen, dass du für sie betest (Vergiss nicht zu beten!).
- Halte informatives und attraktives Material an Schlüsselstellen bereit.
- Besuche die Kinder- und Teeniearbeit, besonders die Gruppen, die bald in deine Jugendarbeit kommen.
- Schick dem Gebetsteam regelmäßig Gebetsanliegen der Jugendarbeit.
- Veranstalte Elternseminare.
- Nutze Emails und eine Internetseite, um ein Team von ehrenamtlichen Mitarbeitern aufzubauen.
- Verschicke Weihnachtskarten.
- Plane ein »Danke-dass-du-die-Jugendarbeit-unterstützt«-Event, das attraktiv für Erwachsene und Familien ist.
- Bitte Jugendliche, Leute aus der Gemeinde anzurufen, um ihnen frohe Ostern zu wünschen.

Je häufiger du anwesend bist, desto eher kannst du mit Leuten über deine Bedürfnisse reden, Ausreden ansprechen und herausfinden, ob sie Gott lieben und Jugendliche mögen.

5. Erwarte Hilfe von anderen Mitarbeitern

Gute Mitarbeiter zu finden sollte nicht nur Aufgabe des Jugendleiters sein (siehe Kapitel 7). Entfache in deinem Leitungsteam den Wunsch, weitere Mitarbeiter zu suchen. Jeder sollte helfen, neue Mitarbeiter für das Team zu finden.

Neulich war ich in einem Supermarkt und redete mit einem Angestellten. Ich hatte einen Kommentar darüber gemacht, wie freundlich die Mitarbeiter sind. Er sagte: »Du bist auch ziemlich freundlich. Bist du an einem Job interessiert?«

Ich fragte: »Kannst du einfach so Leute anstellen?«

Er erwiderte: »Nein, aber mir wurde die Verantwortung übertragen, nach Leuten zu suchen, die in unser Team passen.«

Er war nicht der Leiter des Supermarktes, aber er half bei der Suche nach neuen Mitarbeitern. Das finde ich super. Ich habe sein Angebot abgelehnt, aber angeboten, als Testesser zu arbeiten. Ich warte noch auf seine Antwort...

Jeder sollte auf der Suche nach guten Jugendmitarbeitern sein. Vielleicht kannst du deine Mitarbeiter herausfordern, jedes Jahr mit jemandem über die Mitarbeit in der Jugend zu reden.

Und vergiss nicht, dass die Jugendlichen die besten Chancen haben, neue Mitarbeiter in die Jugendarbeit einzuladen. Es ist sicher gut, wenn du als Leiter Erwachsene ansprichst. Aber manche gehen dir vielleicht deswegen aus dem Weg.

Es ist etwas komplett anderes, wenn Jugendliche Erwachsene auf die Möglichkeiten zur Mitarbeit hinweisen. Ihre Anfrage wird meistens als Kompliment aufgefasst.

Die gleiche Anfrage von verschiedenen Personen kann unterschiedliche Ergebnisse bringen.

6. Sei professionell

Ich nutze ein Paket mit Informationen, um unsere Veranstaltungen und Arbeitsbereiche vorzustellen. Mögliche Mitarbeiter wissen dann besser, wofür sie sich entscheiden. Wir bitten jeden einen kurzen Bewerbungsbogen auszufüllen, und wir führen ein Gespräch. Dieser Prozess zeigt möglichen Mitarbeitern, dass die Jugendarbeit bei uns sehr ernst genommen wird. Und wir stellen sicher, dass wir die Leute kennen, die in unserem Team mitarbeiten.

Zusätzlich zeigt dieser Prozess den Eltern, dass wir nach guten Leuten innerhalb der Gemeindefamilie suchen, denen sie ihre Kinder anvertrauen können.

Ich stimme Doug 120 prozentig zu (ziemlich viel, was?). Neben der Arbeit an deinem geistlichen Wachstum ist das richtige Team der wichtigste Bereich für dich als Jugendleiter. In Epheser 4,12 redet Paulus darüber, wie die Heiligen für den Dienst ausgerüstet werden. Paulus unterstreicht dieses Konzept, wenn er schreibt, dass der ganze Körper nur wachsen kann, wenn jeder Teil des Körpers seinen Beitrag dazu leistet.

»Jeder Teil« bezieht sich nicht nur auf »Hauptamtliche«. Wir müssen ständig neue Personen finden und mobilisieren, damit wir sie zur Mitarbeit ausrüsten können.

Wenn wir so Jugendarbeit gestalten, hat jeder Gewinn davon. Ehrenamtliche bekommen die Möglichkeit, ihre von Gott gegebenen Gaben auszuleben, um damit den Leib Christi aufzubauen, und sie werden geistlich herausgefordert. Wenn viele unterschiedliche Persönlichkeiten eine Beziehung mit Gott leben und ihm dienen, sehen auch die Jugendlichen, wie der Leib Christi funktioniert.

Auf der Suche nach anderen Mitarbeitern ist Erfolg oder Misserfolg von unserer Einstellung und unseren Perspektiven abhängig. Wenn wir glauben, dass Ressourcen beschränkt sind und es nicht genügend ehrenamtliche Mitarbeiter gibt, dann denken wir zu klein.

Sind Ressourcen Mangelware bei Gott? Glaubst du, dass jemand, der fünftausend Leute mit zwei kleinen Fischen und fünf Broten satt machen kann, im Himmel seine Arme über dem Kopf zusammenschlägt und sagt: »Wie werde ich jemals in der Lage sein, ehrenamtliche Mitarbeiter für die Jugendarbeit von [dein Name] zu finden?«

Gott möchte alles für die geistliche Gesundheit der Jugendlichen geben. Aber was ist deine Perspektive? Lebst du in einer »Knappheits-Mentalität« oder einer »Überfluss-Mentalität«?

Viele von Dougs Vorschlägen verdienen besondere Bestätigung. Nimm dir sehr zu Herzen, Mitarbeiter sorgfältig auszuwählen, verschiedene Einstiegsmöglichkeiten und Grade der Mitarbeit anzubieten – und sei auf mögliche Ausreden von Leuten vorbereitet. Sie sind meistens weniger der Versuch, sich vor der Mitarbeit in einem Team zu drücken, sondern eher Ängste, von denen Leute sich erhoffen, dass du sie ansprichst.

Einige Gedanken zum Schluss

Einer meiner Freunde hat vor einiger Zeit ein Praktikum bei uns absolviert und ist nun Pastor. Er ist erfolgreich und liebt seine Gemeinde. Trotz seiner Freude und Erfüllung im Dienst hat er schmerzhafte Erfahrungen mit ehrenamtlichen Mitarbeitern gemacht. Er hat mich geradezu angebettelt, dieses Kapitel schon vor der Veröffentlichung lesen zu dürfen.

Nach der Lektüre sagte er: »Ich habe dein Kapitel in zehn Schritte eingeteilt und es war sehr hilfreich für mich.«

Wenn das Team dein wertvollstes Werkzeug ist, dann wirst du eine Menge Zeit damit verbringen, für dieses Team zu sorgen und es auszurüsten. Du kannst zwar ein gut aussehendes Team zusammenstellen, aber nur geistlich lebendige Menschen werden deinen Jugendlichen wirklich dienen. Jeder Mitarbeiter bringt unterschiedliche Fähigkeiten und Erfahrungen mit. Es ist weise – wie Doug vorschlägt – jedem Möglichkeiten zu geben, in seinen Fähigkeiten zu wachsen, sie weiter zu entwickeln und die Jugendlichen davon profitieren zu lassen.

Ebenso solltest du nach Wegen Ausschau halten, wie du das geistliche Leben deiner Mitarbeiter fördern kannst. Wie hilfst du ihnen, ihr geistliches Feuer anzufachen?

Ich habe in einer Gruppe von ehrenamtlichen Mitarbeitern gelernt, dass es sehr wichtig ist, Mitarbeiter zu »verbinden«. Erst habe ich geglaubt, dass ich ihr einziger und hauptsächlicher Weg der Unterstützung wäre. Aber die Mitarbeiter haben die meiste Unterstützung und Solidarität in den Beziehungen untereinander gefunden. Wenn das der Fall in deiner Gruppe ist, nimm es nicht persönlich. Es ist eine gute Sache – und lediglich ein Ergebnis ihrer Gemeinschaft. Deswegen habe ich an kreativen Möglichkeiten gearbeitet, die ihnen helfen, untereinander gute Freundschaften aufzubauen und sich gegenseitig herauszufordern.

Mit ehrenamtlichen Mitarbeitern zu arbeiten ist harte Arbeit. Versteh mich nicht falsch. Aber stell dir die Freude vor, wenn nicht nur ein paar Jugendliche im Glauben wachsen, sondern viele Jugendliche – auch solche Typen, die du alleine nie erreicht hättest. Dazu kommt noch die Freude, mit anderen Menschen gemeinsam zu arbeiten, den Enthusiasmus für Jugendliche zu teilen, dabei zu wachsen und neue Wege zu entdecken, wie ihr Jesus dienen könnt. Kann es etwas Besseres geben?

Jana L. Sundene,
Professorin für Gemeindepädagogik,
Trinity International University/Illinois

Ich bat ihn, mir diese Schritte zu zeigen und ich fand sie so gut, dass ich sie hier eingefügt habe:

1. Bete für neue und derzeitige Mitarbeiter.
2. Finde heraus, welche Art von Jugendmitarbeitern du suchst.
3. Bring neue erwachsene Mitarbeiter auf gutem Weg ins Team.
4. Biete Mitarbeitern spezifische Informationen darüber, wie sie sich einbringen können.
5. Erlaube ihnen, der »Pastor« für die Jugendlichen zu sein. Es ist gut, wenn weibliche Mitarbeiter »meine Mädels« sagen und männliche »meine Jungs«.
6. Starte, wo sie sind, und hilf ihnen mit dem nächsten Schritt.
7. Gib ihnen »Eigentum« und mach den Weg für sie frei.
8. Erinnere dich daran, dass sie zum Dienen berufen sind.
9. Sei ein Hirte für deine Mitarbeiter. Kümmere dich um sie.
10. Werte in einem »Zwei-Monats-Rückblick« die Mitarbeit aus. Deine Mitarbeiter müssen ermutigt werden. Du kannst ihnen danken und eventuell ihren Aufgabenbereich anpassen. Das kannst du an einem informativen Treffen tun, zum Beispiel bei einem Essen.

Ich habe noch nicht ganz verstanden, wie meine Rentenversicherung funktioniert. Aber ich verstehe das einfache Prinzip: »Investiere heute oder es wird dir in der Zukunft wehtun.«

Du musst in deinen ersten Jahren nicht alles über Mitarbeiter wissen, aber du musst das einfache Prinzip verstehen: »Investiere heute in deine Mitarbeiter und sowohl du, als auch Gottes Reich werden in Zukunft davon profitieren.«

Investiere in deine Leiter!

fragen zu kapitel 8

wer hilft mir?

Zur Gruppendiskussion

- Warum nehmen wir uns so wichtig?
- Welche Qualitäten sollte ein Jugendmitarbeiter haben?

Zur persönlichen Reflektion

- Wie würde ich mich fühlen, wenn unser Team wächst und meine Rolle kleiner und unwichtiger wird, weil mehr Leute helfen?
- Ist unser Prozess, neue Mitarbeiter zu finden, motivierend und attraktiv?
- Tue ich etwas in meiner Jugendarbeit, das Wachstum verhindert?
- Habe ich Angst, andere Leute zu fragen, ob sie mitmachen wollen? Wenn ja, was sind meine spezifischen Ängste? Wie kann ich sie überwinden?

Nächste Schritte

- Erstelle eine Liste mit möglichen Jugendmitarbeitern, die dir auffallen.
- Erstelle eine Arbeitsbeschreibung für ehrenamtliche Mitarbeiter. Bau einige der Werte deiner Gruppe ein. Menschen müssen wissen, was sie mit ihrer Zeit anfangen sollen.
- Schau dir deine derzeitige Gruppe von Mitarbeitern an. Finde heraus, warum sie mitarbeiten. Wenn du ihre Gründe kennst, kannst du sie als Argumente im Gespräch mit anderen nutzen. Beispielsweise, wenn alle deine Mitarbeiter durch eine bestimmte Gemeindeveranstaltung zur Mitarbeit gekommen sind, solltest du dort nach weiteren Mitarbeitern Ausschau halten.

9

jugendliche & verantwortung?

in junge leiter investieren

Philip ist ein Freund von mir – aber mehr als das, er ist ein herausragender junger Leiter in unserer Jugendarbeit. Er ist nicht extrovertiert und er wird dich nicht mit »Pepp« oder originellen Witzen beeindrucken. Aber wenn ich etwas Bedeutendes erreichen möchte, spreche ich mit Philip. Oft hat Philip die Sache schon selbst gesehen und bereits die Initiative ergriffen. Er fällt in der Menge kaum auf, aber er optimiert effektive »junge« Leiter. Ich kann mir Jugendarbeit nicht ohne junge Leiter wie Philip vorstellen.

Es gibt aber genauso Jugendliche, die mich von sich aus davon überzeugen wollen, dass sie junge Leiter sind. Sie denken, dass sie in der Leitung sein können, weil sie extrovertiert sind und mit den beliebten Jugendlichen befreundet sind. Sie sind in der Schule eingebunden und – diese Aussage finde ich besonders toll – sie brauchen Leitungserfahrung für ihre College-Bewerbung. Wärst du darauf aus, diese Sorte von Jugendlichen als Leiter auf deinen nächsten Missionseinsatz mitzunehmen? Nein? Ich auch nicht.

Ich liebe Jugendliche und schätze Leitung. Die Entwicklung junger Leiter hat für mich höchste Priorität.

In den letzten Jahren haben Verlage mit der Veröffentlichung zahlreicher Materialien zu diesem Thema beigetragen: Andachten für junge Leiter, Videos, Bibelarbeiten, Diskussionsleitfäden, interaktive CDs, Internetseiten, Seminare, Konferenzen. Diese Materialien sind großartig, können aber schnell überfordern – besonders wenn sie den Anspruch erheben, *die* Lösung für das Wachstum einer Arbeit zu sein. Ich habe viele dieser Veröffentlichungen gesehen und sie selbst genutzt. Einige waren hilfreich.

Letztlich ist die Entwicklung junger Leiter aber eine Frage der Anleitung. Das beste Material – egal was es verspricht – ist nutzlos, solange junge Leiter nicht von Erwachsenen gefördert werden. Kleingruppenleiter, die sich um einige Jugendliche kümmern, haben das Potenzial zur Leiterschaft. Wenn du es erkennst und diese Erwachsenen förderst, kannst du durch sie viele Leben verändern.

Warum du junge Leiter fördern solltest

Zweifellos solltest du die Entwicklung junger Leiter schon am Anfang deines Abenteuers Jugendarbeit im Fokus haben. Gott benutzt junge Leiter häufig, um geistliches Leben in Teenagern zu entwickeln. Wenn du Jugendliche leiten lässt, ermutigst du sie, zeigst ihnen Wertschätzung und formst ihren Glauben.

Leiterschaft kann Herz, Gedanken, Perspektive und Selbstbewusstsein von Teenagern positiv verändern. Jugendliche erkennen ihre Bedeutung, wenn sie anderen durch Leitung dienen. Sie entwickeln einzigartige Fähigkeiten, die die gesamte Jugendarbeit stärken und sie geistlich wachsen lassen.

Vanessa ist in ihrem Glauben stetig gewachsen und hat Gott aktiv gedient. Sie hatte in der Schule viele Möglichkeiten, ihre Leiterschaftsfähigkeiten in die Praxis umzusetzen, aber diese Möglichkeiten langweilten sie. Sie war sich sicher, dass Gott sie gebrauchen wollte, aber sie wusste nicht genau, wie oder wo. Ich habe sie eingeladen, sich als junge Leiterin für einen Sommermissionseinsatz zu bewerben. Ich sagte ihr, dass es viel Planung und eine klare Entscheidung für Jesus erfordere – was sie nicht beunruhigte. Sie hat die Herausforderung angenommen und großartig gemeistert. Sie ist geistlich, emotional und mental gewachsen.

Wer junge Menschen in die Leiterschaft ruft, hat die Möglichkeit, Jugendlichen den vollzeitlichen Dienst schmackhaft zu machen. Ich fordere sie nicht nur heraus, jeden Tag so zu leben, dass sie Gott ehren, sondern kann ihnen auch die Idee des vollzeitlichen Dienstes vermitteln.

Aufstrebende Anwälte, Doktoren, Lehrer, Handwerker und Fallschirmspringer werden in der Gemeinde gebraucht. Es ist außerordentlich wichtig, dass hingegebene Christen wichtige Positionen in Politik und Wirtschaft bekleiden.

Aber vollzeitlicher Dienst ist auch wichtig. Nur kommen die meisten Jugendlichen nicht von alleine auf die Idee, darüber nachzudenken. Junge Leiterschaft erlaubt es ihnen, ihre Fähigkeiten für das Reich Gottes einzusetzen, mit vollzeitlichen Mitarbeitern Zeit zu verbringen und ihre Augen für den vollzeitlichen Dienst zu öffnen.

Heute bin ich Vollzeitler in der Jugendarbeit, weil ich in der 11. Klasse die Gelegenheit bekam, mit Jungscharlern zu arbeiten.

1. Wenn du junge Leiter förderst, hilfst du deiner Jugendarbeit

Effektive junge Leiter bringen die Gemeinde voran. Sie erreichen mehr Leute, wachsen durch ihre Mitarbeit geistlich und erleichtern den erwachsenen Leitern die Arbeit. Du brauchst Hilfe. Selbst von Jugendlichen. Lass dich nicht von Stolz oder zu kleinem Denken davon abbringen. Wir alle brauchen Unterstützung. Wenn Jugendliche bereit sind, etwas beizusteuern, dann gib ihnen etwas zu tun.

Einer unserer jungen Leiter hat neulich einen Anbetungsabend geleitet, damit eine der erwachsenen Leiterinnen mehr Zeit mit ihrer Familie verbringen konnte. Am Anfang lief diese Veranstaltung nicht besonders gut, aber jetzt sind die Anbetungsabende besser als vorher. Und die Familie der erwachsenen Leiterin hat auch davon profitiert.

Bei den Vorbereitungen für unseren Mexiko-Einsatz im Frühjahr halfen uns zwei Jugendliche aus der Kinderarbeit mit Bastelaktionen, Spielen und anderen Programmelementen. Sie haben es besser gemacht als es mir je gelingen würde – selbst wenn das meine einzige Aufgabe wäre.

2. Wenn du junge Leiter förderst, wächst du geistlich

Junge Leiter werden dich mit ihrer Bereitschaft zum Dienst herausfordern. Ihr Glaube wird dich inspirieren. Und sie werden dir beweisen, dass sie reine Motive haben. Sie haben noch keine harten Zeiten und Herausforderungen in der Gemeindearbeit erlebt (du vielleicht auch noch nicht). Aber diese Zeiten werden ihnen bald begegnen (und dir auch).

Lade sie zum Dienen ein und sei bei ihnen, wenn sie Schwierigkeiten erleben. Ihr werdet beide dadurch geistlich wachsen.

3. Wenn du junge Leiter förderst, befolgst du ein biblisches Gebot

Die Bibel fordert uns heraus, anderen mit unserem Leben zu dienen. Aber für Gott ist das noch nicht alles. Er stellt sich seine Kinder als Läufer in einem Staffellauf vor, die den Stab von einer Person zur nächsten weiterreichen. Wir müssen Leiter effektiv aufbauen, damit sie anderen Menschen helfen, geistliches Leben zu entwickeln. Paulus spricht darüber mit dem jungen Leiter Timotheus:

»Was du von mir gehört hast, das sollst du auch weitergeben an Menschen, die vertrauenswürdig und fähig sind, andere zu lehren.« 2.Timotheus 2,2 (NL)

Neulich hat mir ein Jugendlicher diese Email über unseren Jugendkreis geschickt:

»Ich würde gerne etwas mehr Fleisch bekommen und weniger Rahmenprogramm. Wenn wir Unterhaltung wollen, können wir auch ins Kino gehen. Unser Programm scheint mir zu 20 Prozent aus Ansagen zu bestehen, zu 40 Prozent aus Rahmenprogramm und Einführung (inklusive Theaterstück), zu 30 Anbetung und nur zu 10 Prozent aus Botschaft.

Du würdest mir bestimmt zustimmen, wenn ich sage, dass das anders sein sollte. Ich weiß nicht. Du hast zwar die Erfahrung in der Jugendarbeit, aber ich bin es einfach nur leid, immer nur unterhalten zu werden. Ich möchte etwas lernen.

Vielleicht bin ich eine Ausnahme, aber ich erinnere mich noch, als ich den Mittwochs-Gottesdienst besucht habe. Ich fand es super. Mittwochs gab es nur Predigt und Anbetung.

Wo wir gerade darüber reden: Die besten Jugendveranstaltungen in diesem Jahr waren meiner Meinung nach die, als wir mehr Zeit für Anbetung hatten. Das waren geniale Abende. Ich hoffe, du bist jetzt nicht beleidigt oder so, das ist kein Anti-Jugendkreis-Brief. Ich musste das einfach mal loswerden.«

Der Brief ist etwas unsanft geschrieben, aber ich habe den Punkt verstanden. Ich war von meiner eigenen Vision, die inhaltlichen Ansprüche der Arbeit zu erhöhen, abgekommen. Stattdessen hatte ich angefangen, mich von den konsumorientierten Teenagern beeinflussen zu lassen. Der Jugendliche, der mir diesen Brief geschrieben hat, ist einer unserer Top-Leute. Ich habe ihm erklärt, dass unser Mittwochabend-Programm ihm wahrscheinlich nie genug »Fleisch« bieten würde. Ich weiß nämlich, dass das Programm auch breit genug sein muss, um die anderen 90 Prozent der Jugendlichen, darunter viele Nichtchristen, anzusprechen. Trotzdem hatte er Recht – ich musste das inhaltliche Level wieder erhöhen.

Auch Jugendliche können leiten...

Jonathan K. Gonyon,
Jugendpastor,
St. Pauls Congregational Church, Chatham/Kanada.

Die Verantwortung, den Stab weiterzugeben, ist nicht auf erwachsene oder ausgebildete Menschen beschränkt. Sie gilt allen Gläubigen in Christus, egal wie alt sie sind (ja, selbst Jungscharler können Leiter in der Gemeinde sein).

Wenn eine Gemeinde sich entscheidet, junge Leiter auszubilden, dann kommuniziert sie die Botschaft, die Jugendliche hören müssen:

»Wir nehmen dich ernst. Wir glauben an dich. Du machst einen Unterschied.«

Ich bete regelmäßig dafür, dass unsere Gemeinde echte christliche Leiter hervorbringt.

Wenn Jugendliche unsere Gruppe verlassen, weil sie studieren gehen oder in die Arbeitswelt einsteigen, möchte ich, dass sie Folgendes verstanden haben: Wenn es in ihrer neuen Umgebung keine Gemeinde gibt, dann ist es ihre Aufgabe, eine neue zu gründen. Das kann nur realisiert werden, wenn wir Jugendmitarbeiter Jugendliche zum Leiten und Dienen herausfordern.

Meine Überzeugung ist: Wenn Jugendliche keine Chance zur Leitung bekommen, werden sie aus ihrem Glauben herauswachsen, sobald sie aus der Jugendarbeit herauswachsen.

Warnung! Warnung! Warnung!

Ich habe einige überzeugende Gründe aufgelistet, warum es wichtig ist, junge Leiter zu fördern. Aber bitte beachte diesen wichtigen Punkt:

Konzentriere dich auf die jungen Leiter, nicht darauf, ein Programm für sie zu gestalten oder ein »Junge-Leiter-Team« zu entwickeln.

Junge Leiter? Ja.

Leiterteam? Nein!

Du hast beim Start in das Abenteuer Jugendarbeit genug zu tun. Fördere zuerst einige wenige junge Leiter und baue später ein »Junge-Leiter-Team« auf (aber bitte erst in ein paar Jahren!).

Als ich in meiner ersten Gemeinde anfing, las ich einen Artikel in einem Magazin für Jugendmitarbeiter. Darin stand, dass die Förderung von jungen Leitern den Aufbau eines »Junge-Leiter-Teams« voraussetze.

Mit weniger als einem Jahr Erfahrung begann ich, so ein Team aufzubauen – nach einer Woche war ich fertig.

Ich hatte die Jugendlichen ausgewählt, die respektiert wurden und habe sie gefragt, ob sie Teil eines »Kabinetts« für Jugendarbeit werden wollten. Die meisten haben mit der Schulter gezuckt und gesagt: »Was ist ein Kabinett? Klar, warum nicht?«

Ich hatte zwei Probleme. Diese Jugendlichen waren keine Leiter und ich war nicht in der Lage, sie zu anzuleiten.

In dem Artikel stand außerdem, dass ich in den Teamtreffen über Leiterschaft reden und Aufgaben verteilen sollte. Wenn ein unerfahrener Leiter (ich), »Nicht-Leitern« (jungen Leiter) etwas über Leiterschaft erzählen möchte, ist das wie ein Fahrschüler, der einem Neugeborenen das Fahren beibringen will. Sie waren nicht interessiert, die Aufgaben zu kompliziert und der Fahrlehrer wusste nicht, wie man Auto fährt.

Innerhalb eines Monats haben wir das Kabinett aufgelöst und ich habe nach dem nächsten Artikel in dem Magazin gesucht – dieses Mal einen über den Umgang mit Fehlern und Depressionen.

Ich glaube an »Junge-Leiter-Teams«, deswegen gibt es so ein Team auch in unserer Jugendarbeit. Aber ich habe aus dieser Lektion gelernt, dass so ein Team Zeit braucht. Die Zeit ist in deinen Anfangsjahren noch nicht reif dafür. Bei mir war sie es erst nach fünf Jahren im Dienst.

Ich habe immer Leiter gefördert, weil das Teil des Missionsbefehls ist. Aber glaube keinem Plan, der sagt, dass man innerhalb von dreißig Tagen Leiter entwickeln kann. Das ist unrealistisch.

Wie man junge Leiter findet

Bevor du mit der Suche nach jungen Leitern beginnst, solltest du dir darüber im Klaren sein, dass Jesus ein anderes Konzept von Leiterschaft hat als »die Welt«.

Im säkularen Modell der Leiterschaft haben Leiter Autorität über andere. Leitung ist oft eine Machtposition, wie ein fünfzehnjähriger Rettungsschwimmer mit seiner Pfeife. Die Position gibt ihm Verantwortung und die Trillerpfeife ist das Zeichen von Autorität, aber eine arrogante Einstellung lässt jede Vertrauenswürdigkeit verpuffen.

Jesus dagegen fordert Leiter dazu auf, Diener zu sein:

> *Doch Jesus rief sie zu sich und sagte: »Ihr wisst, dass in dieser Welt die Könige Tyrannen sind und die Herrschenden die Menschen oft ungerecht behandeln. Bei euch soll es anders sein. Wer euch anführen will, soll euch dienen, und wer unter euch der Erste sein will, soll euer Sklave werden. Der Menschensohn ist nicht gekommen, um sich bedienen zu lassen, sondern um anderen zu dienen und sein Leben als Lösegeld für viele hinzugeben.«* Matthäus 20,25-28 (NL)

Potenzielle Leiter suche ich so: Ich *beobachte* Jugendliche, *schaue in die Ecken* des Jugendraumes und *sehe mich um.*

Beim *Beobachten* halte ich Ausschau nach Jugendlichen, die die Arbeiten erledigen, für die sich viele zu schade sind: Müll einsammeln, Stühle stellen und aufräumen.

Wenn ich in *die Ecken schaue,* dann in der Hoffnung, Jugendliche zu sehen, die mit denen reden, die noch keine Freunde haben oder etwas schüchtern sind. Sie bleiben oft am Rand stehen, um Abstand zur Masse zu wahren.

Und wenn eine Veranstaltung zu Ende ist, *sehe ich mich um,* wer noch zum Helfen bleibt. Es ist einfach, den Raum zu verlassen und die Jugendlichen zu übersehen, die ihre Hilfe anbieten.

Diese drei Gruppen von Jugendlichen bringen Entlastung. So finde ich Hinweise auf mögliche Leiter.

Vergiss allerdings nicht, dass jemand, der aufräumen hilft oder eine neue, schüchterne Person willkommen heißt, vielleicht einfach die Gabe des Dienens hat, nicht unbedingt die Gabe der Leitung.

Dienst ist nicht dasselbe wie Leitung. Aber basierend auf dem Modell von Jesus beinhaltet Leitung auch immer Dienst. Dienerschaft ist ein nicht wegzudenkender Teil von Leitung. Wenn du nach jungen Leitern suchst, dann habe hohe Ansprüche an ihre Dienstbereitschaft.

Hier einige weitere Richtlinien bei der Suche nach jungen Leitern:

1. Denk über eine neue Sicht von Leiterschaft nach

Lass dich nicht von jungen Leitern blenden, die du immer auf der Bühne siehst. Glaube nicht, dass das die Art von Leitern ist, die du fördern willst. Menschen mit starker Persönlichkeit können sehr wichtig sein. Allerdings solltest du nicht das Potenzial derer übersehen, die hinter den Kulissen leiten (diejenigen, die Dinge umsetzen, ohne beachtet zu werden). Achte auch auf die Leiter, die besondere Fähigkeiten haben (Kunst, Musik, Lehre).

Ich persönlich bin bei diesem Thema besonders sensibel, weil meine Frau nicht in das Bild eines typischen Leiters passt. Sie ist still und zieht es vor, im Hintergrund zu bleiben – das genaue Gegenteil von mir. Manchmal wird Cathy links liegen gelassen und alle schauen auf mich, weil es so aussieht, als würde

> Ich bin ein junger Leiter in Dougs Team. Das Beste daran sind die Freundschaften, die ich mit erwachsenen Leitern aufgebaut habe.
>
> Das hört sich vielleicht ungeistlich an, aber es ist die Wahrheit.
>
> Ich betrachte es als Vorrecht, einige »meiner Helden« wirklich kennen zu lernen, weil sie mir die Chance geben, gemeinsam mit ihnen Gott zu dienen.
>
> Dadurch, dass sie in mein Leben investieren, als wäre ich einer ihrer Freunde, haben sie mich als einen Leiter behandelt, lange bevor ich einer war.
>
> Ich bin ein junger Leiter, weil sich Erwachsene, um mich gekümmert und mich überzeugt haben, dass ich anderen Menschen etwas zu bieten habe.
>
> *Ryan Holladay*

ich alle Programme und Veranstaltungen durchführen. In den zwanzig Jahren, in denen ich Cathys Leiterschaft beobachten konnte, habe ich gesehen, was für eine unglaubliche Leiterin sie ist, obwohl sie im Verborgenen dient. Sie organisiert eine Weihnachtsfeier für unsere erwachsenen Mitarbeiter, ohne jemals auf der Bühne zu stehen. Hinter den Kulissen ruft sie Leute an und schreibt Emails.

Wenn ich nur die leuchtenden, charismatischen Typen in den Dienst nehmen würde, dann hätte ich eine meiner besten Leiterinnen übersehen. Jede Jugendarbeit würde ohne diese »Hinter-den-Kulissen«-Diener, die weder Aufmerksamkeit noch Auszeichnungen erwarten, auseinanderbrechen.

2. Die Clique der Netten, Lustigen und Populären

Die Netten, Lustigen und Populären sollst du nicht ignorieren (als wäre das möglich), allerdings solltest du ihnen nicht sofort Leitungsverantwortung geben, nur weil sie in der Schule oder in der Gemeinde einflussreich sind. Halte deine Dienst-Standards unabhängig von der Popularität eines Jugendlichen.

Wenn ein Mädchen kein dienendes Herz hat, dann ist sie keine Leiterin. Frag sie nach ihrer Meinung. Bitte sie um Rat und erlaube ihr, etwas beizutragen, wenn Veranstaltungen geplant werden. Dabei kann jeder helfen, weil es nicht unbedingt Leitungsaufgaben sind.

Nenne die populären Jugendlichen nicht Leiter oder Mitarbeiter, wenn sie keine Diener sind. Sie mögen Schlüsselpersonen innerhalb der Gruppe sein, aber dewegen sind sie noch lange keine Leiter. Du kannst sie sicher in ihrem persönlichen Leben fördern. Aber behalte das Etikett »Leiter« denjenigen vor, die konsequent und unaufgefordert helfen und sich um andere kümmern.

3. Erstelle Kriterien, um niemanden zu bevorzugen

Objektive, schriftliche Leitungs- und Mitarbeitskriterien schützen dich gegen den Vorwurf, bestimmte Leute zu bevorzugen. Sie erlauben den Jugendlichen, selbst herauszufinden, ob sie reif genug für Leitungsverantwortung sind und geben ihnen Zeit, die Kriterien zu erfüllen.

Bitte dein Mitarbeiter-Team, dir beim Erstellen einer solchen Kriterienliste für junge Leiter zu helfen. Stellt euch die Frage: »Welche weiteren Qualitäten – neben Dienstbereitschaft – sind für einen Leiter unbedingt notwendig?«

Solche Standards werden nichts Neues für die Jugendlichen sein. Die meisten müssen auch in der Schule oder im Sportverein Erwartungen erfüllen.

Eure Liste könnte zum Beispiel so aussehen:

- ist ein Diener
- hat eine positive Einstellung
- ist ein hingegebener Nachfolger
- führt ein authentischen Christsein
- ist demütig
- ist freundlich
- ist nahbar
- dient im Kleinen
- begrüßt Gäste
- versteht die biblischen Ziele für Jugendarbeit
- kümmert sich um Außenseiter
- spricht in hohen Tönen über die Jugendarbeit

Du vermeidest Bevorzugungen, wenn Leiterschaft prinzipiell für jeden offen ist, der die Kriterien erfüllt. Kommuniziere die Kriterien, indem du eine Predigtreihe über Leitung, Geistesgaben, einen »Unterschied machen« oder andere Leiterschaftsthemen hältst. Solche Predigtserien erweitern die Vision der Jugendlichen und fordern sie heraus, über weitere Schritte im Glauben nachzudenken. Wenn ihr Herz die geforderten Kriterien widerspiegelt, lädst du die Jugendlichen ein, Leiter oder Mitarbeiter zu sein. Sie können nun ihr eigenes Leben mit den Kriterien vergleichen und entscheiden.

Gib ihnen die Chance zu sagen: »Das kann ich, da will ich mitmachen!« Oder: »An dem Punkt bin ich noch nicht.« Oder: »Wie bist *du* denn dann an deinen Job gekommen, Doug?«

Es ist wichtig, jedem die Chance zu geben, sich für die Mitarbeit zu bewerben. Allerdings ist es genauso wichtig, dass du die nicht aus dem Blick verlierst, die geistlich schon weit genug sind, um mitzuleiten.

Einige Jugendliche müssen etwas angeschubst werden, weil sie selbst nicht glauben, dass sie die Voraussetzungen für Leitung oder Mitarbeit erfüllen. Andere brauchen deine Bestätigung. Mach dir keine Gedanken darüber, ob es gut oder schlecht ist, Jugendliche persönlich zur Mitarbeit zu ermutigen. Für eine Leitungsaufgabe angefragt zu werden, ist immer positiv.

Noch mal einige Basics zur Erinnerung:

- Leiter zu fördern ist kein Event und keine Freizeitveranstaltung, es ist eine Einstellung.
- Jugendliche beobachten junge Leiter genauso wie erwachsene Leiter (wenn nicht noch mehr). Das ist positiver Gruppendruck.
- Sei vorbereitet. Die unauffälligsten Jugendlichen werden dich überraschen. Vergiss nicht, dass die frühe Gemeinde auch nicht mit typischen Leitern gebaut wurde. Suche das Potenzial in jedem. Selbst in den unausstehlichen Jugendlichen in der letzten Reihe. Wenn nicht jemand vor vielen Jahren an mich geglaubt hätte, würdest du dieses Buch nicht lesen. Halte dir vor Augen, was aus Menschen werden kann, wenn Jesus ihr Leben vollständig bestimmt.

> Das Wort »unausstehlich« ist eine sehr milde Ausdrucksweise, wenn man Doug in seinen Jahren als Teenager beschreiben möchte.
>
> *Jim Burns,*
> *Dougs früherer Jugendpastor*

- Einige vermeintliche »Stars« werden nicht strahlen. Oft erfüllen die Jugendlichen mit den besten Empfehlungen nicht die Erwartungen, weil sie in zu viele Richtungen gezogen werden. Es ist normal, enttäuscht zu werden. Geh einfach mit denen weiter, die Interesse an dienender Leitung und Mitarbeit haben.
- Jugendliche brauchen einen Erwachsenen, der an sie glaubt.
- Rechne mit Enttäuschung. Trotz der großen Hoffnung, die du in Jugendliche setzt, werden sie dich enttäuschen. Stell sie nicht auf einen Sockel. Das ist ihnen und der Jugendarbeit gegenüber nicht fair.
- Junge Leiter brauchen Richtungsweisung und Aufmerksamkeit eines erwachsenen Mitarbeiters. Sei geduldig. Die Zeit, die du und andere Mitarbeiter investieren, wird sich auszahlen.

Bevor ich vollzeitlich in die Jugendarbeit ging, habe ich lange als Football-Trainer gearbeitet. Viele Lektionen, die ich als Trainer gelernt habe, haben mir in der Jugendarbeit geholfen. Eine dieser Lektionen war, die Schlüsselrolle von Leitern und ihren Leitungsstilen zu verstehen. Als Trainer wusste ich, dass ein erfolgreiches Team Leiter braucht. Nicht nur einen Trainer, sondern auch Spieler – und nicht nur den besten Spieler (der nicht immer der beste Leiter war), sondern viele Spieler mit unterschiedlichen Leitungsstilen.

Der Buchautor Gary Willis beschreibt, dass einige Leiter einen enormen Einfluss haben, weil ihr Leitungsstil perfekt zu den Leitungsbedürfnissen ihrer Zielgruppe passt. Vor Jahren hat mein Pastor Bill Hybels mal erklärt, wie dieses Prinzip auch in einer Gemeinde funktioniert. Als er die verschiedenen Leitungsstile aufzählte, habe ich gemerkt, dass es viele dieser Stile auch in der Jugendarbeit gibt. Diese Einsicht half mir, junge Leiter strategischer zu führen und ihnen besser zu vermitteln, wie Gott sie begabt hat, um ihre Freunde zu leiten.

Halte unter deinen Jugendlichen Ausschau nach diesen fünf Leitungsstilen:

1. **Der »visionäre« Jugendliche** verbringt Stunden damit, zu träumen, wie die Jugendarbeit aussehen könnte. Du hörst ihn oft Dinge sagen wie: »Was wäre, wenn wir...« Der visionäre Jugendliche kann andere Jugendliche für das Potenzial deiner Jugendarbeit begeistern und zeigt endlosen Enthusiasmus, dieses Potenzial zu entfalten.
2. **Der »managende« Jugendliche** möchte sicherstellen, dass Dinge richtig gemacht werden. Dieser Jugendliche ist begeistert davon, die Logistik für eine Sommerfreizeit zu übernehmen oder eine Veranstaltung vorzubereiten. Er kann deine Jugendarbeit erfolgreich organisieren und freut sich darüber, das »System« Jugendarbeit am Laufen zu halten.
3. **Der »motivierende« Jugendliche** hat die Fähigkeit, die Vision in anderen Jugendlichen aufrecht zu erhalten und erkennt diejenigen, die Ermutigung brauchen. Du wirst diesen Jugendlichen oft sehen, wie er seinen Freunden bei Problemen hilft, ermutigende Briefe oder Notizen schreibt und Freunde anruft, die gerade »down« sind.
4. **Der »Hirten«-Jugendliche** liebt es, sich um andere Menschen zu kümmern. Diese Jugendlichen sind exzellente Kleingruppenleiter. Sie sind auf Beziehungen konzentriert. Sie helfen neuen Jugendlichen, sich wohl zu fühlen und »füttern« die regelmäßigen Besucher.
5. **Der »Team«-Jugendliche** hat verstanden, dass man eine Gruppe braucht, um etwas zu erreichen. Diese Jugendlichen sind in der Lage, Gaben in anderen zu erkennen. Sie wissen, wo andere eingesetzt werden können, um die größtmögliche Effektivität zu erreichen. Dieser Jugendliche sieht die Notwendigkeit von Gruppenaktivitäten, die Gemeinschaft unter den Jugendlichen aufbauen.

Reflektiere über die Jugendlichen in deiner Gemeinde. Sind sie am richtigen Platz, um das volle Potenzial ihres Leitungsstils zu entfalten? Strategischer Einsatz deiner jungen Leiter wird dir erlauben, ein starkes Team aufzubauen, das diese Generation effektiver erreichen (Evangelisation) und leiten (Jüngerschaft) wird.

Bo Boshers,
Jugendpastor, Willow Creek Association

Wenn ein junger Leiter scheitert

Viele Jugendliche könnten grundsätzlich Leiter sein. Aber ein Leiter in einer Jugendarbeit zu sein, erfordert eine andere Einstellung als säkulare Leiterschaft: Das richtige Herz, eine für Veränderung offene Einstellung und kleine Schritte des Dienens. Ich sage allen Jugendlichen aus unserer Gruppe, dass sie sich für die Mitarbeit bewerben können, wenn sie glauben, die geforderten Kriterien zu erfüllen.

Du wirst wahrscheinlich herausfinden, dass die Jugendlichen sich selbst gegenüber viel kritischer sind als du. Trotzdem könntest du in die Situation geraten, dass ein junger Leiter nicht nach den geforderten Erwartungen lebt. Was machst du dann?

- Je genauer du die Erwartungen für deine jungen Leiter formulierst, desto eher merken die Jugendlichen, wenn sie die Erwartungen nicht erfüllen.
- Glaube nicht allen Gerüchten. Bevor du aus dem Verhalten des Jugendlichen Konseqzenzen ziehst, lass ihn etwas zu den Vorwürfen erwidern. Anstatt zu sagen: »Du kannst kein Leiter mehr sein, weil du jedes Wochenende besoffen bist«, sag lieber: »Können wir über etwas reden, was ich gehört habe?« Das ehrt den Jugendlichen, und sollten die Gerüchte wahr sein, hat er die Chance, die Sache ins Reine zu bringen.
- Hab keine Angst, Probleme anzusprechen. Wenn du sie ignorierst, werden sie sich verschlimmern.
- Konfrontiere einen Jugendlichen liebevoll, entschlossen und vorsichtig. Gib ihm eine Chance zur Veränderung, bevor du ihn aus der Mitarbeit entlässt.
- Nenn dem Jugendlichen den genauen Grund, warum und wie lange er nicht mehr mitarbeiten kann. Bleib allgemein, wenn andere nach dem Grund fragen, damit du den Jugendlichen nicht ins Gerede bringst und sein Ansehen verletzt. Wie wäre es mit: »Jan macht eine Pause, weil ihn die Mitarbeit gerade nicht persönlich weiterbringt.« Wenn die Leute nachhaken, dann sag ihnen, dass du versprochen hast, nicht darüber zu reden und, dass du ihnen in einer vergleichbaren Situation den gleichen Respekt entgegenbringen würdest.
- Vergiss den Jugendlichen nicht. Arbeite die Situation durch Anrufe, Treffen, Ermutigung und mit viel Liebe auf.

Wie kann man in junge Leiter investieren?

Jeder junge Leiter sollte einen Erwachsenen haben, der in sein Leben investiert. Ist das ein Bevorzugung? Nein. Es ist strategischer Einsatz von Zeit. Da du keine oberflächlichen Beziehungen mit Jugendlichen willst, musst du dich auf einige wenige Ausgewählte konzentrieren (erinnerst du dich an das 5-3-1 Prinzip? Seite 89). Die Arbeit mit jungen Leitern spart Zeit und Energie und bringt den größten Gewinn. Junge Leiter bringen neue Aspekte in die Arbeit ein und helfen Jugendlichen, Freunde zu finden.

In junge Leiter zu investieren bedeutet nicht, dass du andere Jugendliche ignorierst und nur noch in die jungen Leiter investierst. Aber dein Fokus liegt auf ihnen. Dein »Nein« zu einigen Jugendlichen gibt dir den Freiraum, dich auf die jungen Leiter zu konzentrieren.

Bei der Arbeit mit jungen Leitern konzentriere ich mich darauf, ihren Charakter zu stärken und ihre Fähigkeiten zu entwickeln.

1. Wie du ihren Charakter stärken kannst

- *Lass sie Gemeinschaft erleben.* Du kannst junge Leiter am besten ermutigen und ihre Leidenschaft für Gott fördern, wenn du für sie Möglichkeiten schaffst, Zeit mit Gleichgesinnten zu verbringen. Eisen schärft Eisen, und Jugendliche schärfen gegenseitig ihren Charakter. Diese Treffen brauchen keine geplante Struktur. Schau nach spontanen Möglichkeiten.

  Letztes Jahr fuhr ich mit einem Auto voller junger Leiter zu einem bekannten charismatischen »Heiler«. Ich hatte den Typen im Fernsehen gesehen und wollte ihn mir einfach mal anschauen. Dieser Ausflug war nicht geplant. Ich habe ein paar Jugendliche angerufen und bin hingefahren. Als wir zu der Halle kamen, warteten wir eine Stunde in einer langen Schlange. Wir hatten Spaß, beobachteten Leute, stellten Fragen, lachten.

  Die Veranstaltung war völlig überfüllt, und als klar war, dass wir auf keinen Fall mehr reinkommen würden, sind wir herumgelaufen und haben Menschen gefragt, ob sie die

> Wenn er wirklich Wunder tun könnte, wären wir in die Halle gekommen...

Hoffnung auf Heilung hätten und was sie von dem Mann hielten, wegen dem all die Leute gekommen waren. Wir sind wieder gegangen, haben Eis gegessen und hatten eine geniale Unterhaltung über Gottes Kraft, Souveränität und den freien Willen.

Obwohl wir gar nicht in die Halle kamen, erlebten wir einen Abend, den die Jugendlichen in guter Erinnerung behalten werden. Dieser spontane, dreistündige Ausflug hat ihren Glauben und ihre Freundschaften zu anderen jungen Leitern vertieft.

- *Stell ihnen Material zur Verfügung.* Nimm junge Leiter mit auf Leiterschaftsseminare und kaufe ihnen gute Bücher.

  Als ich in der Schule war, gab mir John, ein fünfzigjähriger ehrenamtlicher Mitarbeiter aus unserer Gemeinde, ein Buch zum Thema geistliche Leiterschaft. Ich war nicht sonderlich motiviert, es zu lesen, weil es ein Buch ohne Bilder war. Aber John war ein respektierter Mitarbeiter in meiner Gemeinde. Er sagte mir: »Doug, ich sehe Leiterschaftspotenzial in dir. Ich glaube, das Buch ist hilfreich für dich. Ich schenke es dir und du würdest mir ein Geschenk machen, wenn du es liest und wir darüber reden könnten.«

  Ein Geschenk? Wow! Ich konnte nicht fassen, dass er an mich dachte und mir etwas kaufte. Nachdem ich es gelesen hatte, haben wir uns darüber unterhalten. Einige der Prinzipien aus diesem Buch haben mein Leben geprägt. Aber der wichtigste Einfluss war, dass ein erwachsener Mitarbeiter in mich als jungen Leiter investiert hat. Ich bin heute eine andere Person, weil Menschen wie John sich die Zeit genommen haben, um mir (ich war Jungscharler!) Material zu zeigen und mich Erfahrungen sammeln ließen. Das hat meinen Charakter geformt und einen besseren Leiter aus mir gemacht.

- *Leite durch Vorbild.* Du musst vorleben, was du von anderen erwartest. Wenn ich in der Gemeinde an leeren Colaflaschen oder Müll vorbei laufe, werden meine jungen Leiter genau das Gleiche tun. Sie werden meinem Vorbild folgen. Wenn ich mit ihnen nur oberflächliche Unterhaltungen über das Wetter, Sport oder Schule führe, werden sie nie lernen, geistlich wichtige Fragen zu stellen.

  Junge Leiter beobachten alles, was du tust. Achte auf das, was du liest, die Musik, die du hörst und wie du deine Familie behandelst. Die Jugendlichen sind wie große Schwämme und du bist das Wasser. Dein Vorbild prägt ihren Charakter.

- *Zieh sie zur Verantwortung.* Ich wache nicht auf und suche nach Ärger, aber wenn ich ständig Konfrontationen in meinen Beziehungen vermeiden würde, würde ich früher oder später Ärger bekommen. Wenn du schwierige Gespräche vermeidest, verletzt du früher oder später andere. Jugendliche müssen liebevoll herausgefordert werden, damit sie lernen und wachsen können.

  Wenn Jugendliche junge Leiter werden möchten, sag ihnen, dass du sie gegebenenfalls sehr persönlich und direkt ansprechen wirst. Und zwar dann, wenn du siehst, dass ihr Verhalten nicht mit den vereinbarten Kriterien übereinstimmt. Du bist ein guter Leiter, wenn du die schwierigen Gespräche führst.

  Es ist aber nicht nur wichtig, dass du Jugendliche konfrontierst, sondern sie auch auf wichtige Dinge hinweist und sie zur Verantwortung ziehst. Zum Beispiel, dass sie die Strategie deiner Jugendarbeit unterstützen, Ziele in ihrem geistlichen Leben setzen und erreichen, und einen Lebensstil führen, der über dem üblichen Standard liegt. Ein junger Leiter zu sein ist kein göttliches Recht, sondern ein Privileg, das zweimal im Jahr ausgewertet werden muss.

2. Wie du ihre Fähigkeiten fördern kannst

- *Starte mit kleinen Verantwortungsbereichen.* Gib Jugendlichen die Möglichkeit, einen Arbeitsbereich »zu besitzen«. Wenn Jugendliche Verantwortung bekommen, entwickeln sie neue Fähigkeiten. Jungen Leitern die Entscheidung zu überlassen, wo man die Pizza bestellt und wie viel man kauft, ist etwas anderes, als unbewährte Jugendliche eine Kleingruppe leiten zu lassen. Gib jungen Leitern zuerst eine »Baby-Portion« an Verantwortung, bevor sie mehr bekommen. Das vermindert die Gefahr, Fehler zu machen und hilft ihnen, Selbstbewusstsein zu entwickeln.

  Wir fahren jedes Jahr mit Jugendlichen auf einen Missionseinsatz nach Mexiko. Ich gebe unseren (potenziellen) jungen Leitern Verantwortung in kleinen Bereichen, beispielsweise die Autoschlüssel zu verwahren, das Wasser zu kühlen, die Leute zu zählen oder zu kontrollieren, ob noch alle Spiegel am Bus sind. In Wahrheit nimmt jede dieser Personen an einer Reihe von Leiterschaftstests teil. Ein versteckter, aber effektiver Weg um herauszufinden, wer sich für die Leitung eignet. Diejenigen, die in den kleinen Dingen treu sind, sind bereit, größere Verantwortung zu übernehmen.

- *Biete bewährten Leitern verschiedene Mitarbeitsmöglichkeiten an.* Jeder Jugendliche ist einzigartig, also biete jedem eine einzigartige Rolle in der Jugendarbeit an. Die Möglichkeiten, die dir sofort in den Kopf kommen, sind wahrscheinlich diese: eine Kleingruppe leiten, Geschichten aus ihrem Leben erzählen, Freundschaften mit Einzelgängern aufbauen und den Gemeindebus waschen. Das sind alles gute Möglichkeiten, aber beschränke junge Leiter nicht auf die wenigen offensichtlichen Aufgaben. Sie können auf viele unterschiedliche Weise mitarbeiten, wenn du in deiner Jugendarbeit dafür die Möglichkeiten schaffst:

Mit Material arbeiten:
- Den Raum vorbereiten und aufräumen
- Die Soundanlage bedienen
- Videos herstellen
- Flyer gestalten
- Bilder machen
- Infowände erstellen
- Die Internetseite pflegen
- im Keller Mäuse fangen

Auf der Bühne arbeiten:
- Zeugnisse erzählen
- Worship leiten
- Eine Andacht halten
- Theater spielen
- Ansagen machen
- Beten
- Beten, dass jemand bei den Ansagen zuhört

Mit anderen arbeiten:
- Freunden Tipps geben
- Eine Kleingruppe leiten
- Postkarten oder Emails zur Ermutigung an Jugendliche schicken
- Nacharbeit für Gäste organisieren
- Einen Arbeitsbereich managen (Begrüßung, Video, Musik)
- Jüngeren Jugendlichen Andachten halten
- Dem Jugendpastor eine Predigt über die Trinität halten

- *Steh ihnen nicht im Weg.* Wenn du deinen Jugendlichen Verantwortung gegeben hast, steh ihnen nicht im Weg. Begleite und ermutige sie, aber lass sie ihre Aufgabe selbst erfüllen. Gib ihnen genug Freiraum, den Job gut zu machen – oder zu versagen. Menschen mögen es nicht, wenn andere ihnen ständig über die Schultern schauen. Wenn du mit ihrer Arbeitsweise nicht zufrieden bist, dann rede später darüber. Erlaube den Jugendlichen, ohne deine Hilfe erfolgreich zu sein oder Fehler zu machen.

- *Stell sie erwachsenen Mitarbeitern vor.* Lade junge Leiter zu Veranstaltungen und Treffen der Gemeinde ein. Stell sie dem Pastor vor. Ermutige die Jugendlichen, anderen von ihrem Dienst zu erzählen. Ermögliche Gemeindeleitern, jungen Leitern einige Leitungstipps zu geben. Sprich in hohen Tönen von ihnen. Bau sie auf. Lass Mitglieder der Gemeinde sehen, wer sie sind und dass Jugendliche nicht die Zukunft der Gemeinde sind – sondern die Gegenwart.

- *Bereite Jugendliche darauf vor, zu leiten.* Mit Hilfe dieser einfachen Prinzipien bereitest du Jugendliche auf den nächsten Schritt in ihrer Entwicklung vor:

  Lernen: Ich arbeite und du schaust zu
  Helfen: Wir arbeiten gemeinsam
  Üben: Du arbeitest und ich schaue zu
  Leiten: Du arbeitest alleine, ich trainiere einen neuen Leiter

Investieren in die Ewigkeit

Ich kenne eine Menge Jugendliche, die sich mit den Jahren von ihrem Glauben verabschiedet haben. Ich bete dafür, dass sie zurück in Gottes offene Arme laufen, aber ich bin immer noch enttäuscht über die Entscheidungen, die sie getroffen haben.

Aber viele meiner ehemaligen jungen Leiter motivieren mich immer wieder. Sie haben Gott auch über die Jugendarbeit hinaus treu gedient, leben auch heute noch für ihn und lieben ihn von ganzem Herzen. Sie prägen ihre Familien, ihre Arbeitskollegen und ihre Gemeinden auf bedeutungsvolle Art und Weise für Gottes Reich.

Leiter machen einen Unterschied!

Fang an, nach den nächsten jungen Leitern Ausschau zu halten. Hilf ihnen, Diener für Gottes Gemeinde zu werden. Du investierst damit in die Ewigkeit. Sie werden dich motivieren und deine Leiterschaft und deinen Dienst in der Jugendarbeit herausfordern.

fragen zu kapitel 9
jugendliche & verantwortung?

Zur Gruppendiskussion

- Setzen wir junge Leiter effektiv in unserer Jugendarbeit ein? Wenn ja, wie? Wenn nein, warum nicht?
- Tun Erwachsene etwas in unserer Jugendarbeit, was auch Jugendliche tun könnten?

Zur persönlichen Reflektion

- Glaube ich wirklich, dass Jugendliche in der Jugendarbeit arbeiten können? Warum?
- Weiß ich, wonach ich suchen muss, um junge Leiter zu finden?
- Denke ich bewusst darüber nach, wie ich selbst in einen anderen Jugendlichen investieren kann?
- Welches Material, das mich geprägt hat, könnte ich an junge Leiter weitergeben?

Nächste Schritte

- Erstelle eine Liste mit potenziellen jungen Leitern
- Arbeite an einer Liste von Dingen, die junge Leiter tun sollten. Schreibe auch spezifische Schritte auf, die sie in ihrem jetzigen Arbeitsbereich und in ihrer Schule gehen könnten.

10

tun wir das richtige?

veranstaltungen auswerten

Ich habe einen Freund, der nicht besonders gerne zum Zahnarzt geht. Das gilt zwar für die meisten Menschen, aber dieser eine Freund vermeidet den Zahnarztbesuch wie ich es vermeide, mich kurz nach Weihnachten auf eine Waage zu stellen. Er hat seine Kontrolluntersuchungen immer übersprungen, weil er das Kratzen, die Zahnseide, das Polieren und Absaugen nicht aushält. Selbst das Endergebnis – saubere Zähne und Vorbeugung – hat ihn nicht motiviert, zu den Kontrolluntersuchungen zu gehen.

Neulich ist etwas passiert, was sowohl seine Meinung über Zahnärzte als auch sein Leben verändert hat. Jetzt ist er auf einmal ein Verfechter von Kontrolluntersuchungen. Er ist geradezu verrückt danach. Er redet ständig darüber, so als wäre er ein »Zahnarztevangelist«.

Der Grund für diesen Sinneswandel waren heftige Schmerzen. Nach fünf Jahren ohne Kontrolluntersuchungen kam er mit 21 (richtig gelesen – 21!) Löchern zum Zahnarzt. 16 auf der einen Seite und fünf auf der anderen. Er hatte so viele Löcher, dass der Zahnarzt beim Bohren Pausen machen musste, weil es ihm zu anstrengend wurde. Wer Zahnärzte an ihre Grenzen bringt, hat wirklich ein ernsthaftes Problem.

Veranstaltungen in der Jugendarbeit müssen regelmäßig ausgewertet werden, um gesund zu bleiben und Schmerzen vorzubeugen. Je früher du eine Kultur der Auswertung etablierst, desto gesünder entwickelt sich deine Jugendarbeit. Du solltest damit nicht warten, bis ein größeres Problem auftaucht.

Warum Auswertung wichtig ist

Viele Bibelstellen legen den Gläubigen nahe, den Zustand ihres Herzens zu prüfen (Psalm 4,4; Klagelieder 3,40; 1.Korinther 11,28; 2.Korinther 13,5). Da wir unser Herz nicht von unserem Dienst trennen können, macht es Sinn, sowohl unser Herz, als auch den Zustand unseres Dienstes zu überprüfen. Regelmäßige und sorgfältige Auswertung holt mich auf den Boden der Tatsachen zurück. Und diese Demut kann Gott sehr gut nutzen.

Wenn ich mir die Zeit nehme, unsere Jugendarbeit auszuwerten, finde ich Schwachstellen. Falls ich gerade denken sollte, dass unsere Arbeit sehr gut ist, lässt die Auswertung meinen Stolz schnell verschwinden. So kann Gottes Geist durch aufrichtiges Nachdenken über meinen Dienst an mir arbeiten.

Es ist zwar demütigend, aber auch spannend, bei der Auswertung die Arbeit des Heiligen Geistes zu entdecken. Wenn ich mich auf Gottes Kraft verlasse, erlebe ich Dinge, die ich ausschließlich mit dem Wirken des Heiligen Geistes erklären kann. Ich liebe diese Momente. Ich möchte nämlich nicht, dass in der Jugendarbeit alles auf menschliche Erklärungen reduziert wird.

Einige Punkte der Auswertung offenbaren die spontane Natur von Gottes Geist. Die meisten setzen allerdings einen gewissen Grad an Strukturen voraus. Viele Jugendmitarbeiter mögen dieses Wort nicht. Man bekommt feuchte Hände, und im Herzen ziehen Wolken des Zweifels auf, aus denen es Angst regnet (ok, das ist möglicherweise übertrieben). Ich kenne diese Gefühle aus eigener Erfahrung, aber ich bin darüber hinweg gekommen.

Ich möchte dir einige Fragen stellen, die dir helfen, die Wichtigkeit einer Kultur der Auswertung zu verstehen.

Vier Auswertungsfragen

Ich bin kein guter Schachspieler, aber ich spiele gerne, weil es das ultimative Strategiespiel ist. Bevor du mit dem Spielen beginnst, brauchst du einen Überblick über die Fähigkeiten und Grenzen der einzelnen Figuren, damit du dir einen Plan zurechtlegen kannst.

Du fragst dich: »Wie kann sich der Läufer bewegen? Wer ist wichtiger, der Läufer oder der Turm?« Deine Strategie ist unvollständig und ineffektiv, wenn du nicht sorgfältig darüber nachdenkst, was die einzelnen Figuren können und was nicht.

Genau wie beim Schach braucht man in der Jugendarbeit eine klare Vorstellung von den Veranstaltungen und Programminhalten. Wenn du die Grundlagen nicht kennst, dann kannst du sie mit Hilfe von gezielten Fragen herausfinden:

1. Liegt den Veranstaltungen ein biblisches Hauptziel zugrunde (Evangelisation, Gemeinschaft, Jüngerschaft, Dienst, Anbetung)?
2. Erreichen wir unsere Zielgruppe mit dieser Veranstaltung?
3. Erreichen wir mit dieser Veranstaltung das gewollte Ziel?
4. Kommen Leiter und Mitarbeiter bei dieser Veranstaltung ihrer Verantwortung nach?

Lass uns diese Fragen etwas genauer anschauen.

1. Liegt den Veranstaltungen ein biblisches Hauptziel zugrunde?

Ich brauche dich wahrscheinlich nicht davon zu überzeugen, wie wichtig es ist, eine solide biblische Grundlage für Jugendarbeit zu haben. Wenn dein Dienst nicht auf Gottes Wort aufgebaut ist, dann höre auf, bis sich das geändert hat.

Gott hat die Ziele für seine Gemeinde sehr deutlich mitgeteilt. Viele Stellen im Neuen Testament zeigen diese Ziele, aber zwei bekannte Abschnitte fassen alle fünf Ziele zusammen:

Das größte Gebot:

»Lehrer, welches ist das wichtigste Gebot des Gesetzes?« Jesus antwortete: »Liebe den Herrn, deinen Gott, von ganzem Herzen, mit ganzem Willen und mit deinem ganzen Verstand! Dies ist das größte und wichtigste Gebot. Aber gleich wichtig ist ein zweites: Liebe deinen Mitmenschen wie dich selbst! Matthäus 22,36-39 (GNB)

Der Missionsbefehl:

Geht hinaus in die ganze Welt und ruft alle Menschen in meine Nachfolge! Tauft sie und führt sie hinein in die Gemeinschaft mit dem Vater, dem Sohn und dem Heiligen Geist! Lehrt sie, so zu leben, wie ich es euch aufgetragen habe. Ihr dürft sicher sein: Ich bin immer und überall bei euch, bis an das Ende dieser Welt! Matthäus 28,19-20 (HFA)

Die fünf biblischen Ziele sind klar und verständlich. Gottes perfektes Design für seine Gemeinde ist in diesen fünf Zielen zusammengefasst:

Biblisches Gebot	Bezeichnung	Definition
»Liebe den Herrn, deinen Gott, von ganzem Herzen, mit ganzem Willen und mit deinem ganzen Verstand!«	Anbetung	Gottes Gegenwart in unserem Leben feiern und seinen Namen ehren
»Liebe deinen Mitmenschen wie dich selbst!«	Dienst	Bereit sein zum Dienen und Mitarbeiten und dadurch Liebe zum Ausdruck bringen
»Geht hinaus in die ganze Welt und ruft alle Menschen in meine Nachfolge!«	Evangelisation	Nichtchristen die Gute Nachricht weitersagen
»Tauft sie!«	Gemeinschaft	Starke und authentische Beziehungen und Gemeinschaft unter Christen aufbauen.
»Lehrt sie, so zu leben, wie ich es euch aufgetragen habe.«	Jüngerschaft	Christen die Wahrheit aus Gottes Wort lehren und die Notwendigkeit, dieser Wahrheit zu folgen.

Anmerkung: Bei den biblischen Zielen ist die Verbindung von Taufe und Gemeinschaft ein wenig schwierig zu verstehen. Rick Warren erklärt es im Buch *Kirche mit Vision*:

> *»Im griechischen Text des Missionsbefehls gibt es drei Verben im Partizip Präsens: gehend, taufend und lehrend. Jedes von ihnen ist Teil des Befehls »Jünger zu machen«. Hingehen, taufen und lehren sind die wichtigsten Elemente des Prozesses, Menschen zu Jüngern zu machen. Auf den ersten Blick wirst du dich vielleicht wundern, warum der Missionsauftrag dem einfachen Akt der Taufe den gleichen Vorrang einräumt wie den grossen Aufgaben der Evangelisation und des Ausrüstens. Offensichtlich hat Jesus die Taufe nicht zufällig erwähnt. Warum ist die Taufe so wichtig, dass sie notwendigerweise in den Missionsauftrag mit aufgenommen wird? Ich glaube, der Grund ist, dass sie einen der Daseinszwecke der Gemeinde symbolisiert: Gemeinschaft – Identifikation mit dem Leib Christi.«*

Rick Warren, *Kirche mit Vision*, Projektion J, Asslar,1998, Seite 103.

Mit allem, was du für Jugendliche tust, solltest du versuchen, eines dieser biblischen Ziele in deiner Arbeit und in den Herzen der Jugendlichen zu erreichen. Auswertung beginnt mit der Untersuchung, ob du wirklich wenigstens ein biblisches Hauptziel für jede Veranstaltung hast.

2. Erreichen wir unsere Zielgruppe mit dieser Veranstaltung?

Nachdem du herausgefunden hast, ob alle deine Veranstaltungen ein biblisches Hauptziel haben, musst du dich fragen, ob du die richtige Zielgruppe mit einer Veranstaltung erreichst.

Denk einen Moment über dein eigenes Leben nach. Du behandelst Menschen unterschiedlich, je nachdem, welche Beziehung du zu ihnen hast: Deinen Nachbarn; deinen Chef; die Bedienung im Restaurant; einen Fremden; deinen besten Freund; einen nichtchristlichen Kollegen; deinen geistlichen Mentor; den Versicherungsvertreter, der beim Abendessen anruft.

Wenn alle diese Menschen zu dir nach Hause kämen, würdet ihr unterschiedlich miteinander umgehen: du würdest einem Fremden nicht deine Babyfotos zeigen. Du wärst wenig überrascht, wenn dein bester Freund sich an deinem Kühlschrank bedient und vermutlich würdest du deine Glaubenszweifel nicht mit einem Nichtchristen besprechen.

Angenommen, du müsstest einer dieser Personen Gottes Vergebung erklären. Das würdest du ebenfalls auf unterschiedliche Art tun. Für deinen besten Freund musst du Vergebung leben, bevor du davon erzählen kannst. Bei einem nichtchristlichen Kollegen würdest du versuchen, einfache Worte zu nutzen und christliche Ausdrücke zu vermeiden, die er nicht versteht.

Du behältst automatisch deine »Zielgruppe« im Kopf, wenn du Gottes Wahrheit deutlich weitersagen willst.

Jetzt stell dir mal vor, deine Veranstaltungen in der Jugendarbeit sind persönliche Beziehungen – nur etwas größer: Eine einzige Veranstaltung kann nicht jeden Jugendlichen in deiner Jugendarbeit ansprechen. Dafür sind sie zu verschieden. Du willst aber das Leben von allen beeinflussen. Deswegen solltest du über die unterschiedliche geistliche Situation der einzelnen Jugendlichen nachdenken und sie Zielgruppen zuordnen.

Es ist wichtig, das zu verstehen. Eine Veranstaltung frustriert normalerweise immer die Jugendlichen einer Gruppe, die nicht Teil der Zielgruppe sind. Es ist einfach – und doch kompliziert. Du wirst mit einer einzigen Veranstaltung nicht jeden zufrieden stellen können. Das ist okay.

Deswegen möchtest du ja gerne die Jugendlichen voneinander unterscheiden und in geistliche Zielgruppen einteilen. Wir nutzen dazu fünf Zielgruppen, aber es gibt es mehrere Möglichkeiten.

Zum Beispiel:

Zwei Zielgruppen
- Nichtchristen
- Christen

Drei Zielgruppen
- Jugendliche aus der Gemeinde
- Jugendliche von Außen
- Christliche Leiter

Vier Zielgruppen
- Jugendliche, die gezwungen werden zu kommen
- Jugendliche, die Leute kennen lernen möchten
- Jugendliche, die Jesus bezeugen
- Junge Leiter

Fünf Zielgruppen
- **Umgebung**
- **Interessierte**
- **Teilnehmer**
- **Hingegebene**
- **Mitarbeiter**

Umgebung meint Jugendliche, die in der Nähe deiner Gemeinde wohnen. Diese Jugendlichen haben keine Entscheidung zur geistlichen Hingabe getroffen. Sie leben von Gott entfernt. Sie kommen nicht zur Kirche.
Interessierte meint Jugendliche, die ab und an mal in deiner Gemeinde vorbei kommen. Diese Jugendlichen wollen von Jesus hören. Sie kommen zur Kirche, sind aber nicht unbedingt Christen.
Teilnehmer meint Jugendliche, die sich zu einer Beziehung mit Jesus und anderen Christen entschieden haben.
Hingegebene Christen sind Jugendliche, die selbst Schritte gehen, um geistlich zu wachsen und geistliche Disziplinen zu entwickeln; Bibelstudium, Gebet, ein Vorbild im Glauben sein, Bibelverse auswendig lernen, spenden.
Mitarbeiter sind Jugendliche, die Gott dienen, in dem sie evangelisieren und in einem Team in der Gemeinde mitarbeiten.

Wenn du mit einer Veranstaltung eine bestimmte Zielgruppe hast, kannst du anderen Zielgruppen in dieser Veranstaltung weniger Gewicht einräumen. Wenn die Zielgruppe für deinen Jugendgottesdienst hingegebene Christen sind, ist klar, dass Nichtchristen nicht alles verstehen. Wenn die Zielgruppe für den Jugendgottesdienst aber Nichtchristen sind, dann werden sich die hingegebenen Christen nicht herausgefordert fühlen.

Einer meiner jungen Leiter sagte neulich: »Keiner in meiner Kleingruppe hat geistlichen Tiefgang. Keiner nimmt die Sache ernst.« Ich erwiderte: »Diese Kleingruppe ist ja auch nicht dafür gedacht. Du bist in der Gemeinde groß geworden und kennst alle Antworten. Die anderen brauchen Grundlagen. Du bist nicht die Zielgruppe dieser Kleingruppe. Wir haben eine andere Kleingruppe, die deinen Wunsch nach geistlichem Tiefgang besser erfüllen kann.«

Geistliches Wachstum hat immer auch mit Frustration zu tun. Wenn eine Veranstaltung eine bestimmte geistliche Entscheidung zum Ziel hat, sagen diejenigen, die geistlich noch nicht so reif sind: »So etwas brauchen wir nicht.« Diejenigen, die geistlich weiter sind, sagen: »Warum können wir nicht tiefer gehen?«

Diese Kommentare werden dich nicht verletzen, wenn du dir die Zeit genommen hast, deine Veranstaltungen auszuwerten. Du kannst mit Selbstbewusstsein auf diese Kritik antworten, statt dich zu verteidigen.

In meinen Anfangsjahren war ich jedes Mal am Boden zerstört, wenn Eltern oder Jugendliche unsere Veranstaltungen kritisierten. Ich habe versucht, jeden glücklich zu machen, was gründlich in die Hose gegangen ist. Es brauchte einige Zeit bis ich erkannt hatte, dass ich nicht alle Bedürfnisse stillen kann.

Als ich gelernt habe, Veranstaltungen auf eine Zielgruppe auszurichten, wurde ich selbstbewusster und glücklicher.

Einige Leute waren enttäuscht, weil wir versuchten, das biblische Ziel der Evangelisation an einem Mittwochabend zu erfüllen. Sie wollten mittwochs lieber Jüngerschaft. Obwohl ich sie zu den Veranstaltungen für Jüngerschaft einlud, wollten sie diese immer noch an dem Abend besuchen, an dem wir uns auf unsere evangelistische Veranstaltung konzentrierten.

Statt mich schlecht zu fühlen, konnte ich jetzt sagen: »Es tut mir leid. Wir haben die Veranstaltung, die du suchst. Sie ist nur an einem anderen Abend.«

Doug, es funktioniert einwandfrei! Willst du es hören?

Es ist Zeit für unser monatliches Leitertreffen. Die Leute reden darüber, warum die Gemeinde existiert und warum es so aussieht, als würde sich nie etwas ändern.

»Habt ihr was dagegen, wenn ich meine Meinung dazu sage? Ich glaube nämlich, dass das, was ich als Jugendpastor von Gott gelernt habe, der ganzen Gemeinde helfen könnte«, sagte ich.

Der Pastor antwortete: »Sicher.«

Ich berichtete, wie ich die biblischen Ziele für Jugendarbeit entdeckt hatte. Ich erklärte den Leuten in der Sitzung die verschiedenen Zielgruppen und zeigte ihnen, welches biblische Ziel wir mit welchem Programm verfolgten. Dann beschrieb ich, wie wir die Jugendarbeit nach einem Jahr auswerteten und feststellen konnten, dass wir zu viel Wert auf Gemeinschaft und zu wenig auf Evangelisation gelegt hatten. Dann erklärte ich, was wir veränderten, um weiterhin auf dem Weg zu einer gesunden und ausgeglichenen Jugendarbeit zu bleiben.

Und Gott hat etwas bewegt.

Der Gemeindeleitung ist ein Licht aufgegangen. Wow! Sie haben angefangen, mir Fragen zu stellen. Am Ende der Sitzung sagte der Pastor, dass er das biblische Ziel und die Zielgruppe für jede Veranstaltung der Gemeinde aufschreiben würde.

Du musst wissen, dass unsere Gemeinde im Sterben lag. Aber das war der Wendepunkt. Das ist eine großartige Sache. Ich wollte dir schreiben, um mich zu bedanken, dass du mich herausgefordert hast, unsere Jugendarbeit auszuwerten.

John-Michael McGinnis

3. Erreichen wir mit dieser Veranstaltung das gewollte Ziel?

Versuche in deiner Auswertung auch herauszufinden, *wie gut* ein Ziel mit einer Veranstaltung erreicht wird.

Es ist ein großer Unterschied zwischen einer Veranstaltung mit Nichtchristen als Zielgruppe und einer Veranstaltung, die geistlich reife Jugendliche herausfordern soll, ihren Glauben weiterzugeben.

Beide erfüllen das biblische Ziel der Evangelisation, aber trotzdem möchte man unterschiedliche Ergebnisse erreichen. In der einen Veranstaltung wird das Evangelium erklärt, in der anderen lernen Jugendliche, wie man das Evangelium erklären kann.

Evangelisation ist ein breites biblisches Ziel. Du kannst nicht die gesamte Bandbreite von Evangelisation mit einer einzigen Veranstaltung abdecken.

Selbst mit der gleichen Zielgruppe im Kopf kann ein biblisches Ziel auf unterschiedliche Weise erreicht werden. Nehmen wir an, dein Ziel ist Jüngerschaft und deine Zielgruppe sind reife Gläubige. Die eine Gemeinde bietet vielleicht Diskussionsrunden über verschiedene biblische Themen an. Eine andere Gemeinde nutzt Bibelarbeiten ohne Diskussionsrunden. Beides sind Veranstaltungen mit der gleichen Zielgruppe, und trotzdem sind sie unterschiedlich. Das ist okay.

Diese dritte Auswertungsfrage erfordert von dir, dass du die beabsichtigten Ergebnisse detailliert aufschreibst. Du beantwortest die Frage: »Was möchten wir mit dieser Veranstaltung erreichen? Und: Erreichen wir es auch?«

Lass uns diese beiden Fragen am Beispiel unserer Kleingruppen anwenden.

Das biblische Hauptziel für unsere Kleingruppen ist Gemeinschaft. Die Zielgruppe ist gläubige Jugendliche. Wir möchten gerne tiefe Freundschaften unter ihnen fördern. Ein biblisches Nebenziel unserer Kleingruppen ist Jüngerschaft. Deswegen behandeln wir Themen aus der Bibel. Unser gewolltes Ergebnis für die ideale Kleingruppe ist 70 Prozent Gemeinschaft und 30 Prozent Jüngerschaft.

Dieser Prozentsatz zeigt unseren Leitern, was wir erreichen wollen. Wir möchten, dass unsere Jugendlichen die Beziehungen untereinander vertiefen (Gemeinschaft) und im Glauben wachsen (Jüngerschaft).

Was also möchten wir mit unseren Kleingruppen erreichen?

- Gemeinschaft in der Gruppe
- Bibelstudium
- Gebet und Gespräch über den eigenen Glauben

Wenn die angestrebten Ergebnisse bekannt sind, können Kleingruppenleiter ihre Kleingruppen selbst auswerten.

Ist dir aufgefallen, dass unsere Strategie für Kleingruppen nicht darauf ausgelegt ist, *jeden* zu erreichen?

Wenn ein Jugendlicher sagt: »Meine nichtchristlichen Freunde haben sich gestern Abend in der Kleingruppe nicht wohl gefühlt«, dann sage ich:

»Schön, dass du dich um deine Freunde kümmerst und ihnen von Jesus erzählen willst. Allerdings sind diese Kleingruppen für Jugendliche, die Jesus schon nachfolgen. Natürlich werfen wir deinen Freund nicht raus, aber vielleicht ist es besser, wenn du ihn erst mal zu unserer Veranstaltung am Samstagabend mitbringst. Die ist extra dafür da, Jugendliche mit Jesus bekannt zu machen und ihnen zu zeigen, was Jesus gelehrt hat.«

Solche Gespräche sind einfach, wenn dein Ziel klar, deine Zielgruppe bestimmt und das gewünscht Ergebnis bekannt ist.

4. Kommen Leiter und Mitarbeiter bei dieser Veranstaltung ihrer Verantwortung nach?

Die letzte Auswertungsfrage betrifft Leiter (Jugendliche und Erwachsene). Der Erfolg einer Veranstaltung hängt eng mit der Qualität der Leitung und Mitarbeit zusammen. Du musst deinen Leitern deutlich kommunizieren, was du von ihnen erwartest. Wenn du möchtest, dass sie die Aufgabe eines Hirten übernehmen, dann mach ihnen das deutlich – oder sie werden als »nichtstuende Aufpasser« enden.

Lass uns noch mal zum Beispiel unserer Kleingruppen zurück kommen. Ich bitte meine Kleingruppenleiter, folgende Aufgaben zu übernehmen:

Immer:

- *Gott lieben:* Eine gesunde, persönliche Beziehung zu Jesus führen.
- *Hirte sein:* Den geistlichen Zustand der Kleingruppenmitglieder kennen.
- *Leiter:* Die Kleingruppe auf die gewünschten Ergebnisse ausrichten (Gemeinschaft, Bibelstudium, Gebet und Gespräch über den Glauben).
- *Kommunikator:* Infos und Termine in der Kleingruppe weitergeben.

Wöchentlich:

- Sich auf die Kleingruppe vorbereiten.
- Für andere Leiter und Kleingruppen beten.
- An den Treffen der Kleingruppe teilnehmen.
- Jeden neuen Besucher innerhalb einer Woche kontaktieren.
- Jeden Jugendlichen kontaktieren, der zwei oder mehr Wochen nicht gekommen ist.

Monatlich:

- Die Teilnehmer der Kleingruppe außerhalb der regelmäßigen Treffen zu kontaktieren: Anruf, Brief, Treffen (nur Jungs mit Jungs und Mädels mit Mädels!).
- Ein Gespräch mit der Person führen, die für alle Kleingruppen verantwortlich ist, um Freude zu teilen und Probleme und Fragen zu klären.

Das war ein Überblick über die vier Fragen. Jetzt schauen wir uns etwas detaillierter an, wie wir Antworten auf die Fragen bekommen und was wir mit ihnen machen.

Vier Schritte, die dir im Auswertungsprozess helfen

1. Blick der Realität ins Auge

Trotz aller Schmerzen, die eine Auswertung mit sich bringen mag, beginne damit, die Realität zu untersuchen, also das, was an einer konkreten Veranstaltung richtig und falsch ist. Du suchst nach der Wahrheit. Deine Auswertung ist nur hilfreich, wenn sie wahr ist.

- *Sei unbedingt objektiv.* Oft ist es schwierig, objektiv zu sein. Das hängt davon ab, wie viel Blut, Schweiß und Tränen du in eine Veranstaltung investiert hast. Oft sehen wir nur, was wir sehen wollen.

- *Beobachte.* Wenn du eine wichtige Rolle bei einer Veranstaltung spielst (beispielsweise Bibelarbeiten halten), suche dir jemanden, der deine Aufgabe für ein oder zwei Wochen übernehmen kann, so dass du die Veranstaltung unbeteiligt beobachten kannst. Verantwortung kann Objektivität behindern.

  Ich habe mir schon oft etwas vorgemacht, indem ich sagte: »Ich kann gleichzeitig die Predigt halten und alles andere auswerten.« Es funktioniert nicht. Ich beobachte die Zuhörer, denke über die Botschaft nach, frage mich, was für ein Junge da gerade mit meiner Tochter flirtet. Meine besten Auswertungen bekomme ich, wenn ich nicht mitarbeite.

- *Sprich mit anderen.* Hol dir von anderen Feedback zu deinem Programm. Du musst nicht die vier Auswertungsfragen mit ihnen durcharbeiten. Stelle ihnen einfach Fragen: »Was ist deiner Meinung nach deine Verantwortung als Mitarbeiter dieser Veranstaltung?« oder »Wie fandest du die Musik?« Hole dir Feedback von unterschiedlichen Leuten.

- *Schreibe deine Schlussfolgerungen auf.* Ich habe gemerkt, dass ich meine Gedanken nicht behalten kann, wenn ich mir keine Notizen mache. Ich weiß nicht mehr, wer was gesagt hat. Wenn du jung bist, dann hältst du das vielleicht für ein Problem des Alters. Was du aber vielleicht nicht weißt ist, dass...oh...hm...es liegt mir auf der Zunge... – ach egal.

- *Besprich das Ergebnis mit einer Vertrauensperson.* Weisheit findet man in den Ratschlägen anderer. Such dir eine Person, der du vertraust, die dir zuhört und dir ein offenes und ehrliches Feedback geben kann.

Meine Frau und ich sind seit sechs Monaten im vollzeitlichen Dienst. Unsere »großartigen« Ideen funktionieren nicht immer so, wie wir wollen. Deswegen füllen wir nach jeder Veranstaltung einen Auswertungsbogen aus. Wir möchten wissen, was gut gelaufen ist und was nicht.

Wir beginnen mit dem Ziel für die Veranstaltung: »Wir möchten eine Plattform bieten, zu der Jugendliche ihre nichtchristlichen Freunde mitbringen können.« Dann fassen wir das Event zusammen: Zeit, Ort, Kosten, Werbung, Schwierigkeiten, Reaktionen. Als drittes werten wir den Abend anhand des Ziels aus. Hat die Veranstaltung das Ziel erreicht oder nicht? Wir versuchen, ehrlich zu sein. Wir holen uns Feedback von Jugendlichen und Eltern und schreiben ihre Kommentare auf. Zum Schluss sammeln wir Ideen für künftige Events, weil wir aus unseren Erfahrungen und Fehlern lernen können. Der Auswertungsbogen ist für uns ein wertvolles Werkzeug geworden, weil wir so eine komplette Veranstaltung auswerten können.

Auswertungsbogen zur Veranstaltung: Post Game

Post Game Zeiten: 31. August bis 12. Oktober, Freitagabend, 21.30 bis 23.00 Uhr.

Ziel: Jugendlichen eine Alternative zu negativen Aktivitäten nach Footballspielen bieten.

Zusammenfassung: Basketball war Hauptaktivität, allerdings haben sich Nachbarn über den Lärm und das Licht beschwert. Deswegen haben wir verstärkt Indoor-Möglichkeiten angeboten: Wir bauten Spielkonsolen auf, einige Jugendliche machten Musik, andere verbrachten die Zeit mit Gesellschaftsspielen. An einem Abend nahmen alle an einem Gemeinschaftsspiel teil. Etwa 9 bis 15 Jugendliche (hauptsächlich Jungs) kamen jeden Freitagabend.

Am 12. Oktober trafen wir uns zum »Broomball« (ähnlich wie Eishockey, allerdings ohne Schlittschuhe) um 22 Uhr am Gateway Ice Center. Kosten: Fünf Dollar pro Person. Die Baptistengemeinde aus der Hauptstraße und 33 Jugendliche von uns haben teilgenommen – es war die bestbesuchte Post Game Veranstaltung. Wir kamen um 00.30 Uhr wieder zur Gemeinde zurück.

Auswertung: Die erfolgreichste Veranstaltung (Spaß und Besucherzahl), war Broomball. Jugendliche haben Freunde mitgebracht, es waren einige neue Teilnehmer dabei.

Die anderen Post Game Abende waren eher langweilig, unstrukturiert und schlecht besucht. Weil wir eine Alternative zu Aktivitäten nach Footballspielen bieten wollen, müssen die die Abende Spaß machen, so dass Jugendliche gerne mit ihren Freunden kommen.

Die Post Game Abende waren nicht erfolgreich und haben das Ziel nicht erfüllt.

Vorschlag: Im nächsten Herbst müssen die Post Games energiegeladener sein und mehr Spaß machen. Diese Ideen könnten helfen:

- Post Game findet nicht mehr wöchentlich, sondern monatlich statt.
- Wir sammeln im Sommer Ideen für bessere Aktivitäten. Bis jetzt haben wir: Broomball, Laser-Tag, ein Besuch bei Buckalo Farms und Funtastiks.
- Wir drucken Flyer, auf denen die jeweiligen Aktiväten veröffentlicht werden, damit Jugendliche ihre Freunde besser einladen können.
- Die Kosten werden so weit wie möglich von der Jugendarbeit übernommen, damit nichtchristliche Jugendliche gratis mitkommen können.

Jeremy Veatch
Jugendpastor, Community Church of the Foothills, Tuscon, Arizona

2. Definiere das Ideal

Nachdem du herausgefunden hast, wie die Realität aussieht, denk über das Ideal nach. Hier geht es ums Träumen. Male in Gedanken ein fantastisches Bild, wie Gott Menschen verändert, die an der Veranstaltung teilnehmen. Diese Phase macht Spaß. Schau in die Ferne und träume vom großen »Was wäre wenn«. Blende die Realität aus und zeichne das Bild einer idealen Veranstaltung.

An dieser Stelle der Auswertung werden die vier Auswertungsfragen etwas verändert:

- Welches biblische Hauptziel sollte dieses Programm erreichen?
- Was ist die Zielgruppe?
- Was genau soll passieren?
- Was sollen die Leiter und Mitarbeiter in dieser Veranstaltung tun?

Im ersten Auswertungsschritt hast du den Ist-Zustand herausgefunden. In diesem zweiten Schritt definierst du den Soll-Zustand.

- *Bete.* Suche nach Gottes Richtung für deine Arbeit, indem du ihn bittest, dir und anderen die Wahrheit zu zeigen. Deine Arbeit ist seine Arbeit. Es ist nicht gut, wenn man den ersten Schritt – die Realität finden – schlecht ausführt. Aber die einzige negative Konsequenz daraus ist Sinnestäuschung. Wenn du Gottes Leute in eine falsche Richtung führst, sind die Konseqzenzen viel größer.

- *Lerne von anderen.* Eine der wichtigsten Charakteristika gesunder Leiterschaft ist Lernen. Wenn du deine Arbeit verändern möchtest, dann setze dich mit den Ideen, der Kreativität und der Weisheit anderer Menschen auseinander. Ein isolierter Visionär zu sein ist übertrieben. Vision ist oft ein Ergebnis vieler Gedanken, die man sich gegenseitig mitteilt.

3. Bestimme Wachstumsbereiche

Jetzt hast du zwei Bilder kreiert und kannst sie miteinander vergleichen – das reale und das ideale. Finde die Unterschiede. Erstelle eine Liste mit allen Herausforderungen. Egal wie groß die Lücke zwischen beiden ist: Finde heraus, was es kostet, zum Ideal zu kommen (inklusive Zwischenschritte). Vielleicht weißt du zwar, was du hast und was du willst, bist aber unsicher, wie du in die richtige Richtung gehen kannst. Das ist okay. Bleib nicht zu lange an dem »wie« hängen.

Schreibe jeden Schritt auf, den du gehen musst, um deine Veranstaltungen dem Ideal näher zu bringen. Sei nicht gelähmt, wenn du mehr Schritte gehen musst, als du alleine managen kannst.

Und: Nur weil du alle Schritte aufschreibst, heißt es nicht, dass du sie auch alle gehen musst. Das Aufschreiben zeigt dir aber, was getan werden muss.

4. Nimm Veränderungen vor

Der letzte Schritt ist ein aktiver Schritt. Jetzt ist es an der Zeit, die notwendigen Veränderungen vorzunehmen. Diese Phase ist so wichtig, dass ich das gesamte nächste Kapitel diesem Thema gewidmet habe. Die Chancen sind groß, dass deine Liste mit den Schritten vom Realen zum Idealen etwas überwältigend ist – und manches davon ist vielleicht auch gar nicht veränderbar.

Du wirst am besten mit den Schritten anfangen, die wichtig sind und die du am wahrscheinlichsten umsetzen kannst. Entscheide, womit du anfangen willst, und dann geh los.

- *Behalte das große Bild im Auge.* Wenn du bestimmte Bereiche heraussuchst, die Veränderung benötigen, dann verliere nicht den Fokus in anderen Bereichen der Jugendarbeit. Jugendarbeit ist die Summe mehrerer Elemente. Erlaube keiner Veranstaltung, sämtliche Zeit und Energie zu beanspruchen.

- *Meistere das Gut-Genug-Prinzip.* Wenn du zu viel Zeit in ein Projekt steckst, liegt das Ergebnis weit über deinem Bedarf. Es muss nicht alles perfekt sein. Wenn du zehn Stunden damit verbringst, einen exzellenten Flyer zu erstellen, den nur 20 Leute lesen, hast du Zeit verschwendet. Du hättest alle 20 Leute anrufen können und ihnen je 30 Minuten die Veranstaltung erklären können. Wenn etwas gut genug ist, dann ist alles darüber hinaus reine Verschwendung von Zeit und Energie.

Jetzt kennst du den Auswertungsprozess und musst ihn noch personalisieren, indem du ihn in die Praxis umsetzt.

Fang damit an, eine Veranstaltung in deiner Jugendarbeit auszusuchen und gehe alle Schritte durch.

Auswertung sollte ein ständiger Prozess für dich sein, besonders für die Hauptbereiche deines Dienstes. Wenn du diesen Prozess zwar verstehst, aber nicht anwendest, ist er wertlos.

Wann werte ich was aus?

Bis jetzt habe ich mich in diesem Kapitel auf die Veranstaltungen konzentriert. Lass uns jetzt einen anderen Auswertungs-Typ ansehen. Werte die »veranstaltungslosen« Bereiche in deinem Dienst wöchentlich, monatlich oder jährlich aus (dein geistliches Wohlergehen, deine Beziehungen).

Was du wöchentlich auswerten kannst

- *Deine geistliche Gesundheit.* (Siehe Kapitel 3). Oft warten wir, bis die große Bombe platzt, bevor wir in unserem geistlichem Leben etwas ändern. Denk mindestens einmal in der Woche über den Zustand deines Herzens nach. Verbringe Zeit in der Stille vor Gott.

- *Womit du deine Zeit verbringst.* Mach das Beste aus jeder Möglichkeit, die Gott dir gibt. Er hat dir genau die richtige Menge an Zeit dafür gegeben. Die Frage ist: »Maximierst du sie?«

  Das heißt nicht, dass du ständig mit Jugendarbeit beschäftigt sein musst. Die beste Nutzung deiner Zeit ist vielleicht, einfach mal zu entspannen und dich auszuruhen. Überarbeitung ist die am weitesten verbreitete Plage im Dienst, die ich je gesehen habe – das gilt für Anfänger und Veteranen gleichermaßen. Ob die Balance zwischen deinen wichtigsten Lebensbereichen stimmt, musst du regelmäßig auswerten. Es ist sehr wichtig für deine Zukunft.

Niemand freut sich darüber, wenn er das Ziel nicht erreicht. Auswertung kann einschüchternd sein. Aber Jugendmitarbeiter, die es ernst meinen, können darüber nicht hinwegsehen. Auswertung wird nicht immer eine wohltuende Übung sein, allerdings ist sie wichtig.

»Aber, wenn nichts kaputt ist....«

Ich weiß. Du stimmst mit allem überein. Auswertung ist wichtig. Aber wenn du diese Seiten so durchblätterst, bist du versucht zu sagen, »Ich gehe erst zum Arzt, wenn ich mich krank fühle. Ich fahre mein Auto erst in die Werkstatt, wenn mich die Warnlampen im Armaturenbrett hypnotisieren. Ich gehe erst zum Zahnarzt, wenn... hm... eigentlich nie. Also warum sollte ich über Auswertung meiner Jugendarbeit nachdenken, wenn alles super läuft?«

Lass es mich so sagen: Von allem, was wir wissen, waren die ersten Tage an Bord der Titanic bezaubernd. Nur der letzte Abschnitt der Reise hätte etwas Hilfe brauchen können. Ein weiser Steuermann sucht den Horizont ständig nach möglichen Gefahren ab, selbst wenn der Himmel blau ist und man gemütlich vor sich hin segelt.

Vielleicht ist es kaputt, aber wir wissen es jetzt noch nicht...

C.S. Lewis schreibt: »Ihr wisst alle, dass Sicherheit der größte Feind der Sterblichen ist.« Im Dienst glauben wir oft weit verbreitete Mythen, die eine Sicherheit in uns entstehen lassen.

Mythos Nr. 1

Gottes Segen bedeutet Gottes Zustimmung. Es ist eine ungeschriebene Regel innerhalb der christlichen Gemeinschaft, dass wenn eine Arbeit wächst und blüht, nichts an ihr falsch sein kann. »Gott segnet uns, nicht wahr? Deswegen muss alles richtig sein, oder?«

Nicht ganz. Eine blühende Jugendarbeit ist kein sicheres Zeichen dafür, dass Gott seine Zustimmung zu allem gibt. Schlechte Jugendarbeit bringt nicht sofort schlechte Frucht hervor – selbst eine schlechte Blüte kann vor der Ernte gut aussehen. Es wird einige Zeit Dienst brauchen, bevor du die wahre Frucht deiner Arbeit sehen kannst.

Tatsächlich ist es so, dass wir Probleme in unserem Dienst haben, *weil* wir Gottes Willen tun (wie bei Mose, Elia, Jeremia, Jesus und Paulus). Gottes Segen auf unserem Dienst sagt viel mehr über seine Gnade aus als darüber, ob wir uns für den richtigen Weg entschieden haben oder nicht. Wir können Auswertung nicht an uns vorüber gehen lassen, nur weil wir glauben, dass Gott unsere Arbeit »segnet«.

Mythos Nr. 2

»Wir machen das schon lange so und mittlerweile wissen wir genau, was wir tun.« Mit dieser arroganten Annahme weisen wir Auswertung von uns und versichern uns selbstgefällig, dass niemand den Job besser machen kann als wir. Wir haben das Hoch erreicht. Es gibt nichts, was wir besser machen könnten. (Denk an die Titanic: »Volle Kraft voraus. Nichts kann dieses Schiff zum Sinken bringen.«)

Die Managementexperten Thomas Peters und Robert H. Waterman schreiben, dass der entmutigenste Faktor in großen Firmen der Verlust dessen ist, was sie groß machte: Innovation.

Wenn die Firma wächst, wird sie vorsichtiger und geht weniger Risiken ein. In der Jugendarbeit ist es ähnlich. Am Anfang ist man bereit, alles auszuprobieren. Funken fliegen, es werden Fehler gemacht. Aber es ist kreativ und Jugendliche sind begeistert. Wenn die Gruppe wächst, ist die Leitung weniger bereit, neue Ideen auszuprobieren. Sie ist mehr darauf bedacht, den derzeitigen Status beizubehalten, als neue Ziele zu erreichen.

Ein Werbeslogan der Firma Hewlett Packard lautet: »Wir hören nie auf zu fragen: Was wäre wenn...?« Leider ist die Aussage vieler Gemeinden: »Wir hören nie auf zu fragen: Warum sollten wir...?« Eine der Gefahren einer erfolgreichen Jugendarbeit ist zu denken, dass man nichts mehr von anderen Jugendarbeiten lernen kann. Diese Art von Kurzsichtigkeit macht uns blind gegenüber starken Innovationen. Gute Auswertung hilft, blinde Augen sehend zu machen.

Mythos 3

Die Experten wissen es am besten. Wir lieben die Sicherheit, das zu tun, was die Experten sagen. »Das sagt Willow Creek... Das sagt Doug Fields... .« Das drückt den Experten die Verantwortung für unseren Dienst auf.

Denk daran: Nur weil etwas in einem Buch steht, heißt das noch lange nicht, dass es das Beste ist. Es heißt nur, dass es das Beste ist was der Autor kennt. Experten sind auch nur Experten, weil sie schon fast jeden Fehler mindestens einmal selbst gemacht haben.

Mythos 4

»Aber es funktioniert...!« Kurz vor Ende eines guten Camps kam eine Mitarbeiterin auf mich zu. Sie hatte eine Idee für die letzte Veranstaltung: »Kennst du das Lied ‚Thank you Lord'. Wir könnten es am Ende abspielen. Auf anderen Camps haben bei dem Lied alle geheult...«

Sie meinte es ernst. Diese Leiterin liebt ihre Jugendlichen und wollte das Camp gut abschließen. Aber mich hat ihr Ansatz gestört. Ihre Idee funktionierte so: Bringt es Jugendliche zum Heulen? Bewegt es sie emotional? Wenn ja, dann ist die Sache gut.

Nur weil eine Idee »funktioniert«, ist sie noch lange nicht gut – egal ob es ein Café ist, ein Kleingruppenprogramm, neue Medien oder ein neuer evangelistischer Ansatz. Deine Gemeinde kann eine evangelistische »Freibierparty für Teenager« veranstalten (welcher Nichtchrist würde nicht dabei sein wollen?) und einen tollen Abend mit vielen »Gästen« erleben. Aber das macht es noch lange nicht zu einer guten Idee.

Die Frage ist: Worauf zielt es ab? Gewinnen wir dadurch wirklich Menschen für Jesus?

Deswegen ist die Betonung von Ziel und Zielgruppe in diesem Kapitel so wichtig. Ein guter Chirurg operiert nicht einfach jeden Patienten an der Gallenblase, nur weil das schonmal bei anderen geholfen hat. Er diagnostiziert das Problem und arbeitet an der Heilung. Hol nicht dein Skalpell heraus, bevor du dir nicht Zeit für die Untersuchung genommen hast.

Die grundlegende Lektion in diesem Kapitel ist sehr wichtig. Wenn deine Jugendarbeit nicht krank ist, dann befiehlt dir keiner, sie krank zu reden. Allerdings solltest du sie dir genau anschauen – lange genug, um eine richtige Diagnose zu stellen. Und lange genug, um nach den biblischen Lebenszeichen zu suchen. Operiere nicht, bevor du deine Arbeit ausgewertet hast.

Duffy Robbins
Professor für Jugendarbeit, Eastern University/Philadelphia

Was du monatlich auswerten kannst

Persönliche Beziehungen innerhalb der Jugendarbeit und Gemeinde. Denk über die Qualität deiner Beziehungen in der Jugendarbeit nach. Um wen musst du dich mehr kümmern? Welche Beziehungen sind stark? Wie sehen die Beziehungen in deiner Kleingruppe aus? Wer braucht Ermutigung oder Richtungsweisung?

Monatliche Auswertung schützt gegen die Anhäufung emotionaler Lasten, die den Dienst behindern.

Was du jedes Quartal auswerten kannst

- *Struktur zur Unterstützung der Leiter und Mitarbeiter.* Wenn du junge Leiter für deinen Dienst förderst, ist es wichtig, sich um sie zu kümmern. Du wirst mehr Zeit mit den Leitern als mit den Jugendlichen verbringen, wenn deine Arbeit wächst. Schau dir vier Mal im Jahr deine Arbeit an und werte aus, wie du dich um deine Leiter kümmerst.

  Einmal bin ich alleine zum Mittagessen gegangen, um meine ehrenamtlichen Mitarbeiter zu bewerten. Ich habe ihre Namen aufgeschrieben und daneben ein A, B oder C notiert.

  A: Großartiger Mitarbeiter.
  B: Guter Mitarbeiter. Hilf ihnen, ein A zu werden und nicht zum C abzurutschen.
  C: Mitarbeiter, der etwas Hilfe oder Veränderung braucht. Hilf ihnen, eine bessere Arbeit machen zu können oder einen anderen Dienst zu finden.

  Natürlich war das keine wissenschaftliche Auswertung, aber dieser Prozess hat mir geholfen, über meine ehrenamtlichen Mitarbeiter nachzudenken, um mich für sie einzusetzen und in ihrem Sinne zu handeln.

- *Werte Spezialveranstaltungen aus.* Werte eine Spezialveranstaltung sofort nach deren Ende aus, damit du deine Gedanken festhalten kannst. Schreibe auf, was gut und schlecht war und was du beim nächsten Mal ändern willst. Hol dir die Meinung anderer Leiter ein, die dabei waren.

- *Generalauswertung der Hauptveranstaltung.* Lass nie mehr als drei Monate vergehen, ohne eine Hauptveranstaltung auszuwerten. Ohne regelmäßige Auswertung schaltet sich der Autopilot ein. Negative Muster werden nicht erkannt. Du brauchst nicht alle drei Monate einen Frühjahrsputz zu machen, aber etwas Staub wischen verhindert, dass kleinere Schwierigkeiten zu größeren Problemen werden. Nimm dir eine Stunde dafür Zeit. Trag es dir fest in deinen Kalender ein, damit du es nicht vergisst.

Was du jährlich auswerten kannst

- *Detaillierter Jahresrückblick.* Halte alle deine Veranstaltungen einmal im Jahr unters Mikroskop. Sei radikal. Stelle alles in Frage, was du tust. Lass dir eine neue Perspektive geben. Hab keine Angst, aus einer heiligen Kuh einen Hamburger zu machen. Du musst nicht alle Programme gleichzeitig auswerten, nutze strategisch günstige Zeiten im Jahr, um sorgfältig auszuwerten.

  Manchmal, wenn ich andere Gemeinden berate, ermutige ich sie, die Hälfte ihrer Veranstaltungen einzustampfen, damit sie gesünder werden. Manchmal wussten sie schon vorher, dass das sein müsste – sie mussten es nur einmal von einer neutralen Person hören. Denk daran: Größer ist nicht besser, gesünder ist besser.

- *Effektivität der Leiterschaft.* Werte die Effektivität deiner ehrenamtlichen Leiter aus. Ich gebe meinen Leitern jedes Jahr die Möglichkeit, »zu kündigen«, falls sie eine Pause brauchen. Diese Möglichkeit kommuniziert den Wert der Gesundheit. Meine Leiter wissen, dass ein gesundes Herz das größte Geschenk für unsere Jugendarbeit ist. Wenn ihre Herzen nicht gesund sind, sollten sie eine Pause machen.

- *Geistliche Gesundheit aller Jugendlichen.* Versuche den geistlichen Puls deiner Jugendlichen zu fühlen. Du kannst beispielsweise eine anonyme Umfrage nutzen, um dir einen Überblick darüber zu verschaffen.

- *Trainingsmaterial/Arbeitsbeschreibungen.* Werte das komplette Material aus, das du den Leitern gibst. Das gibt dir die Chance, das ganze schriftliche Material jedes Jahr zu verbessern oder zu überarbeiten.

Jetzt haben wir die vier Auswertungsfragen angesehen, die du an deine Veranstaltung stellen musst. Wir haben die vier Schritte der Auswertung kennen gelernt, sowie einen jährlichen Auswertungsplan.

Nimm dir jetzt etwas Zeit, um deine Veranstaltungen auszuwerten.

Versuche dir dabei eine gesunde Jugendarbeit vorzustellen, die alle fünf biblischen Ziele für Gemeinde erfüllt. Du hast vielleicht drei geniale Veranstaltungen, aber wenn sie gemeinsam nur Jüngerschaft und Gemeinschaft erfüllen, stimmt die Balance nicht.

Balance zu erreichen bedeutet nicht, noch mehr Veranstaltungen anzubieten oder alle fünf biblischen Ziele in eine einzige Veranstaltung zu packen.

Wenn du einfach mehr Veranstaltungen anbietest, werden Jugendliche und Leiter ausbrennen und ihr geistliches Wachstum von Veranstaltungen abhängig machen. Wenn du versuchst, alle biblischen Ziele in einer Veranstaltung unterzubringen, wird die Veranstaltung so oberflächlich, dass sie nicht mehr effektiv ist.

Balance erreicht man nicht über Nacht. Das ist natürlich. Aber du wirst sie nie erreichen, wenn du keine Kultur der Auswertung entwickelst.

fragen zu kapitel 10
tun wir das richtige?

Zur Gruppendiskussion

- Welche Veranstaltung ist deiner Meinung nach eure stärkste? Warum?
- Welche ist die schwächste? Warum?
- Was können wir tun, um unsere Auswertungen zu verbessern?

Zur persönlichen Reflektion

- Sind die fünf biblischen Ziele in meinem eigenen Leben vorhanden?
- Kenne ich die Zielgruppen und die biblischen Ziele unserer Veranstaltungen?
- Unterstütze ich den Veränderungsprozess, auch wenn es um meine Lieblingsveranstaltung geht?
- Wie kann ich meinen Dienst auswerten?
- Was muss ich in regelmäßigen Abständen auswerten?

Nächste Schritte

- Setz dir spezielle Termine, um die verschiedenen Bereiche deiner Jugendarbeit auszuwerten, die in diesem Kapitel beschrieben sind.
- Sprich mit der Jugendleitung über die Zielgruppen und biblischen Ziele eurer Veranstaltungen.

11

wie kann ich etwas verändern?

den weg für neue ideen frei machen

Nach vielen Stunden, in denen ich dieses Kapitel geschrieben, gegliedert, bearbeitet, gelöscht und wieder neu geschrieben habe, fing ich an zu lachen. Ich musste an grandiose Momente denken, in denen ich Dinge ändern wollte – und nach Rat suchte, wie ich das tun könnte, ohne von den Leuten umgebracht zu werden, die durch die Veränderungen verletzt werden würden. Ich habe gelacht, um wegen der schmerzhaften Erfahrungen nicht weinen zu müssen.

Veränderung hat das Potenzial, Leiter in der Jugendarbeit aufzubauen oder kaputt zu machen.

Einige Leiter schmeißen ihre Arbeit komplett um und ignorieren dabei die Reaktionen anderer Leiter. Andere lähmt schon der Gedanke an Veränderung, weil sie Angst vor negativen Reaktionen haben.

Es gibt keine einfache, magische Formel, die immer funktioniert, wenn man Dinge ändern will.

Aber du kannst einige Prinzipien beachten, um das Konfliktpotenzial möglichst klein zu halten. Lass uns einige Wahrheiten über Veränderungen und ihre verschiedenen Phasen anschauen.

Grundsätze der Veränderung

1. Es gibt keine schmerzfreien Veränderungen

Du hast diesen Spruch sicher schon gehört: »No pain, no gain.« – Ohne Schmerzen kein Gewinn. Das sagt man normalerweise beim Sport, aber es gilt für die Jugendarbeit genauso.

Die Vorteile einer Veränderung gibt es nicht ohne Schmerzen. Das gilt selbst für kleinste Dinge.

Als wir die Sitzordnung von Stuhlreihen zu Tischengruppen geändert haben, waren Menschen verletzt. Ich wollte sagen: »Leute! Seid ihr ernsthaft sauer darüber, wie wir die Stühle stellen? Das ist doch verrückt! Woanders auf der Welt verhungern Menschen. Regt euch lieber darüber auf.«

Ich habe Schmerz verursacht, als ich Treffen eine halbe Stunde später ansetzte, den Ort änderte, eine neue Farbe für die Flyer benutzte, Predigten mit mehr als einer Bibelübersetzung hielt und eine Couch aus dem Jugendraum entfernte.

Das hört sich im Gegensatz zu den wirklich großen Veränderungen recht nebensächlich an: Veranstaltungen abgeschafft, Orte für Sommerfreizeiten geändert, Ehrenamtlichen andere Aufgaben gegeben, ein beliebtes Kleingruppenprogramm ausgetauscht und ein alttestamentliches Brandopfer durchgeführt (Ok, hoffentlich verstehst du meinen Humor. Ich würde natürlich niemals ein beliebtes Kleingruppenprogramm austauschen.)

Warum verursacht Veränderung Schmerzen? Weil Veränderung Verlust, Trauer und Enttäuschung mit sich bringt. Das sind alles verständliche Gefühle, weil man einfach nicht weiß, was einen am Ende erwartet. Obwohl ich im Laufe meiner Laufbahn schon vieles verändert habe, kann ich verstehen, warum Menschen Veränderungen hassen. Sie machen ihnen Angst, selbst wenn sie gute Ergebnisse mit sich bringen.

2. Menschen sind »Gewohnheitstiere«

Hast du eine der folgenden Aussagen schon einmal gehört?

- Wenn es nicht kaputt ist, warum muss man es dann reparieren?
- So haben wir das noch nie gemacht!
- Wir haben das schon immer so gemacht.
- Die neue Idee ist auch nicht besser als das, was wir jetzt tun.
- Warum müssen wir das verändern?
- Die Leute werden denken, du bist der Antichrist, wenn du das änderst.

Das Gewohnte kennt man, und weil das so ist, hat man automatisch Angst vor Neuem – man kennt es nicht. Ein Änderungskritiker würde sagen: »Ich habe erlebt, dass diese Veranstaltung schon lange so funktioniert, wie wir sie früher gemacht haben. Warum sollten wir daran rumbasteln? Lasst es uns so machen wie immer.«

Im Alten Testament musste Mose Veränderung akzeptieren. Die Israeliten waren durstig und jammerten. Gott befahl Mose, er solle mit einem Felsen reden, um Wasser zu bekommen. Er hat aber das getan, was er aus einer ähnlichen Situation in der Vergangenheit kannte: Mit seinem Stab auf den Felsen geschlagen. Obwohl Mose direkte Anweisungen von Gott hatte, kommunizierten seine Taten: »Wir haben das vorher noch nie so gemacht. Ich habe früher auf den Felsen geschlagen und es hat funktioniert. Ich möchte keinen neuen Weg ausprobieren, um Wasser zu bekommen.«

Sein Ungehorsam hatte harte Konsequenzen: Er durfte seine Leute nicht in das gelobte Land führen.

Normalerweise sind Menschen gegen Veränderungen, die tief in der Vergangenheit verwurzelt sind – sie glauben, es gäbe nur einen Weg zum Wasser. Sie sind lieber ungehorsam, als dass sie etwas Neues ausprobieren würden. Wenn sie die richtige Herzenseinstellung haben, sind diese Menschen von Veränderungen zu überzeugen. Geistliche Reife steht in Zusammenhang mit der Bereitschaft, Veränderungen zu akzeptieren – obwohl man lieber das tun würde, was man gewohnt ist.

3. Veranstaltungen können und sollten sich ändern

Da sich unsere Welt ständig verändert, müssen Gemeinden auch ständig ihre Methoden ändern (nicht die Botschaft!). Neue Probleme brauchen neue Lösungen. Neue Situationen brauchen eine Veränderung der Einstellung.

Veränderung ist kein theologisches Problem (Gott hat nichts gegen Veränderung), sondern ein soziologisches Problem (Menschen mögen keine Veränderung). Da die biblischen Ziele ewig und unveränderbar sind, muss sich eine Jugendarbeit verändern, wenn sie nicht mehr die biblischen Ziele erreicht, die ihr vorgegeben sind.

Ein Beispiel: Sonntagsschule begann als evangelistische Veranstaltung. Früher konnten viele Menschen nicht zur Schule gehen, weil sie arbeiten mussten. Gemeinden haben die Idee der Sonntagsschule entwickelt, um diesen Menschen zu helfen. Man gab ihnen eine Bibel und unterrichte sie – und zwar an dem Tag der Woche, an dem sie frei hatten (Sonntag – daher der Name Sonntagsschule). Brillant. Viele kamen in die Gemeinden, weil man soziale Bedürfnisse stillte.

Heute ist die Sonntagschule in vielen Gemeinden eine heilige Tradition. Die meisten Mitarbeiter würden ihre Arbeitsweise nicht ändern. Ist die Sonntagschule das Problem? Nein! Bitte versteh mich nicht falsch: Sonntagschule ist wunderbar, wenn sie ein biblisches Ziel erfüllt und eine Zielgruppe hat. Die meisten Sonntagschul-Programme sind aber auf Jüngerschaft ausgerichtet – was super ist, wenn die Zielgruppe aus Christen besteht. Aber warum beschweren sich Kinder über Sonntagsschule? Weil die Gemeinde versucht, Nichtchristen oder uninteressierten Kindern Jüngerschaft aufzuzwingen.

Anstatt die Sonntagschule auszuwerten und zu überarbeiten, damit man uninteressierte Kinder erreicht, kämpfen wir für den Status Quo. Wir sagen selbstbewusst: »Die Sonntagschule dient der Jüngerschaft und das wird sich auch nicht ändern, bis Jesus wieder kommt.«

Bei so einer Aussage wird ignoriert, dass sich die Sonntagschule über die Jahre grundlegend verändert hat – statt wie früher Evangelisation ist heute Jüngerschaft das Ziel.

Wenn du deine Veranstaltungen und Programme nicht verändern willst, werden sie bald uneffektiv sein. (Bevor du jetzt denkst, ich sei gegen Sonntagschule und zu deiner Gemeindeleitung rennst, solltest du den letzten Abschnitt nochmal lesen. Ich bin nicht gegen Sonntagsschule – ich halte nur nichts davon, dieselbe Veranstaltung jahrelang nach Schema F und ohne Auswertung durchzuführen.)

4. Veränderungen brauchen flexible Leiter

Wenn du derjenige bist, der Veränderung im Weg steht, fordere ich dich heraus, deine Herzenseinstellung zu prüfen. Woran hältst du fest? Warum bist du dagegen? Was sind deine Motive? Sind sie rein? Behinderst du vielleicht die Arbeit Gottes in deiner Jugendarbeit, weil du stolz bist? Hast du versucht, die wahren Gründe deiner fehlenden Flexibilität herauszufinden?

Wenn du noch keine Selbstauswertung gemacht hast, dann tu das bitte bald. Wenn du merkst, dass du gegen Veränderung bist, für den Status Quo kämpfst oder dafür, die Vergangenheit zu wiederholen, weil es früher funktioniert hat, dann pass auf! So wie Mose bist du vielleicht kurz davor, die Leiterschaft zu verlieren.

Eine gesunde Jugendarbeit hat Leiter, die selbstbewusst, weise, demütig und flexibel sind. Sie erwarten mit Spannung, was Gott tun wird. Gott ist kreativ. Er ist nicht an deine Ideen gebunden.

5. Veränderungen brauchen Leiter, die voller Glauben sind

Erinnere dich mal daran, wie es war, als du ein Kind warst und dein Freund wollte, dass du etwas riskierst. So etwas wie »Klingelmännchen« spielen: Beim Nachbarn klingeln und schnell wegrennen. Oder zum ersten Mal jemanden vom anderen Geschlecht anrufen. Du hattest Herzrasen und Angst. Aber du hast es trotzdem getan – und nichts ist passiert. Vielleicht wurdest du geschnappt, bist gestolpert oder gefallen. Du bist das Risiko eingegangen, hast es überlebt und kannst diese Geschichten nun erzählen. So ist der risikobereite Typ von Leiter, den ich gerne in der Jugendarbeit sehen würde.

Stell dir mal die Reue vor, die die foglende Aussage verursacht: »Weil du nicht genug Glauben hattest, wirst du deine Leute nicht in das Land führen, das ich (Gott) ihnen versprochen habe.« Autsch! Selbst Leiter, die ängstlich sind und die sich nicht wohl fühlen, müssen bereit sein, im Glauben Risiko einzugehen. Du weißt erst, ob dein Team sich auf Gott verlässt, wenn das gesamte Team bereit ist, etwas zu tun, was nicht ohne Gottes Hilfe geschehen und nicht mit menschlichen Argumenten erklärt werden kann.

Die sieben Phasen einer Veränderung verstehen

Ich bin nur wenige Meilen vom Baseballstadion entfernt aufgewachsen, wo die »California Angels« spielen. Ich war ein großer Fan, habe während meiner Schulzeit sogar im Stadion gearbeitet. Ich liebe es, die Angels spielen zu sehen und habe mir schon hunderte von Spielen angeschaut.

Ich kann zwar nicht das Ergebnis der Spiele vorhersagen, aber ich kenne mich recht gut mit den einzelnen Phasen des Spielablaufs aus: Aufwärmen, Nationalhymne, Walks, Strike Outs, Catches, Diskussionen, Treffer, Stretchen im siebten Inning und das Ergebnis. Einige Innings dauern nur fünf Minuten, andere länger als eine Stunde.

Genau wie ein Baseballspiel in Phasen eingeteilt werden kann, gibt es auch bei Veränderungsprozessen einzelne Phasen.

Ich habe genügend Veränderungen erlebt, um diese Phasen unabhängig von spezifischen Details beschreiben zu können. Ich kann dir nicht sagen, ob deine Veränderungen fünf Minuten, fünf Tage oder fünf Jahre dauern werden, aber ich kann dir helfen, die verschiedenen Phasen zu durchlaufen – damit du weißt, was auf dich zukommt.

Hier die sieben Phasen einer Veränderung, wie ich sie erlebt habe:

1. *Vorbereitungsphase:* Sich geistlich auf Gottes Führung vorbereiten.
2. *Ideenphase:* Ideen zur Veränderung sammeln – unter Beachtung von Gottes Weisheit und dem Rat anderer Leiter.
3. *Testphase:* Die Ideen mit Vertrauenspersonen besprechen.
4. *Fragephase:* Antworten auf mögliche Fragen von Kritikern suchen.
5. *Kommunikationsphase.* Die Veränderung anderen Leuten mitteilen.
6. *Gegenwindphase.* Mit Kritik an der Veränderung richtig umgehen.
7. *Wartephase.* Gottes Zeitplanung vertrauen und sich auf die nächste Veränderung vorbereiten.

Lass uns einen detaillierteren Blick auf diese Phasen werfen.

1. Die Vorbereitungsphase

Leiter müssen sich auf jede Veränderung geistlich vorbereiten und offen für Gottes Führung sein. Diese Phase der Veränderung bereitet Leiter darauf vor, die Wellen der Möglichkeiten zu erwischen, die Gott schickt. Mein Pastor, Rick Warren, hat diese Idee den Leitern und Mitarbeitern unserer Gemeinde ins Herz gepflanzt: »Wir müssen Gottes Wellen der Veränderung nicht selbst produzieren. Wir müssen nur darauf vorbereitet sein und sie erwischen, wenn sie kommen.« Wie bereiten Leiter sich darauf vor?

- *Bereite dich geistlich vor.* Wenn du die Bibel liest, siehst du ein gemeinsames Element in Menschen, die Veränderungen bewirkten – das Gebet. In dieser Phase ist es extrem wichtig, Zeit mit Gott zu verbringen, auf ihn zu hören und zu beten. Zu oft besuchen wir ein Seminar oder lesen ein Buch und wollen etwas ändern, ohne Gott zu fragen, wie sein Plan aussieht. Ohne ernsthaftes Gebet und Vertrauen in Gott solltest du nicht einmal über Veränderungen nachdenken. Du bist nicht bereit für sie.

- *Denke vorausschauend.* Leiter müssen darüber nachdenken, was als Nächstes dran ist. Einige Leute sind naturbegabte Visionäre. Aber im Grunde genommen ist nur wichtig, über die Zukunft nachzudenken und die Vergangenheit auszuwerten. Dafür musst du kein geborener Visionär sein. Du brauchst eine klare Herzenseinstellung und klare Gedanken.

Ich bin ein alter Kerl. Mittlerweile weiß ich, dass Veränderungen viele Probleme mit sich bringen können, wenn man nicht richtig damit umgeht. Ich war emotional am Ende, weil ich nicht die Dinge getan habe, die Doug hier beschreibt. Oft meinte ich, ich wüsste direkt von Gott, was für die Jugendarbeit am Besten war. Und dann habe ich andere manipuliert, um sie für meine Ideen zu gewinnen.

Mir fehlte die Sicht, wie Gott durch Gemeinde arbeitet. Ich glaube jetzt, dass der Heilige Geist auf mystische Weise etwas in der gesamten Gemeinde bewegt. In der Gesellschaft funktioniert Leiterschaft von oben nach unten – in der Gemeinde leitet der Heilige Geist oft von unten nach oben. Der Geist, so sieht man es in der Bibel, offenbart Gottes Willen häufig durch Menschen, die keine Autoritätspersonen sind oder wenig Wissen haben – zum Beispiel Jugendliche. Statt als Last sollten wir sie als mögliche Transportmittel für Gottes Willen sehen. Deswegen sollten Jugendleiter, die etwas verändern wollen, im Gebet darauf hören, was Gott ihnen durch ihre Jugendlichen über geplante Veränderungen sagen möchte.

Die frühe Kirche betete oft für Einheit, bevor Entscheidungen getroffen wurden (Apostelgeschichte 5,12; 15,25). Die Gemeinde duldete keine Feindseligkeiten, wenn sie nach Gottes Willen fragte. Die frühe Gemeinde war sogar in der Lage, auf die »zu warten«, die sich nicht sofort der Mehrheit angeschlossen hatten. Es wäre ja möglich, dass auch sie etwas Wichtiges von Gott gehört hatten. Gottes Leiter zwingen ihre Ideen einer Gruppe nicht auf, sondern lassen einen Entscheidungsprozess zu, der alle gleich behandelt. Sie schaffen eine Atmosphäre, in der selbst das schwächste Mitglied eingebunden wird. Denk daran: Menschen sind wichtiger als Veranstaltungen. Wenn eine Entscheidung getroffen wird, sollten alle denken: »Wir haben das so entschieden«, und nicht: »Unser Leiter hatte tolle Ideen und wir haben mitgemacht.«

Leiter sollten der Gruppe nicht die Vision vorschreiben. Aber sie sollten helfen, eine Vision von dem zu entwickeln, was für Jesus erreicht werden soll. Gute Leiter fragen die Gruppe, was Gott mit den Menschen vorhat, die noch nicht dazugehören. Eine Gemeinde ist der einzige Verein der Welt, der für Nicht-Mitglieder existiert.

Doug hat Recht, dass Veränderung Menschen sauer macht. Viele Gemeinden haben einen zweiten Gottesdienst mit moderner Musik eingeführt. Sie haben so etwas Neues gestartet und die älteren Formen beibehalten – und alle sind glücklich. Jesus sagte: »Jeder Schriftgelehrte, der ein Jünger im Himmelreich geworden ist, ist wie ein Hausherr, der aus seinem reichen Vorrat Neues ebenso hervorholt wie Altes.« Matthäus 13,52 (NL). Jesus wusste: Es ist am besten, an dem festzuhalten, was gut ist – und gleichzeitig auch neue Ideen einzubringen.

Das Wichtigste: Finde heraus, ob die Idee mit der Vision der Gruppe übereinstimmt. »Aber«, sagst du, »wir haben keine gemeinsame Vision.« Das ist ein Problem, das du lösen musst. Ohne Vision sterben die Leute. Und meine Erfahrung zeigt, dass es die Leiter am schlimmsten trifft.

Jugendliche wollen Teil von etwas sein, das größer ist als sie selbst – etwas, das ihrem Leben Bedeutung verleiht. Das ist ein großer Auftrag. Als Jugendmitarbeiter bist du in einer Position, deine Gruppe zu großen Dingen zu ermutigen – und große Dinge von Gott zu erwarten. Merk dir das, wenn du Dinge veränderst. Und wenn Veränderungen erfolgreich waren, muss die Gruppe sagen können: »Schau mal, was wir durch Gottes Gnade erreicht haben.«

Tony Campolo,
Professor für Soziologie, Eastern University/Philadelphia

- *Hinterfrage den Status Quo.* Stelle herausfordernde Fragen an das, was du zur Zeit tust. Diese Art des Denkens ist das Gegenteil zur »Wir-haben-das-noch-nie-so-gemacht«-Einstellung. Du wirst zur Auswertung gezwungen: Ist das Programm immer noch effektiv? Nutzen wir unsere Zeit optimal? Erwarten wir das Richtige von den Jugendlichen? Wenn du Jesus treu dienen möchtest und für seine Führung offen sein willst, hinterfrage, wie du deine Zeit und Energie nutzt.

  Ich freue mich, wenn mich eine ehrenamtliche Mitarbeiterin fragt: »Sind Kleingruppen immer noch die beste Möglichkeit, um Beziehungen unter den Jugendlichen zu fördern?« Das ist mir lieber, als wenn sie jede Woche ohne nachzudenken zu ihrer Gruppe gehen würde und sich so vielleicht gegen Gottes Führung stellt.

2. Die Ideenphase

Mit Gott, der Quelle aller Ideen, verbunden zu sein, gibt dir nicht nur *viele* Ideen, sondern auch die *richtigen* Ideen. Wenn Leiter mit Gott in Verbindung stehen, kommen neue Ideen von Gott und in seinem Timing. Hier sind ein paar Tipps, die dir helfen:

- *Sei offen für Ideen von allen Seiten.* Wenn du Gedanken anderer schätzt, kommen Ideen aus vielen Ecken zusammen. Wenn der Jugendleiter die einzige Ideenquelle ist, wird das Teamwork nachlassen. Gaben können sich nicht entfalten und Ideen, die der Heilige Geist anderen Mitarbeitern gibt, werden abgeblockt.

- *Führe ein Brainstorming durch.* Probleme löst man am besten, indem man viele Ideen sammelt. Früher habe ich bei einem Problem immer nach der einen richtigen Antwort gesucht. Dieser Druck hat meine Kreativität behindert.

  Jetzt nutzen wir ein Flipchart und schreiben fünfzehn Lösungsideen zu einem Problem auf. Zum Beispiel: »Problem: Wir brauchen mehr Mitarbeiter.« Selbst wenn ich denke, dass wir das Problem schon mit der dritten Idee lösen könnten, schreiben wir so lange weiter, bis wir fünfzehn Ideen erreicht haben. Es ist eine Versuchung aufzuhören, wenn wir die »richtige« Idee gefunden haben. Aber ich schreibe weiter, weil ich gelernt habe, dass eine große Inspiration manchmal auf sich warten lässt.

Als wir einmal auf der Suche nach Ideen für neue Mitarbeiter waren, kam uns eine komplett andere Idee, nämlich einen Newsletter für Eltern zu schreiben. Diese Idee kam unter mysteriösen Umständen zustande, als wir eigentlich dabei waren, ein ganz anderes Problem zu lösen.

Ideen kommen – gib nicht auf.

- *Geh nicht jeder guten Idee nach.* In einem kreativen Klima können mehr Ideen entstehen, als du umsetzen kannst. Ich habe die meisten meiner guten Ideen, wenn ich mich entspanne. In meinen ersten Jahren haben die anderen Mitarbeiter meinen Urlaub gehasst, weil ich voller Energie und mit vielen neuen Ideen zurückgekommen bin. Ich hatte noch zuwenig Erfahrung, um zu wissen, dass man nicht jede Idee umsetzen muss. Weisheit ist die Fähigkeit, eine von zwei guten Ideen auszuwählen.

  Meine Frau hat mir neulich gesagt, »Du hast mehr Ideen als Gehirnzellen.« Wenn das wahr ist – was ich nicht hoffe – weiß ich, dass ich auf keinen Fall alle von ihnen umsetzen kann (das ist eine gute Nachricht für meine Gemeinde). Ich muss nicht alle meine Ideen nutzen. Du auch nicht. Sammel sie, speicher sie und schau sie dir von Zeit zu Zeit an, um über sie nachzudenken. Dann setze die Wichtigsten um.

3. Die Testphase

Einer meiner Professoren sagte: »Gemeinden sind wie Pferde – sie mögen es nicht, aufgeschreckt oder überrascht zu werden. Das verursacht unkontrollierbares Verhalten.«

Nicht nur, dass Menschen keine Veränderungen mögen, sie mögen es noch weniger, von ihnen überrascht werden.

Das unkontrollierbare Verhalten ist oft das Ergebnis von verletztem Stolz, weil die Entscheidung für eine Veränderung ohne die Meinung einer bestimmten Person getroffen wurde.

> Wir sind schon seit 15 Jahren ehrenamtliche Mitarbeiter in Dougs Team. Wir können beide mit Überzeugung sagen, dass Doug Veränderung immer frisch hält. Unser Dienst für Jugendliche, Familien und Mitarbeiter bleibt so relevant.
>
> Ganz sicher: Ohne die Risiken, die wir für die Veränderungen auf uns nehmen mussten, hätten wir nicht den Glauben, den wir heute haben. Bei diesem Thema (Veränderung positiv einzubringen) weiß Doug, wovon er redet.
>
> *Greg and Linda Vujnov*

Einige Ideen, die dir in der Testphase helfen können:

- *Reflektiere eine Idee mit Vertrauenspersonen.* Statt alle Leute gleichzeitig in die Veränderung einzubeziehen, teste die Idee mit einigen wenigen. So bekommst du Ratschläge und kannst Reaktionen beobachten. Das ist die Phase, in der du wie ein Geheimagent arbeitest, unter Radar fliegst und vorsichtig mit einer ausgesuchten Gruppe über den Ideen brütest.

Zwei Worte muss jeder Jugendpastor fest in sein Vokabular aufnehmen:

Experiment und Testphase.

Diese beiden Worte werden deine Effektivität bei Veränderungen immer erhöhen.

Casey Cariker, Jugendpastor

Ich rede gerne mit Menschen, die meine Ideen nicht gleich auf der Internetseite der Gemeinde veröffentlichen. Um eine Idee mit einem Freund zu besprechen, kannst du beispielsweise sagen: »Tony, ich kann diese Idee noch nicht publik machen, aber ich möchte sie dir mitteilen, weil ich dein Feedback brauche. Ich habe sie noch nicht komplett durchdacht, sie ist noch unkonkret. Was hältst du davon, wenn wir den Anbetungsteil am Sonntagabend weglassen und dafür mittwochs mehr singen? (Pause) Was ist deine spontane Reaktion?«

Dann sei still und höre zu. Wenn die Person ausgeredet hat, kannst du etwa so das Gespräch abschließen: »Vielen Dank für deinen Rat. Offenbar müssen wir noch mehr darüber nachdenken. Du hast einige wichtige Fragen aufgeworfen. Noch etwas: Bitte rede nicht mit anderen darüber. Kannst du für die Sache beten und mir Bescheid geben, wenn du weitere Ideen, Fragen oder Gedanken hast?«

Die meisten Menschen fühlen sich geehrt, wenn du ihnen eine Idee anvertraust. Such dir Leute, die eine große Bandbreite an Alter, geistlicher Reife und Mitarbeit repräsentieren, damit du ein weit gefächertes Feedback bekommst.

- *Benutze das Wort »Experiment«.* Du könntest Leute fragen: »Ich habe eine Idee und würde gerne damit experimentieren. Was wäre, wenn die Jugendlichen mehr Verantwortung im Kindergottesdienst übernehmen würden? Ich glaube, es wäre ein gutes Experiment, um ihre Leitungsfähigkeiten zu fördern. Was meinst du?« Das Wort Experiment beseitigt mögliche Gefahren. Du bist der geniale Wissenschaftler, wenn es funktioniert. Und wenn es schiefgeht: Es war ja nur ein Experiment.

- *Nimm die Reaktionen gelassen.* Du hast dich mit einem engen Freund zum Kaffee getroffen und ihm leidenschaftlich präsentiert, wie du die Jugendarbeit revolutionieren und die Zeit bis zur Wiederkunft Jesu verkürzen kannst. Du sitzt da, strahlst ihn an und erwartest eine Reaktion wie: »Du bist brillant.« Stattdessen sagt er: »Das ist die dümmste Idee, die ich je gehört habe.« Du wirst sauer und verteidigst dich. Am liebsten würdest du ihm den Kaffee ins Gesicht kippen und schreien: »Weiche von mir, Satan!«

  Tests sind immer risikoreich, weil deine Idee auseinandergenommen wird. Es ist für mich nicht einfach zuzugeben, dass es viele Momente gab, in denen meine großartigen Ideen mit weniger großartigen Reaktionen kommentiert wurden.

  Wenn die Reaktion negativ ist, bewahre Ruhe. Offenbare deine Niedergeschlagenheit nicht. Wenn du das tust, bekommst du beim nächsten Mal keine ehrliche Antwort mehr. Aber du willst Ehrlichkeit! Denk daran, dass du nur eine Idee präsentiert hast. Du testest nur, ob das Wasser heiß oder kalt ist. Du springst nicht in den See, sondern hältst nur die Zehen rein, um die Temperatur zu fühlen. Eine negative Reaktion heißt nicht, dass es eine fürchterliche Idee ist. Vielleicht bedeutet es, dass du darüber nachdenken musst, wie du sie präsentierst.

- *Lass Ideen sterben.* Mein Mentor sagt: »Du liebst das Pferd vielleicht, aber wenn es tot ist, musst du absteigen.« Das ist ein weises Wort. Nicht alle Ideen, die du testest, werden erfolgreich sein. Das ist in Ordnung – deswegen testest du sie ja. Wenn deine persönliche Vorbereitungsphase gut läuft und du dich bemühst, Gottes Plan für deinen Dienst zu erfüllen, dann wird die nächste Idee nicht lange auf sich warten lassen.

4. Die Fragephase

Wenn du eine Idee testest, stell dir selbst einige Fragen. Die Menschen, die etwas von den Plänen der Veränderung hören, werden dich sofort mit Fragen konfrontieren. Deswegen ist es wichtig, dass du dir über mögliche Fragen und Antworten Gedanken machst.

Hier einige Überlegungen für diese Phase:

- *Überprüfe deine Motive.* Die ersten und wichtigsten Fragen sind die persönlichen Fragen.
    - Warum will ich diese Veränderung anstoßen?
    - Was ist meine Motivation zu dieser Idee? Geht es darum, mich selbst gut dastehen zu lassen? Oder meine Leiterschaft zu bestätigen? Geht es um meinen Dienst? Ist es, weil eine andere Gemeinde dasselbe tut? Dient es Gottes Ehre?

  Beantworte die Frage nach deinem Motiv ehrlich, bevor du weiteren Fragen nachgehst. Du musst dir sicher sein, dass deine Motive rein sind, weil deine Kritiker dich hinterfragen werden. Wenn du die Fragen aufrichtig beantwortest, wird dein Charakter in dem Veränderungsprozess keinen Schaden nehmen.

- *Liste Vor- und Nachteile auf.* Jede Veränderung ruft positive und negative Reaktionen hervor. Du musst über beide nachdenken, damit du gründliche Informationen hast, wenn du mit Kritikern redest. An die positiven Dinge einer Veränderung zu denken, entfacht Enthusiasmus. Wunderbar! Aber wenn du nicht über die negativen Seiten Bescheid weißt, werden sie gegen dich verwendet werden.

- *Finde Hindernisse.* Nachdem du die negativen und positiven Dinge gefunden hast, schreibe mögliche Hindernisse auf. Frage dich:
    - Welche Hürden müssen wir überspringen, um die Veränderung zu erreichen?
    - Was für Material und welche Ressourcen brauchen wir (Medien, Räumlichkeiten, Geld, Mitarbeiter)?
    - Welche anderen Dinge müssen beachtet werden (andere Gemeindetermine)?
    - Wo fehlen uns noch wichtige Informationen?

  Diese Liste von Hindernissen beeinflusst die nächste Phase.

- *Überlege, wie du die Veränderung realisieren kannst.* Denk über die praktischen Schritte nach, die du für diese Veränderung gehen musst. Die nächsten beiden Phasen erfordern harte Arbeit von dir.

- *Finde Unterstützer.* Wenn du das Wasser getestet hast, wirst du wahrscheinlich wissen, wer deine Idee unterstützt und wer dagegen ist. Jede Veränderung braucht Unterstützung, selbst wenn sie nur von wenigen Menschen kommt. Finde diese Schlüsselpersonen.

- *Sei dir der Kritiker bewusst.* Wer sagt, man könne etwas ohne Konflikte verändern, hat noch nie in einer Gemeinde gearbeitet.

  Die meisten Diskussionen in der Jugendarbeit drehen sich nicht um die Theologie, sondern um Veränderungen. Veränderungen sind oft chaotisch – und Kritiker sind im Chaos sehr laut.

  Erlaube ihnen nicht, deine Leitung zu lähmen.

  Lass Kritiker die Motivation für dich sein, harte und tiefgehende Fragen zu stellen:

  - Bin ich bereit, für diese Veränderung zu kämpfen, auch wenn der Kampf anstrengend werden sollte?
  - Wie wird die Mehrzahl der Jugendlichen auf diese Idee reagieren? Die Leiter? Die Eltern? Die Gemeinde?
  - Welches Material brauche ich, um die Veränderung zu etablieren?
  - Kann ich mein Haus schnell verkaufen, für den Fall, dass ich in eine andere Gemeinde gehen muss?

> Wir wollten, dass ältere Gemeindemitglieder die Wichtigkeit von Technik in der Gemeinde verstehen und unterstützen. Als wir einen Videoprojektor anschaffen wollten, hielten sie das für keine gute Idee – du weißt wahrscheinlich, wie das ist.
>
> Wir haben einen Plan geschmiedet: Wir besorgten uns einen zweiteiligen Film von Billy Graham und luden die Gemeinde an zwei aufeinander folgenden Sonntagabenden dazu ein.
>
> Teil 1 zeigten wir auf einem normalen Fernseher und nutzten auch nur die eingebauten Lautsprecher. Für den nächsten Sonntag liehen wir uns einen Videoprojektor und zeigten Teil 2 auf einer fünf mal fünf Meter großen Leinwand mit Stereosound.
>
> Wir haben kein Wort gesagt. Wir haben einfach nur gewartet, bis einer der älteren Gemeindemitglieder dieses Thema bei einer Sitzung ansprach. Und natürlich hatten wir dann sämtliche Informationen über unsere technischen Wünsche parat.
>
> *Chris Kopp,*
> *Emmanuel Baptist Church,*
> *Hurricane/Louisiana*

5. Die Kommunikationsphase

Das ist die Zeit, in der du die Veränderungen öffentlich vorstellst. Eine Idee überzeugend zu kommunizieren ist normalerweise die Aufgabe des Jugendleiters. Aber wenn du neu in einer Gemeinde bist und eine gute Beziehung zum Pastor hast, dann frag ihn, ob er die offizielle Ansage machen würde.

Ich habe den Einfluss meines Pastors am Anfang öfter genutzt. Einige Veränderungen musste ich durchziehen, ohne das Vertrauen der Jugendlichen oder Familien der Gemeinde zu haben. Weil ich begriff, dass ich nur mit der Hilfe des Pastors weiterkommen würde, bat ich ihn bei großen Veränderungen um Hilfe – nicht nur, wenn ich Angst hatte.

Inzwischen habe ich einige Erfahrung gemacht, wie man Veränderungen am besten kommuniziert. Hier einige Ideen:

- *Diskutiere über Hindernisse und beantworte Einwände der Kritiker.* Da du ja schon herausgefunden hast, wer die Kritiker und was die Hürden sind, solltest du sie auch in deine Präsentation einbauen.

  Ich sage das etwa so: »Ich habe mit einigen Leuten über ein Experiment geredet, was wir gerne durchführen wollen. Wir wollen in unserem Mittwochprogramm mehr Lieder einbauen. Viele Leute waren begeistert und unterstützen diese Idee. Einige haben Fragen gestellt, wie wir das umsetzen wollen. Gebt mir ein paar Minuten Zeit, euch zu erklären, wie das ohne große Spannungen möglich ist.«

  Dann kannst du die Antworten auf die Fragen geben, die die Leute beschäftigen. So sind Hindernisse beiseite geräumt, bevor jemand danach fragt.

> Wenn du in der Kommunikationsphase angekommen bist, bedeutet das nicht:
>
> »Volle Kraft voraus – egal was passiert.«
>
> Manchmal muss man Ideen auch noch in dieser Phase aufgeben.

- *Mach deutlich, was die Veränderung bewirken könnte.* Veränderungen sind in der Anfangsphase meistens nicht schön. Es ist weise, ein Bild davon zu malen, was einen nach einer erfolgreichen Veränderung erwartet. Menschen wollen wissen, dass du im Herzen und im Kopf genau weißt, wo du sie mit der Veränderung hinführen willst. Sie werden dir folgen, wenn sie ein Bild von der Zukunft haben und wissen, dass der Weg alle Mühen wert ist.

- *Sei positiv.* Ich weiß, das hört sich selbstverständlich an. Aber wenn du nicht extrem positiv an eine Veränderung rangehst, bekommen die Menschen schnell den Eindruck, du hättest kein Selbstvertrauen. Deine positive Einstellung bringt Kritiker zum Schweigen und macht Unentschlossene zu Unterstützern.

- *Gib Fehler und Ängste zu.* Demut ist für Leiter kein Zeichen von Schwäche. Wenn ich die Fehler zugebe und erzähle, was ich daraus gelernt habe, sind die Leute eher bereit, mich in der nächsten Veränderungsphase anzufeuern. Jeder macht Fehler. Übernimm die Verantwortung für deine und erkläre, wie sie dir geholfen haben.

- *Kündige nicht jede Veränderung an.* Wenn der Einfluss einer Veränderung minimal ist, dann setz sie um, ohne die Aufmerksamkeit darauf zu lenken. Wenn du Lückentexte während deiner Predigten einführen möchtest, musst du damit nicht den gleichen Prozess durchlaufen, wie bei einer Änderung der kompletten Veranstaltung. Geh mit deiner kleinen Veränderungsidee durch die Testphase und stell dir Fragen, damit du weißt, warum du tust, was du tust. Dann leite und verändere!

6. Gegenwindphase

Ich habe einen Freund, der mehrere Jahre lang Footballprofi war. Jetzt ist er Jugendpastor. Er sagte mir neulich: »Ich habe gegen einige der härtesten, gemeinsten und unfairsten Athleten dieser Welt gespielt. Aber keiner von ihnen war so brutal wie einige Leute in meiner Gemeinde. Wenn ich jede Woche verprügelt werden wollte, dann wäre ich Footballspieler geblieben.«

Das ist eine traurige, aber leider oft wahre Aussage über die Menschen in der Gemeinde. Du wirst Gegenwind bekommen, aber du bist in guter Gesellschaft: Jesus, Paulus, Mose, den Jüngern und fast jedem Leiter und Mitarbeiter einer Gemeinde ging es nicht anders.

Bei Gegenwind können dir diese Prinzipien bei der Schmerzstillung helfen:

- *Lösch das Feuer schnell.* Erlaube lautstarken Kritikern nicht, ständig gegen deine Veränderung zu schießen. Kritiker gehen nicht von alleine weg. Du musst zu ihnen gehen. Rede persönlich mit ihnen über ihr Problem.

Ich musste schon schwierige Dinge zu lautstarken Leuten aus der Opposition sagen. Nachdem ich mir einmal längere Zeit Bens Gejammer angehört hatte, habe ich ihn konfrontiert: »Es tut mir leid, dass du diese Veränderung nicht unterstützen kannst. Ich schätze deine Einwände. Aber sie sind im Gegensatz zur Reichweite dieser Veränderung sehr klein. Diese Veränderung ist wichtig für die Gesundheit unserer Jugendarbeit. Wir werden weitergehen. Ich bitte dich, unsere Gemeinde nicht zu spalten, indem du gegen die Veränderung arbeitest.«

Wenn ein Kritiker deine Veränderung nicht unterstützen kann, dann bitte diese Person, ein reifer Christ zu sein und die Einheit der Gemeinde zu bewahren.

- *Nimm jemanden mit.* Wenn die Person weiterhin teilend wirkt, halte dich an Matthäus 18 und nimm eine andere Person zu einem Gespräch mit. Je nachdem, wie schwerwiegend die Veränderung oder die Stärke des Gegenwindes ist, kannst du den Pastor oder einen der Gemeindeältesten mitnehmen. Denk daran, dass dein Kampf nicht gegen die Heiligen der Gemeinde geführt werden sollte, sondern gegen den Prinzen der Finsternis – der sich leider oft als Kritiker deiner Arbeit verkleidet. Dieser Schritt ist schwierig, aber lebensnotwendig.

- *Mach weiter.* Du wirst immer Gegner haben: Erlaube der jammernden Minderheit nicht, die lebendige Mehrheit entgleisen zu lassen. Geh weiter und folge Gottes Plan für deine Gemeinde. Freue dich darüber, dass du nicht der einzige Leiter in der Kirchengeschichte bist, der Gegner hatte.

7. Die Wartephase

Die meisten Veränderungen lassen sich in der Realität nicht so schnell umsetzen wie in deinen Gedanken. Inzwischen bin ich nicht mehr überrascht, wenn Veränderung langsam geschieht. Die Wartephase kann sehr hart sein, weil eine Idee oft schnell kommt und in Gedanken schnell umgesetzt ist.

Ein Tipp: Man zählt erst mal ... eins-zwei-drei... und dann wartest du sehr lange... 74, 75, 76, 77...

Entspann dich. Wenn du von Gott abhängig bist und weißt, dass die Veränderung von ihm gewollt ist, dann warte auf ihn. Er wird das Unmögliche zu tun, nachdem du das Mögliche getan hast. Denke über folgende Ideen nach, während du wartest:

- *Danke denen, die an der Veränderung mitwirken.* Da du kein einsamer Cowboy bist, wirst du Leute haben, denen du für ihre Hilfe bei der Umsetzung der Veränderung danken kannst. Nutze die Pause dafür. Es ist wichtig, das zu tun. Du möchtest, dass diese Leute spüren, dass ihr Einsatz wertvoll für dich ist. So werden sie dich das nächste Mal wieder unterstützen, wenn du etwas verändern musst. Leute, bei denen du dich bedankst, sind Unterstützer.

- *Bereite dich auf die nächste Veränderung vor.* An diesem Punkt beginnt der Kreislauf der Veränderung wieder von vorne. Arbeite während der Wartephase die Prinzipien der Vorbereitungsphase durch. Das ist dein Platz: Abhängig von Gott zu sein, nach seinem Plan für deinen Dienst zu suchen und treu die Rolle auszufüllen, die er dir gegeben hat.

- *Mach dir keine Sorgen über die Geschwindigkeit.* Egal, über wie viele potenzielle Veränderungen du gerade nachdenkst – denk daran, dass Geschwindigkeit gefährlich ist. Etwas zu früh oder zu schnell zu tun, kann dich verletzen. Sei geduldig, selbst wenn du einige Monate oder Jahre warten musst.

Geh nicht alle Veränderungsideen gleichzeitig an. Am Anfang des Abenteuers Jugendarbeit solltest du nur ein paar umsetzen, nicht gleich zwanzig. Sei geduldig. Auf manche Ideen wirst du erst in fünf oder sechs Jahren zurückkommen. Das ist gut so.

Ein Veränderungsprozess ist nie einfach. Aber er wird einfacher, je öfter du ihn einsetzt. Ich wünschte, ich könnte dich in jeder deiner Veränderungen begleiten. Ich wäre gerne diese Vertrauensperson, die deine Ideen hören darf.

Offensichtlich ist das nicht möglich. Aber lass dich trösten: Auch ich habe geweint, bin gefallen, habe mit Gott gerungen, Leute sauer gemacht, dumme Fehler begangen, und gelegentlich habe ich Veränderungen ohne großen Konflikt umsetzen können. Ich kann mich mit dem identifizieren, was du gerade durchmachst. Und ich weiß, dass du es schaffen kannst.

Hab keine Angst vor Veränderungen.
Sieh sie als Chancen.

Nutze den Veränderungsprozess, um deinen Glauben und deine Leitungsfähigkeit zu stärken.

Hilf anderen, sich bei Veränderungen wohl zu fühlen, damit du beim nächsten Mal auf Unterstützung stößt, wenn du sagst: »Ich hab da eine Idee...«

fragen zu kapitel 11

wie kann ich etwas verändern?

Zur Gruppendiskussion

- Ist deine erste Reaktion auf Veränderung negativ oder positiv? Warum?
- Wo können wir als Gruppe am besten über Veränderung reden?

Zur persönlichen Reflektion

- Welche Phase der Veränderung ist für mich am schwierigsten?
- Welche Veränderung hätte ich gerne umgesetzt, es aber nicht getan?
- Warum reagiere ich auf Veränderung so, wie ich reagiere?
- Würde ich mich als flexiblen Leiter bezeichnen?
- Würde ich mich als einen Leiter bezeichnen, der mit Glauben erfüllt ist?

Nächste Schritte

- Finde einige Vertrauenspersonen, mit denen du Ideen besprechen kannst.
- Lege einen Ordner an, in dem du Veränderungsideen für die Zukunft sammelst.

12

was kann ich als nächstes tun?

richtig mit erwartungen umgehen

Bevor ich dieses Buch abschließe, möchte ich mit dir etwas entwickeln, was für deine Gesundheit und dein Durchhaltevermögen als Jugendmitarbeiter unverzichtbar ist: ein realistisches Bild dessen, was von dir erwartet wird. Alle Jugendmitarbeiter brauchen eine klare Vorstellung, wie sie in ihrer Gemeinde am besten dienen können.

Der beste Startpunkt für alle Jugendmitarbeiter ist ein genaues Verständnis der Erwartungen an sie – unabhängig vom Status (haupt- oder ehrenamtlich, Jugendleiter oder Mitarbeiter im Team). Wenn du nicht weißt, was erwartet wird, bist du zum Scheitern verurteilt. Es gibt Erwartungen, egal ob sie ausgesprochen werden oder nicht, und du musst sie kennen, um effektiv und gesund zu bleiben.

Durch zahllose Treffen mit Mitarbeitern, habe ich einige Schritte entdeckt, die dir bei deinem Start ins Abenteuer Jugendarbeit helfen. Sie sind einfach. Wenn du jeden Schritt durchdenkst und darüber reflektierst, wirst du gut auf deinen Dienst vorbereitet sein.

Wenn du schon länger dabei bist, kannst du diese Schritte durcharbeiten, indem du einen deiner Vorgesetzten (oder einen anderen Mitarbeiter) in der Gemeinde um eine Bewertung und Einschätzung der Erwartungen bittest (Am Ende des Kapitels kannst du lesen, wie das geht).

Entdecke, was von dir erwartet wird

Diese Schritte werden weder die Gemeinde noch die Welt der Jugendarbeit revolutionieren. Aber sie geben Jugendmitarbeitern ein klares Bild von dem, was von ihnen erwartet wird.

Die folgenden Schritte – du findest sie detaillierter auf Seite 274 – haben schon tausenden von Jugendmitarbeitern geholfen, ein dauerhaftes Fundament für ihre Arbeit zu legen.

Schritt 1 – Erzählen

So bin ich. Ich möchte gerne, dass ihr meine Stärken und Schwächen kennt und seht, was ich zu bieten habe.

Schritt 2 – Fragen

- Was wird von mir erwartet?
- Wer hat diese Erwartungen (Pastor, Eltern, Älteste)?
- Wie werden diese Erwartungen ausgewertet?
- Wer ist mein direkter Vorgesetzter? Wie ist sein Führungsstil?
- Wie wird Erfolg in meinem Verantwortungsbereich definiert?

Schritt 3 – Vorstellungen mitteilen

Sag, was dir in den Bereichen persönliches Wachstum, Familie und Jugendarbeit wichtig ist.

Schritt 4 – Vorschläge machen

Mach realistische Vorschläge zur Entwicklung der Jugendarbeit in den nächsten zwei Jahren. (Wenn du dieses Buch gelesen hast, wirst du ein realistisches Bild davon haben).

Schritt 5 – Auswerten

Nimm dir Zeit zu beten, nachzudenken und Gottes Führung zu suchen. Rede mit deinen Freunden, deinem Ehepartner und anderen Leuten darüber, wie du in die Jugendarbeit und die Gemeinde passt. Überlege, ob die Erwartungen der Gemeinde mit dem übereinstimmen, was du gerne tun würdest, und mit Gottes Hilfe erreichen möchtest.

Schritt 6 – Starten

Starte mit der Einstellung und den Schritten, die für eine gesunde Jugendarbeit notwendig sind. Wenn nötig, beginne noch einmal von vorne (siehe Seite 295).

Typische Reaktionen auf den Erwartungsprozess

Gerate nicht in die Versuchung, die Kraft von Fragen zu unterschätzen. Ich habe zu viele Geschichten von Männern und Frauen gehört, die emotional missbraucht, gefeuert oder verletzt wurden. Sie sind teilweise gar nicht mehr in der Jugendarbeit, weil ihr blinder Enthusiasmus auf die Verzweiflung einer Gemeinde getroffen ist – man wusste zu wenig übereinander.

Ich habe diese sechs Schritte vielen Leuten gezeigt. Deshalb weiß ich, wie du wahrscheinlich reagieren wirst:

- »Das ist zu viel Arbeit.«
- »Ja, das macht Sinn.«
- »Ich bin schon länger in der Jugendarbeit. Ist es zu spät?«
- »Ich bin nur ehrenamtlicher Mitarbeiter. Diese Schritte scheinen für Hauptamtliche zu gelten.«

Hier meine Antworten auf diese Reaktionen:

»Das ist zu viel Arbeit.«

Ich gebe zu, dass diese Schritte intensiv erscheinen. Aber sie sind nicht so umfangreich, wie sie aussehen. Du musst natürlich Gedanken in diesen Prozess investieren, aber das kann innerhalb weniger Stunden geschehen. Selbst, wenn du eine ganze Woche brauchen würdest, wäre diese Investition den Einsatz wert.

Tappe nicht in eine dieser Fallen:

- Ein *arroganter* Jugendmitarbeiter sagt: »Das kann doch nicht so schwer sein. Ich komme doch direkt aus der Ausbildung. Ich werde selbst herausfinden, wie ich am besten anfange. Ich brauche das nicht.«

- Ein *ignoranter* Jugendmitarbeiter sagt: »Ich liebe Gott und Jugendliche, also leg ich einfach los. Gott wird sich um die Details kümmern.«

- Ein *dummer* Jugendmitarbeiter sagt beides.

Normalerweise haben die arroganten, ignoranten und dummen Mitarbeiter nach einigen Jahren ihre Meinung geändert und kommen demütig zurück zu diesen grundlegenden Schritten.

Wahr ist: Wenn du dir nicht die Zeit nimmst, die ersten fünf Schritte zu gehen, wirst du loslegen ohne zu verstehen, was von dir erwartet wird und was in der Kultur der Gemeinde realistisch ist. Wenn das passiert, wirst du wie viele meiner Jugendarbeitsfreunde enden. Sie wurden entlassen, weil sie etwas nicht getan haben, von dem sie nicht wissen konnten, dass sie es hätten tun sollen. Sie haben eine unsichtbare Dienstbeschreibung akzeptiert.

Das ist es nicht wert. Lass dich nicht davon abbringen, diesen Prozess durchzuarbeiten.

Ich bin 23 und bin seit zwei Jahren vollzeitlich in der Jugendarbeit. In meinem letzten Ausbildungsjahr habe ich einen Pastor getroffen, der nach einem Jugendpastor suchte, weil seine Gemeinde nach langer Zeit wieder in der Lage war, eine Vollzeitstelle zu bezahlen. Die Gemeinde hatte ein riesiges Gebäude (sie hatte vor zwanzig Jahren ungefähr 700 Mitglieder. Jetzt waren es noch 80). Der Pastor war seit zehn Jahren dort und verbrachte die meiste Zeit damit, das Gebäude zu reparieren.

Als wir uns zum ersten Mal trafen, habe ich nach einer Arbeitsbeschreibung gefragt.

Seine Antwort war: »1. Timotheus 3 ist alles was wir brauchen!«

Ich habe zuerst gelacht, aber er meinte es ernst.

Er sagte: »Wenn etwas getan werden muss, werden wir es tun!«

Ich hatte keine Angst vor etwas Arbeit und fühlte mich von Gott dorthin berufen. Meine Frau und ich sind in diese Gemeinde gekommen – bereit für Erweckung.

Ich konnte nicht wissen, dass mein Pastor ein perfekter Vorarbeiter für ein Bauunternehmen oder einen Schrottplatz hätte sein können. Die Gebäude und das Grundstück waren das Zentrum seines Herzens und Dienstes. Nicht Menschen.

In meinem ersten Jahr habe ich jeden Tag Arbeitsklamotten getragen. Ich habe wiederholt nach einer detaillierten Arbeitsbeschreibung gefragt. Jedes Mal habe ich die gleiche Antwort bekommen. Ich habe es geschluckt, ihn unterstützt und hart für ihn gearbeitet (und gleichzeitig habe ich Gott um Wegweisung gebeten). Es war eine gute Erfahrung und Gott hat mir eine Menge gezeigt. Als ich mich nach einer anderen Stelle umsah, wollte ich als erstes eine detaillierte Arbeitsbeschreibung sehen, bevor ich weitere Schritte ging.

Seit drei Monaten bin ich »richtiger« Jugendpastor und ich freue mich jeden Morgen auf meine Arbeit.

Duane Bonner,
Jugendpastor, Raleigh Heights Baptist Church, Chesapeake/Virginia

»Ja, das macht Sinn«

Großartig. Alles, was du jetzt noch tun musst: Zieh es durch. Tu etwas. Wenn du dich unqualifiziert und in höchstem Maße von Gott abhängig fühlst, dann hast du die richtige Einstellung, um diese Schritte zu gehen. Und wenn du sie erst mal selber gehst, wird dieser Prozess noch mehr Sinn machen.

»Ich bin schon länger in der Jugendarbeit dabei. Ist es zu spät?«

Es ist nie zu spät. Finde den Mut, einen deiner Vorgesetzten oder Leiter um eine Bewertung zu bitten (sechs Monate, ein Jahr, zwei Jahre...). Dann geh die Schritte auf Seite 268 mit dieser Person durch.

Einige Dinge kommen vielleicht zur Sprache, die keiner von euch erwartet hätte. Aber für deine Gesundheit im Dienst und im persönlichen Leben ist dieser Prozess eine unbezahlbare Erfahrung.

Vor diesem Rückblick kannst du deinen Vorgesetzten freundlich bitten, die Fragen im zweiten Schritt zu beantworten.

»Ich bin nur ehrenamtlicher Mitarbeiter. Diese Schritte scheinen für Hauptamtliche zu gelten.«

Wenn du dieses Buch liest, *bevor* du dich entscheidest, ehrenamtlich mitzuarbeiten, dann herzlichen Glückwunsch! Entweder bist du selbst so weise oder derjenige, der dir dieses Buch gegeben hat, ist brilliant. Wie auch immer, deine Gemeinde wird am meisten davon profitieren.

Ich würde gerne den Ausdruck »*nur* ehrenamtlicher Mitarbeiter« aus deinem Wortschatz streichen. »Nur« kommuniziert einen Mangel an Wert und sollte niemals in Verbindung mit dem Wort »ehrenamtlich« verwendet werden.

In unserer Jugendarbeit versuche ich den Ausdruck »ehrenamtlich« zu vermeiden. Jeder, der bei uns mithilft, ist Mitarbeiter. Nur um niemanden zu verwirren, habe ich das Wort in diesem Buch benutzt.

Ich liebe meine Ehrenamtlichen. Ohne sie wäre effektive Jugendarbeit nicht möglich – und das ist keine Übertreibung. Ehrenamtliche sind das Rückrat einer gesunden Jugendarbeit.

Vielleicht ist das einer der Gründe, warum dich jemand gebeten hat, dieses Buch zu lesen.

Wenn du bereits ehrenamtlicher Mitarbeiter in der Jugendarbeit bist, dann sind das auch für dich realistische Schritte. Wenn du in einem Team arbeitest und nicht weißt, was von dir erwartet wird, dann wirst du bald vor Frust ausbrennen.

Wenn deine Rolle und die Erwartungen des Teams klar sind, dann kannst du dir die Details in diesem Kapitel anschauen und dem Jugendleiter dafür danken, dass er gute Arbeit macht.

Meine persönliche Erfahrung mit dem Erwartungsprozess

Diese sechs Schritte bewahren dich vor Leid und schmerzvollen Konsequenzen. Deutliche Erwartungen machen den Weg frei für positive erste Schritte beim Abenteuer Jugendarbeit.

Mich hat dieser Prozess vor einigen Jahren davor bewahrt, eine verlockende Stelle anzunehmen. Im Bewerbungsprozess habe ich mit fünf Gruppen aus dieser Gemeinde gesprochen:

- dem Pastor
- Mitarbeitern
- einer Gruppe wichtiger (und lautstarker) Eltern
- den ehrenamtlichen Mitarbeitern
- den vorhandenen jungen Leitern

Ich habe jeder Gruppe die Fragen aus Schritt 2 gestellt:

- Was wird von mir in diesem Job erwartet?
- Wer hat diese Erwartungen (Pastor, Eltern, Älteste)?
- Wie werden diese Erwartungen ausgewertet?
- Wer ist mein direkter Vorgesetzter und wie sieht sein Führungsstil aus?
- Wie wird Erfolg in meinem Verantwortungsbereich definiert?

Ich notierte mir die Antworten aller Personen. Nach einem anstrengenden Tag voller Gespräche habe ich alle ähnlichen Antworten kombiniert und hoffte, tiefer liegende Werte und Erwartungen zu finden.

Das Ergebnis hat mich schockiert. Über vierzig verschiedene Erwartungen wurden an mich gestellt!

Nur zwei waren sich etwas ähnlich:
- Lass die Gruppe wachsen.
- Biete eine Jugendarbeit, die den Jugendlichen Spaß macht.

Ich musste nicht viel nachdenken, um zu verstehen, dass ich diese Erwartungen unmöglich erfüllen konnte. Vierzig unterschiedliche! Mit dieser Arbeitsbeschreibung war ich zum Scheitern verurteilt. Diese Gemeinde hatte ein großartiges Gebäude, gute Bezahlung, einen netten Pastor und viele Hoffnungen und Träume im Blick auf ihren neuen Jugendpastor.

Das Problem war nur, dass sie keine übereinstimmenden Erwartungen hatten. Es waren keine schlechten Leute. Sie hatten einfach nur keinen Plan, wie man zu gemeinsamen Erwartungen kommt und diese kommuniziert.

Wenn Erwartungen – selbst unrealistische – nicht erfüllt werden, ist es immer der Jugendmitarbeiter, der schlecht wegkommt, nie die Gemeinde. Leider ist dieses Szenario nicht selten. Tausende von Jugendmitarbeitern nehmen Stellen mit unrealistischen Erwartungen in Gemeinden an, die es eigentlich nur gut meinen. Unterschiedliche Erwartungen sind eine Realität – sie kommen aus allen Richtungen und von allen Leuten.

Wenn du eine hauptamtliche Stelle hast, hat jeder Erwartungen an dich:
- der Pastor
- der Ehepartner des Pastors
- die Gemeindeältesten
- Eltern
- Ehrenamtliche
- Leiter
- junge Leiter
- Jugendliche
- das Haustier des Pastors
- im Grunde jedes einzelne Mitglied der Gemeinde

Wenn du ein Ehrenamtlicher bist, sind diese Erwartungen vielleicht etwas niedriger, aber sie sind trotzdem vorhanden. Der Jugendleiter, Eltern, die anderen Ehrenamtlichen, Jugendliche – alle haben ungeschriebene Erwartungen an dich.

Weil ich vorsichtig die Geschwindigkeit aus dem Prozess genommen habe, konnte ich herausfinden, was von mir als Jugendpastor erwartet wurde. Ich konnte eine Entscheidung über meinen aktuellen Job treffen, die auf soliden Informationen beruhte.

Weil ich Dougs Rat gefolgt bin, kamen unbekannte und unausgesprochene Erwartungen zur Rolle meiner Frau ans Tageslicht. Bevor ich zusagte, haben wir uns nochmals mit der Gemeindeleitung getroffen, um über die Erwartungen an Ehepartner der Mitarbeiter zu reden. Wir als Familie wollten ein realistisches Bild von dem haben, was uns erwartet.

Dougs Schritte haben zusammen mit Gebet und Gesprächen dazu beigetragen, dass die Entscheidung für die Gemeinde gefallen ist, in der ich jetzt als Jugendpastor arbeite.

Jeff Maguire

Sei vorsichtig und nimm ein Angebot nicht zu schnell an. Es kann zwar verlockend, aufregend, verführerisch und motivierend sein. Aber bevor du sagst: »Klar, ich werde die Jugendarbeit leiten!« oder »Natürlich kann ich ein ehrenamtlicher Kleingruppenleiter sein!«, arbeite den Erwartungsprozess durch.

Dein Ziel ist es, eine realistische, verständliche und vernünftige Dienstbeschreibung zu erstellen. Ohne sie wirst du, deine Zeit nicht richtig nutzen. Am Ende wirst du Gespräche über deine Mitarbeit führen, die dich entmutigen und deinem Einsatz nicht gerecht werden. Es ist hart, ein ehrliches Feedback zu bekommen, wenn du nicht genau weißt, was du eigentlich tun sollst.

Habe ich dich überzeugt? Stell deinen Nachtisch zur Seite und lass dir noch einen Kaffee bringen (ich nehme noch einen weiteren Nachtisch). Lass uns weiter über den Auswertungsprozess reden, um die Schritte besser zu verstehen.

Spezifischer werden

Schritt eins – Erzählen

So bin ich. Ich möchte gerne, dass ihr meine Stärken und Schwächen kennt und seht, was ich zu bieten habe.

Sei realistisch, wenn du von dir erzählst. Hab keine Angst, deine Stärken und Schwächen mitzuteilen. Jeder, der in der Position eines Vorgesetzten und in einem Einstellungsprozess ist, erwartet eine Kombination von beidem. Ich persönlich bin immer etwas enttäuscht, wenn Menschen ihre Schwächen nicht erwähnen und bin beeindruckt, wenn ich einen guten Überblick über Stärken und Schwächen bekomme.

Hier ein Beispiel einer realistischen Kombination:

Stärken
- Leitung
- Lehre
- Sozialkompetenz

Schwächen
- Mangel an Erfahrungen
- Administration/Details
- Konfliktmanagement

Wenn du über deine Stärken redest, solltest du auf diese Versuchungen achten: falscher Stolz oder falsche Demut. Es ist verlockend, mit deinen Gaben und Fähigkeiten zu prahlen und zu zeigen, wie perfekt du für diesen Job bist – selbst wenn du nicht so selbstbewusst bist, wie du dich anhörst.

Auf der anderen Seite solltest du auch nicht abwinken, wenn andere etwas Gutes über dich sagen: »Ach, das war doch nichts.« Diese Auszeichnungen sind vielleicht das Ergebnis einer Zeit der Anstrengung und Leitung. Mein Rat ist, Dankbarkeit mit Demut zu kombinieren.

Wenn das Gespräch auf deine Schwächen gelenkt wird, solltest du dir bewusst sein, dass Leute sie sowieso herausfinden werden! Wir alle haben Grenzen. Jeder Leiter ist eine Mischung aus Stärken und Schwächen. Lerne zu akzeptieren, dass du in einigen Dingen gut bist, in anderen dagegen schwach.

So sehr ich auch besser sein möchte, ich bin nur durchschnittlich begabt im Organisieren. Wenn du deine Grenzen erkannt hast, finde die Menschen, die deine Schwächen ausgleichen. Ich brauche Leute, die sich um die Details kümmern. Zeige anderen, dass du dich nicht einfach mit deinen Schwächen abgefunden hast. Zeige, dass du neue Dinge lernst, um die Schwächen zu minimieren. Weise gleichzeitig auch auf deine Stärken hin.

Schritt zwei – Fragen

- *Was wird von mir erwartet?*
- *Wer hat diese Erwartungen (Pastor, Eltern, Älteste)?*
- *Wie werden diese Erwartungen ausgewertet?*
- *Wer ist mein direkter Vorgesetzter? Wie ist sein Führungsstil?*
- *Wie sieht Erfolg in meinem Job aus?*

Keine dieser Fragen hat nur eine richtige Antwort, weil die Antworten von der Gemeinde und dem Dienstbereich der Jugendarbeit abhängen:

- Vollzeitstelle als Jugendpastor
- Vollzeitstelle in der Gemeinde mit Verantwortung in der Jugendarbeit
- Ehrenamtlicher Jugendmitarbeiter
- Praktikant

Trotzdem müssen diese Fragen immer noch gestellt werden, damit du...

- weißt, was erwartet wird
- weißt, was du tun sollst
- weißt, wo du anfangen sollst
- eine Grundlage für deine Auswertungen hast

Wenn du diese Fragen nicht stellst oder keine Antworten darauf findest...

- wird jeder eine eigene Vorstellung von dem haben, was du tun sollst
- wirst du hart arbeiten, um die Erwartungen anderer zu erfüllen
- wirst du einen kleinen Horizont haben und Wachstum behindern

Schritt drei – Vorstellungen mitteilen

Sag, was dir für die Bereiche persönliches Wachstum, Familie und Jugendarbeit wichtig ist.

Du solltest keine Bedenken haben, deine Verantwortung in der Jugendarbeit wie eine Ehe zwischen dir und der Gemeinde zu sehen. Die Gemeinde bekommt dich, aber du bekommst auch die Gemeinde. Das ist der Zeitpunkt im Bewerbungsprozess, an dem du die Mitglieder der Gemeinde wissen lässt, was dir wichtig ist. Du forderst nichts von ihnen.

Du malst ein Bild davon, wie du dir ein gesundes, ausgeglichenes Leben als Jugendmitarbeiter vorstellst:

»Ich würde gerne in einer Umgebung arbeiten, in der mein persönliches Wohlergehen und das meiner Familie genauso wichtig ist wie meine Produktivität als Angestellter.«

Einige beschuldigen mich, ich würde Jugendmitarbeitern sagen, sie sollen viel von der Gemeinde fordern. In Wahrheit bitte ich sie nur um Ehrlichkeit. Du musst ehrlich sein in dem, was dir wichtig ist. Wenn du im Bewerbungsprozess nicht über die Dinge redest, die du wertschätzt, dann endest du in einer Gemeinde, der dein Familienleben und deine persönliche Zeit nicht wichtig ist.

Du wirst es bereuen, wenn du diesen Schritt überspringst. Reue wird zu Bitterkeit, Bitterkeit verursacht Burnouts. Teile offen mir, was dir wichtig ist.

Du solltest auf jeden Fall hart für die Gemeinde arbeiten. Aber Gott sorgt sich auch um deine Familie und deine innere Welt. Die Balance zu finden ist nicht einfach, aber du musst um sie kämpfen, um das Abenteuer Jugendarbeit zu überleben.

Wenn du verheiratet bist, finde heraus, welche Erwartungen an deinen Ehepartner gestellt werden und erkläre, wie wichtig dir Zeit mit der Familie ist. Frag, ob die Gemeinde bestimmte Abende in der Woche hat, an denen die Mitarbeiter zu Hause bleiben können. Wenn nicht, sagt das vielleicht etwas über die Leiterschaft der Gemeinde im Hinblick auf Familien aus.

Die Gemeindeleiter meiner Gemeinde wollen, dass wir Mitarbeiter vier Abende in der Woche zu Hause sind. Das ist das Zeichen einer Gemeinde, die sich um Familien kümmert.

Du möchtest nicht von einem Ehepartner überrascht werden, wenn er sagt: »Ich bin weg, weil du nie zu Hause bist.« (Siehe Seite 278: Warum ich meinen Ehemann verlassen habe.)

Wenn du Single bist, unterschätze nicht die Wichtigkeit von Zeit, die du alleine verbringst. Zu Hause sein, ausruhen, neue Kraft schöpfen. Neben der körperlichen und geistlichen Stärkung entwickelst du gute Eigenschaften für eine mögliche spätere Ehe. Du machst deinen Jugendlichen und Leitern auch vor, wie ein Leben in Balance aussieht.

Niemand hat mehr Interesse an deinem Privatleben als du. Selbst deine Vorgesetzten, die für dich zuständig sind, denken nicht an alle deine persönlichen Bedürfnisse. Du wirst lernen müssen, nach dem zu fragen, was du brauchst. Je eher du es lernst, desto zufriedener wirst du sein.

Warum ich meinen Ehemann verlassen habe

Mein Ehemann ist Vollzeitler der Jugendarbeit. Er nimmt seine Arbeit sehr ernst und verbringt zwischen 50 und 70 Stunden pro Woche mit jungen Leuten.
Ich glaube, einer der Gründe für seinen Erfolg mit den Jugendlichen ist, dass er für sie immer erreichbar ist und ihnen hilft, wenn sie ihn brauchen. Deswegen wuchs die Teilnehmerzahl im letzten Jahr auf mehr als das Doppelte. Er weiß, wie er mit ihnen reden muss. Im letzten Jahr war er zwei bis drei Abende pro Woche weg, um bis Mitternacht mit Jugendlichen zu sprechen. Er nimmt sie mit auf Freizeiten, Ski-Camps und Übernachtungen auf Campingplätzen. Wenn er nicht bei den Jugendlichen ist, denkt er über sie nach und bereitet seine nächste Begegnung mit ihnen vor.
Falls er danach noch etwas Zeit übrig hat, hält er Seminare oder nimmt an Konferenzen teil und erzählt anderen, was Gott durch ihn tut.

Wenn es um Jugendarbeit geht, hat mein Ehemann immer 100 Prozent gegeben.
Ich glaube, deswegen habe ich ihn auch verlassen.
Nach 100 Prozent ist nicht mehr viel übrig.

Offen gesagt: Ich konnte mit Gott einfach nicht mithalten. Ich sage das so, weil mein Mann mich immer wieder auf seine Art daran erinnerte, dass es Gottes Arbeit sei und er Gott dienen müsse, wann und wo Gott ihn berufe. Junge Menschen heutzutage bräuchten Hilfe. Gott habe ihn berufen, ihnen zu helfen. Wenn ein junger Mensch ihn brauche, müsse er reagieren – oder er würde Gott und den jungen Menschen enttäuschen.

Als ich ihn bat, mehr Zeit mit mir oder unseren Kindern zu verbringen, tat ich das immer sehr vorsichtig. Und wenn ich etwas konkreter wurde, sagte mein Mann, ich würde »herumnörgeln«, versuchen, »ihn von Gottes Arbeit abzuhalten«, »mich selbstzentriert verhalten« oder hätte durch mein Bitten »ein geistliches Problem offenbart.«

Ich wollte nie etwas anderes als Gottes Willen für meinen Mann, aber ich konnte ihn nie zum Nachdenken darüber bewegen, ob seine Familie vielleicht auch Teil dieses Willens sein könnte.

Es war egal, wie viele Gespräche wir über seinen Terminkalender führten – er hat sie immer beendet mit: »Ok, ich höre mit dem Dienst auf, wenn es das ist, was du willst.« Natürlich wollte ich das nicht. Deshalb haben wir weitergemacht wie immer. Bis zur nächsten Diskussion.

Aber es gibt eine Grenze. Man kann sich nicht auf Dauer zurückschieben und ignorieren lassen. Man droht, ihn zu verlassen, ohne es zu tun – bis man seine Drohung wahr macht. Man denkt an die unangenehmen Konsequenzen, bis sie auf einmal gar

nicht mehr so unangenehm erscheinen. Man kommt zu dem Entschluss, dass nichts unangenehmer ist, als alleine zu sein und sich wertlos zu fühlen. Du denkst darüber nach, dass du eine Person bist, die als Individuum wertvoll ist. Du willst wieder eine echte Frau sein.
Das ist das, was ich getan habe.

Ich wollte mehr sein als Hausfrau, Windelwechslerin und Sexpartnerin. Ich wollte frei sein von der Bitterkeit und Schuld, die langsam meine geistliche Gesundheit auffraß. Und tief in mir war etwas, was nicht nur meinen Mann hasste, sondern auch alles, was er tat und anfasste.
Seine »Ich-liebe-dichs« wurden bedeutungslos, weil er nicht danach handelte. Seine Geschenke waren für mich Beweise seiner Schuld, weil er keine Zeit mit mir verbrachte. Seinen sexuellen Annäherungsversuchen begegnete ich mit Abweisung, was uns beide frustrierte und die Lücke zwischen uns noch größer werden ließ.

Alles was ich wollte, war zu wissen, ob er wirklich mit mir zusammen sein wollte. Aber wie sehr er sich auch bemühte – ich hatte immer das Gefühl, ich würde ihn von etwas abhalten. Er hatte eine Art, mich schuldig fühlen zu lassen, weil ich ihn dazu gezwungen hatte, Zeit mit mir zu verbringen statt mit seinen Jugendlichen. Ich hätte mir gewünscht, dass er nur einmal etwas für uns ausfallen lässt, statt immer uns ausfallen zu lassen.

Du musst mir nicht glauben, aber ich habe ihn und seine Arbeit einmal wirklich geliebt. Ich wollte nie, dass er in einem 8 bis 17 Uhr Job arbeitet. Ich habe auch nicht erwartet, dass er jeden Abend zu Hause ist. Ich habe versucht, jedes Versprechen zu glauben, das er gemacht hat und wirklich geglaubt, dass die Dinge sich ändern würden – aber das haben sie nie getan.

Eines Morgens wachte ich auf und sah ein, dass ich eine fürchterlich bittere Person geworden war. Ich lehnte nicht nur meinen Mann und seine Arbeit ab, sondern ich begann auch, mich selbst zu verachten.

Mit letzter Verzweiflung versuchte ich, mich selbst und unsere Kinder zu retten – ich glaube, ich wollte auch meinen Mann und seinen Dienst retten. Da habe ich ihn verlassen.

Ich glaube, er hat nie damit gerechnet, dass ich ihn verlassen würde.
Ich habe selbst nie daran geglaubt, dass ich das tun würde.
Aber ich habe es getan.

Anonym
(aus: Youthworker Journal, May/June 1992)

Schritt vier – Vorschläge machen

Mach realistische Vorschläge zur Entwicklung der Jugendarbeit in den ersten zwei Jahren.

Enthülle einen Plan, der zeigt, was du erreichen kannst. Zügel deinen Enthusiasmus. Die meisten Jugendmitarbeiter überschätzen das, was sie in einem Jahr erreichen können und unterschätzen, was sie in fünf Jahren erreichen können. Beginne, deine ersten zwei Jahre mit einer gesunden Portion Selbstbewusstsein und Realismus.

Selbstbewusstsein ohne Wissen führt dazu, dass du Leute enttäuschst. Hast du jemals in einer Gruppe von Freunden versucht zu entscheiden, welchen Film ihr anschauen wollt? Du schlägst einen Film vor, von dem du gehört hast, dass er gut sein soll. Wenn er am Ende doch nicht so toll ist, hast du ein seltsames Gefühl, weil du deine Freunde zu etwas überredet hast, das die Erwartungen nicht erfüllt hat.

Bevor du deiner Gemeinde das Gelbe vom Ei versprichst, denk sorgfältig über diesen Schritt nach.

Schritt fünf – Auswerten

Nimm dir Zeit zu beten, nachzudenken und Gottes Führung zu suchen. Rede mit deinen Freunden, deinem Ehepartner oder anderen Leuten darüber, wie du in die Jugendarbeit und in die Gemeinde passt. Überlege, ob die Erwartungen der Gemeinde mit dem übereinstimmen, was du gerne tun würdest, und mit Gottes Hilfe erreichen möchtest.

Dieser Schritt ist der einzige, der viel Zeit erfordert – so viel, wie du bereit bist, dafür zu investieren. Sei an dieser Stelle sorgfältig und langsam. Entscheide dich dazu, den Prozess durchzuziehen. Es ist möglich, dass du die Antwort bei den anderen Schritten schon gespürt hast. In deinem Herzen fühlst du vielleicht: »Ja, das hört sich gut an. Es scheint richtig zu sein.« Wunderbar! Weisheit erfordert das Gehörte im Gebet auszuwerten.

Vertraue deinem Gefühl und verbringe eine angemessene Zeit im Gebet, in Reflektion und im Dialog mit wichtigen Menschen, die dir harte Fragen stellen und Rat geben können. Es ist schwierig Enthusiasmus zu zügeln. Aber es ist wichtig, dass du den Dienst findest, zu dem du und der zu dir passt. Das ist es auch wert, etwas länger zu warten.

Die Auswertung wirft vielleicht noch weitere Fragen auf. Das ist in Ordnung. Du hast genug Zeit, um die Details zu klären. Hab keine Angst, zu viele Fragen zu stellen.

Stell dir vor, du hättest gehört, dass eine Gemeinde die folgende Erwartung geäußert hat: »Wir möchten, dass du eine Menge Zeit in Beziehungen mit den Jugendlichen verbringst.« Aber du erwartest, viel Zeit in Beziehungen mit Leitern zu investieren, die sich dann wiederum um die Jugendlichen kümmern.

Als du das erklärt hast, haben die Leute genickt und zugestimmt. Aber welche Erwartung wird nun gewinnen? Wirst du viel Zeit mit den Jugendlichen verbringen (ihre Erwartung) oder wirst du mehr Zeit mit den Leitern verbringen (dein Wunsch)?

Es wäre dumm zu denken: »Oh, das ist egal. So lange ich Zeit mit Menschen verbringe, ist alles okay.« Das ist nicht wahr! Die beiden Erwartungen sind grundsätzlich verschieden. Bevor du ja sagst, musst du wissen, worauf du dich konzentrieren kannst.

Ich kann dich nicht genug ermutigen, dass zu tun. Ich habe Freunde aus der Jugendarbeit tausendmal gefragt: »Hast du darüber geredet, bevor du angefangen hast?« Meisten ist die Antwort: »Ja, ich dachte, das hätten wir, aber vielleicht war ich nicht deutlich genug.«

Lerne aus den Fehlern deiner Freunde. Stell sicher, dass du die Erwartungen und die Sprache der Gemeindeleiter richtig verstehst – und dass sie ihre Erwartungen auch selbst verstehen. Schreibe auf, was ihr besprochen habt.

Hier noch ein Beispiel: Die Gemeinde hat die Erwartung, dass du die Gruppe wachsen lässt. Frage sie, wie sie Wachstum definieren. Meinen sie zahlenmäßiges Wachstum? An welche Zahl denken sie? Oder meinen sie geistliches Wachstum? Beides? Stell tiefgehende Fragen über ihre Erwartungen. Klare Kommunikation ist der Schlüssel zu einer effektiven Auswertung.

Schritt 6 – Starte

Starte mit der Einstellung und den Schritten, die eine gesunde Jugendarbeit fördern. Wenn notwendig, beginne noch einmal von vorne.

Ich kenne keinen, der ein Haus ohne Baupläne baut. Es ist notwendig, seine Richtung zu kennen. Du hast jetzt einige allgemeine Ideen für Jugendarbeit von mir bekommen und bist in der Lage, diese Ideen mit deinem Enthusiasmus und

Ich habe etwas Muskelkater im Nacken – weil ich absolut mit dem übereinstimme, was Doug in diesem Kapitel sagt und ständig nicken musste. Ich hoffe, jeder neue Mitarbeiter wird diese Anweisungen umsetzen, dann wirst du auf einer soliden Grundlage stehen, wenn du nach einer Stelle suchst, wo du Gott und Jugendlichen dienen kannst.

Doug schreibt: »Es ist wichtig, dass du eine Stelle findet, zu der du passt und die auch zu dir passt. Das ist es auch wert, etwas länger zu warten.« Damit stimme ich komplett überein. Einen Job anzunehmen, ohne genau zu wissen, worauf man sich einlässt, ist unweise. Aber auf der anderen Seite ist auch wahr, dass man nicht einfach nur rumsitzen sollte, bis die perfekte Gemeinde sich meldet. Das ist ebenfalls unweise.

Hier kommt eine interessante Frage: »Liebt Gott Jugendliche in nicht perfekten Gemeinden und beruft er Leiter, ihnen zu dienen?« Die offensichtliche Antwort ist »Ja«. Selbst Gemeinden mit zahllosen ungleichen Erwartungen für ihre Jugendarbeit brauchen und verdienen Leiterschaft für ihre Jugendlichen.

Wenn deine Tendenz ist, diese Gemeinden von vornherein auszuschließen, solltest du noch einmal über deine Motive nachdenken. Denn einfache Dinge, zum Beispiel mögliche Probleme im Bewerbungsprozess aktiv anzusprechen, können eine Menge Probleme lösen, bevor du eine Stelle annimmst. Zum Beispiel: »Wenn ich einen Vorschlag ausarbeiten könnte, mit dem wir alle unsere Ziele für die Jugendarbeit erreichen und mir gleichzeitig vier Nachmittage frei halten würde, um zu Hause zu sein – würdet ihr diese Veränderung unterstützen?« Oder: »Bevor wir weiter planen, können wir uns mit einigen Jugendlichen, Eltern und Ehrenamtlichen für ein paar Stunden zusammensetzen und klären, ob wir uns bei den Erwartungen an den neuen Jugendpastor einigen können?«

Mit möglichen neuen Gemeinden transparent zu sein – also harte Fragen zu stellen und zu beantworten – und den Grad der Übereinstimmung von Vision und Richtung herauszufinden, sind extrem wichtige Dinge.

Aber sie sind nicht die Hauptsache, sondern nur Werkzeuge. Denn selbst nach vorsichtigen Gesprächen mit Gemeinden (und Folgegesprächen mit Ehepartner und Gemeindeleitern), kommt alles an einem Punkt zusammen: Auf deinen Knien vor Gott.

Wenn du nach Gottes Willen suchst, ist es wichtig, nach der Stelle zu suchen, die am besten zu dir passt. Doug hat diesen Prozess besser beschrieben, als andere, die es bis jetzt versucht haben. Aber dieses Kapitel macht genauso deutlich, dass deine Entscheidung am Ende in dieser geheimnisvollen und doch konkreten Realität ruhen muss: Der Berufung.

Richard Ross,
Gründer von »Wahre Liebe wartet«,
Professor für Jugendarbeit am Southwestern Baptist Theological Seminary/Texas

den Erwartungen, die an dich gestellt werden, zu verbinden. Du solltest selbstbewusst genug sein, um sagen zu können: »Das brauche ich, um Gott in diesem Umfeld zu dienen.«

Nimm dir etwas Zeit und lege deine Zukunft in Gottes Hände. Fall nicht dem Druck zum Opfer, sofort den Jugendlichen hinterher rennen zu müssen. Stattdessen geh auf die Knie und danke Gott, dass er dir den Mut gibt, die richtigen Fragen zu stellen. Bitte ihn um Weisheit bei der Bewertung der Antworten und um den Glauben, weiterzugehen.

Du hast vielleicht ein klares Bild von den Erwartungen deiner Gemeinde, aber verliere Gottes Rolle im deinem Dienst nicht aus den Augen. Wenn er nicht mehr Teil der Gleichung ist, wirst du verlieren.

Der Rest dieses Kapitels ist für hauptamtliche Jugendleiter geschrieben. Wenn du ein Ehrenamtlicher in deinem Team bist, kannst du zum Epilog auf Seite 289 springen.

Deine ersten zwei Jahre im Abenteuer Jugendarbeit: An die Arbeit gehen!

Ich kann Jugendleitern keine perfekte Methode nennen, wie sie ihren Dienst anfangen sollten. Es gibt keinen Ansatz, der auf alle passt und keine Sofortlösung, die für alle Gemeinden, in allen Denominationen, in allen Städten und in allen Kulturen funktioniert.

Aber wenn du durch die sechs Schritte des Erwartungsprozesses gegangen bist, dann hast du sicher ein gutes Gefühl dafür, wo du anfangen kannst. Schau dir deine Dienstbeschreibung genau an, entwickel deine Prioritäten und arbeite daran, sie umzusetzen.

Ich nehme an, dass du dir beim Lesen dieses Buches einiges notiert hast und deine Prioritäten kennst. Geh das Buch noch einmal durch und schau dir die Dinge an, die du gelesen und markiert hast, damit deine Prioritäten frisch in deinen Gedanken sind.

Persönliche Prioritäten

Ich hätte gerne Statistiken über ehemalige Jugendmitarbeiter, die in ihrem Dienst keine Priorität auf ihr persönliches Leben gelegt haben. Diese Statistiken wären wahrscheinlich sehr deprimierend. Der Applaus gehört den Leuten, die sich um ihre persönliche und innere Welt kümmern und den Marathon Jugendarbeit bis zum Ende laufen. Traurigerweise bekommen die meisten Jugendmitarbeiter Applaus für das, was sie tun – nicht für das, was sie sind.

- Entwickle und schütze dein persönliches, inneres Leben. Verbessere dadurch deine Chancen, länger im Dienst zu bleiben.
- Entwickle eine regelmäßige Gewohnheit, Zeit mit Gott zu verbringen. Bereite so dein Herz für den Dienst vor. Unterschätze nie die Kraft einer täglichen Verbindung mit Gott.
- Kommuniziere klar und regelmäßig das Bild von der Zukunft, das du dir vor Augen halten möchtest. Zum Beispiel: »Ich möchte Zeit mit Jugendlichen verbringen, Jugendliche und ehrenamtliche Leiter entwickeln und Familien helfen.«
- Entwickle Fähigkeiten im Zeitmanagement.
- Finde mindestens einen guten Freund, dem Jugendarbeit und dein Pastor egal sind.
- Nimm dir regelmäßig einen Tag in der Woche frei. Mach dies zu einem unumstößlichen Prinzip.

Prioritäten für deine Beziehungen

Lege großen Wert auf die Beziehung zu anderen Menschen – selbst wenn du gerade dabei bist, Veränderungen und Ideen umzusetzen. Egal, wo du auf deinem Abenteuer Jugendarbeit gerade bist, behalte Menschen auf deiner Prioritätenliste ganz weit oben. Für Jugendliche, Leiter und Eltern sollte in deinem Herzen immer viel Platz sein. Die Balance zwischen Menschen und Aufgaben zu finden, wird eine lebenslange Herausforderung sein. Aber im Dienst geht es um Menschen.

- Lerne jeden in deiner Jugendgruppe kennen.
- Finde und bestätige junge Leiter.
- Entwickle Beziehungen zu einflussreichen Eltern.
- Verbringe Zeit mit Gemeindeleitern, Ältesten und Entscheidungsträgern.
- Treffe dich mit Menschen, die Jugendliche beeinflussen.

Prioritäten für deine Leiterschaft

Leiter brauchen andere Leiter, um sich formen zu lassen. Du tust dir einen Gefallen, wenn du dich mit einem älteren Jugendpastor triffst und ihn bittest, dir in deinem Dienst zu helfen. Du bekommst neue Einblicke, Perspektiven und Führung von jemandem, der schon mal dort war, wo du gerade bist. Sei nicht zu schüchtern, jemanden darauf anzusprechen. Auch wenn du erst abgewiesen wirst, ist es die Sache wert, wenn du am Ende die richtige Person gefunden hast.

Frage demütig und respektiere immer die Zeit dieser Person. Geh zusätzlich folgende Schritte:

- Entwickle einen Prozess, um erwachsene Mitarbeiter ins Team zu holen.
- Stell deinen Ehrenamtlichen wichtige Prinzipien und Schritte vor.
- Entwickle eine Zielaussage (ein Purpose-Statement) für die Jugendarbeit.
- Frag einen älteren Jugendleiter nach seinen zwei Lieblingsbüchern zum Thema Leiterschaft.

Vor etwa neun Monaten habe ich eine Gemeinde gefunden, die perfekt zu sein schien (schöne Gebäude, guter Standort, moderne Musik). Aber während des Bewerbungsprozesses habe ich mein Gehirn zum Ausruhen in den Urlaub geschickt.

Ich bin schon seit neun Jahren in der Jugendarbeit und habe mir nicht die Fragen gestellt, die ich sonst bei Bewerbungen immer stelle – und das verfolgt mich. Ich habe die Gemeindeleitung nicht über ihre Philosophie der Jugendarbeit gefragt. Also bin ich mit meiner Familie umgezogen, habe ein Haus gekauft, habe mich eingelebt, um dann herauszufinden, dass a) mein Pastor Jugendliche hasst, b) du keine kurzen Hosen in der Gemeinde tragen darfst, c) Jungs, die in der Band mitspielen wollen, keine Ohrringe tragen dürfen, d) alle anderen Jugendmitarbeiter in der Gemeinde aufgewachsen sind und »praktisch kostenlos« gearbeitet haben, e) ich kein Pastor bin, sondern nur der Koordinator für Aktivitäten, die der Unterhaltung der Jugendlichen dienen und f), dass ich ein jährliches Budget von 1.000 Dollar habe – in einer Gemeinde mit 700 Gottesdienstbesuchern am Wochenende. Unglaublich! Wir mussten sogar Veranstaltungen durchführen, um Geld zu sammeln, obwohl wir es gar nicht selbst nutzen durften.

Also, lern bitte aus meinen Fehlern. Frag die Gemeinde, was sie über Jugendarbeit denkt und was ihre Vision für Jugendarbeit ist. Eine gute Sache, die sich daraus ergeben hat: Ich bin weg von Veranstaltungen gekommen und habe meine ganze Energie darauf konzentriert, Beziehungen zu bauen (vertikal und horizontal). Vielleicht ist es das, was Gott mir dadurch beibringen wollte.

Lee Brown,
Crossroads Community Church,
Bedford/Indiana

Prioritäten für deine Veranstaltungen

Veranstaltungen kommen und gehen. Sie werden meiner Meinung nach viel zu hoch bewertet. Veranstaltungen sind das Mittel zum Zweck und nicht der Zweck selbst. Setz Veranstaltungen ein, um die biblischen Ziele zu erfüllen und deine Zielgruppe zu erreichen.

- Schreibe dir Termine auf, an denen du dir Zeit zur Auswertung nimmst.
- Werte alle existierenden Veranstaltungen aus, indem du die Zielgruppe und das biblische Ziel definierst.
- Bring Veränderungen ein, die die biblischen Ziele und die Zielgruppe verbessern. Schaff tote Veranstaltungen ab, damit du effektiver wirst.
- Werte aus, ob deine Predigten oder Bibelarbeiten für Jugendliche verständlich und relevant sind.
- Predige über die biblischen Ziele: Evangelisation, Gemeinschaft, Jüngerschaft, Dienst und Anbetung.

Du siehst etwas erschöpft aus am Ende unseres Essens. Verständlich! Wir haben über sehr viele Dinge gesprochen. Der Tisch ist voll mit Notizen und Diagrammen. Du wirst einige Dinge wohl bald wieder vergessen haben. Auch das ist verständlich. Arbeite dieses Buch in einigen Monaten noch einmal durch. Erinnere dich an Prinzipien, die du kennst, aber die du noch nicht umgesetzt hast.

Ich ermutige dich, ein Exemplar dieses Buches deinen anderen Mitarbeitern zu geben. Wenn zwei oder mehr Mitarbeiter das Gleiche denken, entsteht ein gemeinsamer Ansatz für Jugendarbeit. Gemeinsame Leitung bringt Gesundheit. Und sie bringt Einheit bei Veränderungen. Du kannst nicht alles alleine erreichen, aber mit einem Team wirst du Erfolg erleben.

Ich habe zwei Jahre an diesem Buch geschrieben, zwischen den Verpflichtungen meiner eigenen Jugendarbeit. Jedes Mal, wenn ich etwas schreiben wollte, bat ich Gott um Worte der Ermutigung, hilfreiche Ideen und Impulse, die dich motivieren. Als Jugendpastor ist mein Herz voller Verständnis für die Aufgabe, die du hast, voll Mitleid über die Hürden, die du nehmen musst, und voll Spannung auf deine zukünftige Arbeit.

Danke, dass du ein »Lernender« bist. Danke, dass du Jesus und Jugendliche liebst. Danke, dass du dein Herz beschützt. Du wirst nicht alles richtig und auch nicht alles falsch machen, aber du wirst für deinen treuen Dienst belohnt werden. Was für eine Freude, gemeinsam das Abenteuer Jugendarbeit zu bestreiten!

Keep in touch ... und halt durch!

fragen zu kapitel 12

was kann ich als nächstes tun?

Zur Gruppendiskussion

- Weißt du, was von dir erwartet wird?
- Welche Stärken und Schwächen würdest du in Schritt 1 (Erzählen) aufschreiben?

Zur persönlichen Reflektion

- Welche der Reaktionen auf Seite 269 beschreibt mich am Besten?
- Was weiß die Gemeinde nicht über mich?
- Habe ich meiner Arbeitsstelle zu früh zugesagt? Wenn ja, gibt es etwas, das ich tun kann, nachdem ich dieses Kapitel gelesen habe?
- Was möchte ich aus meiner Zeit in der Jugendarbeit machen?
- Wo fühle ich mich missverstanden? Wo habe ich die Erwartungen der Gemeinde missverstanden?

Nächste Schritte

- Geh das Buch noch einmal durch und schau, ob du etwas unterstrichen hast, das du noch einmal lesen und dann umsetzen möchtest.
- Finde Möglichkeiten, wie du Mitarbeiter in deinem Team dazu bewegen kannst, dieses Buch zu lesen.
- Triff die Entscheidung, auch weiterhin ein »Lernender« zu sein.

epilog

Ich schreibe diese letzten Worte an einem Sonntagnachmittag in meinem zweiten Büro – Taco Bell. Meine Aufgaben in der Gemeinde sind für heute erledigt und ich bin hierher gekommen, um dem Buch den letzten Schliff zu geben.

Ich liebe und hasse diese Aufgabe zugleich. Weil ich so lange daran geschrieben habe, freue ich mich darüber, dass das hier meine letzten Worte sind. Aber gerade weil es so lange gedauert hat, bin ich traurig.

Die Seiten dieses Buches waren wie ein guter Freund. Die einzelnen Kapitel zu schreiben, hat sich angefühlt wie eine Unterhaltung. Es hat Spaß gemacht, war herausfordernd, hilfreich und hat mir Hoffnung gegeben.

Ich hoffe, du hast beim Lesen genauso viel Freude empfunden wie ich beim Schreiben. Ich habe dafür gebetet, dass dieses Buch nicht einfach nur ein weiteres Buch über Jugendarbeit ist, sondern Mitarbeiter zum Weitermachen und Jugendleiter zum Leiten inspiriert.

Unser Treffen in deinem Lieblingsrestaurant ist jetzt vorbei, und es ist Zeit zu gehen.

In Dankbarkeit für das, was du tust und wer du bist,

Doug Fields

Vereinbarung für Jugendmitarbeiter

Ich möchte gerne in der Jugendarbeit mitarbeiten. Deswegen habe ich mir die Veranstaltungen der Jugendarbeit angeschaut und die Grundlagen zur Mitarbeit gelesen. Ich habe Zeit im Gebet verbracht und die Entscheidung mit meiner Familie besprochen.

Ich entscheide mich, folgende Punkte einzuhalten:

- Ich erkenne Jesus Christus als meinen persönlichen Herrn und Erlöser an und habe eine persönliche Beziehung mit ihm.
- Ich möchte, dass meine Beziehung zu Jesus Christus wächst und entscheide mich dazu, regelmäßig Zeit mit Gott zu verbringen, aktiv am Gemeindeleben teilzunehmen und mir einen Rechenschaftspartner zu suchen.
- Ich entscheide mich für einen Lebensstil, der ein Vorbild für Jugendliche ist.
- Ich entscheide mich, mindestens ein Jahr lang mitzuarbeiten.
- Ich entscheide mich, an den monatlich stattfindenden Mitarbeitertreffen teilnehmen.
- Ich versuche, mindestens einen weiteren Mitarbeiter für die Jugendarbeit zu gewinnen.
- Ich habe die fünf biblischen Ziele für Gemeinde und die Strategie der Jugendarbeit verstanden. Ich möchte helfen, diese Ziele zu erfüllen und mich um die Jugendlichen zu kümmern, die Gott zu uns führt.
- Ich entscheide mich, regelmäßig (und pünktlich) zu Veranstaltungen zu kommen. Ich weiß, dass ich ein wichtiger Teil der Jugendarbeit bin und meine Anwesenheit wichtig ist.

Meine Zusage gilt für die folgenden Veranstaltungen:

- ☐ Ansprechpartner für Gäste
- ☐ Kleingruppenleiter
- ☐ Teamleiter für Arbeitsbereich: ______________________________
- ☐ Mentor

____

Datum, Unterschrift

Diese Vereinbarung kannst du als Word-Dokument unter www.simplyyouthministry.de/gratis runterladen.

anhang b

faqs

Fragen 1 bis 3 richten sich an die Gemeindeleitung
Fragen 4 bis 5 richten sich an Jugendleiter
Fragen 6 bis 10 richten sich an alle Mitarbeiter

1. Welche Qualitäten erwarten die meisten Gemeinden von einem Jugendleiter?

Es ist schwierig, zu definieren, wonach die meisten Menschen suchen, aber wenn ich mir die Stellengesuche anschaue, kann ich fünf Dinge sehen, die scheinbar für die meisten Gemeinden sehr wichtig sind.

- *Jung.* Gemeinden suchen oft nach Mitarbeitern, die Anfang 20 sind.
- *Verheiratet.* Einige Gemeinden glauben, dass verheiratet sein ein Zeichen von Stabilität ist – oder sie haben schlechte Erfahrungen mit Mitarbeitern gemacht, die Single sind und Beziehungen mit Jugendlichen aus ihrer Jugendgruppe hatten.
- *Kann gut organisieren und nimmt an Aktivitäten und Events teil.* Viele Gemeinden glauben, dass ein guter Jugendmitarbeiter die Jugendlichen beschäftigt.
- *Voll Energie.* Ich glaube der Grund dafür ist, dass Mitarbeiter viel Energie brauchen, um bei allen Veranstaltungen zu sein, die sie selbst planen.
- *Mag Jugendliche.* Ich bin froh, dass das auf der Liste steht. Sonst wäre es eine sehr deprimierende Liste.

Traurigerweise ist das die Art von Liste, die dazu beiträgt, dass Gemeinden ständig Mitarbeiter zerstören. Wenn du in deiner Gemeinde in der Position bist, nach einem Mitarbeiter zu suchen und ihn anzustellen, dann würde ich dich ermutigen, diese Liste mit der Liste aus der nächsten Frage zu vergleichen.

2. Nach welchen Qualitäten schaue ich, wenn ich einen neuen Mitarbeiter suche?

Meine Liste sieht ziemlich anders aus. Wenn ich in dem Team wäre, dass mögliche Mitarbeiter aussucht, würde ich nach folgenden Dingen schauen:

- *Ein Herz für Gott.* Wenn das nicht da ist, dann braucht man gar nicht weiter zu machen.
- *Liebe zu Menschen.* Hört sich das bekannt an? Liebe Gott und Liebe Menschen…
- *Leiter.* Wenn du einen Leiter finden kannst, der andere liebt, dann ist das super. Natürlich ist es toll, ein paar jüngere Leiter mit viel Energie zu haben – siehe Liste unter Punkt 1 – aber ein guter Leiter kann später immer noch solche Mitarbeiter finden.
- *Förderer.* Lies Kapitel 8 und 9, falls du das nicht verstehst.
- *Kommunikator/Lehrer.* Von den fünf Qualitäten ist das diejenige, die am wenigsten wichtig ist und wahrscheinlich auch diejenige, die am meisten von meinem Stil von Jugendarbeit abhängig ist.

3. Wie kann unsere Gemeinde einen guten Mitarbeiter für die Jugendarbeit finden?

Jede Gemeinde kann einen Jugendmitarbeiter anstellen, aber ihn dann zu halten ist eine grosse Herausforderung. Eine Antwort auf diese Frage muss etwas tiefer sein, als einfach nur eine Liste, aber leider konnte ich kein ganzes Kapitel zu dieser Frage schreiben. Deswegen möchte ich euch gerne eine Liste geben und euch bitten, die Punkte sorgfältig zu überdenken und mit anderen Menschen, die sich für die Jugendarbeit einsetzen, zu diskutieren.

- *Du musst wissen, nach welcher Art von Jugendleiter du suchst.*
  Viele Gemeinden beginnen den Suchprozess ohne zu wissen was sie wollen. Es ist nicht ungewöhnlich, dass der Pastor, ehrenamtliche Mitarbeiter, das »Suchkomittee« und die Jugendlichen komplett andere Vorstellungen von der Person haben, die sie gerne in einer Leitungsposition haben wollen. Bevor ihr mit der Suche beginnt, solltet ihr zu einem Konsens kommen.

- *Sei bereit, in deinen Jugendmitarbeiter zu investieren*
  Viele Gemeinden wollen eine »billige Arbeitskraft«, deswegen suchen sie nach jemandem, der jung und unerfahren ist und nicht viel Gehalt braucht. Aber denk daran: Du bekommst das, wofür du bezahlst. Wenn eine Gemeinde keine Position im Jugendbereich mit einem angemessenen Gehalt und Budget finanzieren will, wird es eine Position sein, die eine hohe Fluktuation hat. Natürlich sollte es nicht nur um Geld gehen, aber eine Gemeinde sollte ihren Wunsch nach einer gesunden Jugendarbeit auch dadurch kommunizieren, dass sie bereit ist, etwas dafür zu bezahlen.

- *Schreibe deine Stelle aus und bitte erfahrene Jugendmitarbeiter um Hilfe*
  Viele Gemeindeverbände schreiben offene Stellen in der Jugendarbeit aus. Wenn du diese Möglichkeit nutzt, dann erwarte eine Vielzahl von Bewerbungen. Zusätzlich ist es auch eine gute Idee, erfahrene Mitarbeiter anderer Gemeinden um Hilfe zu bitten. Du könntest sie fragen: »Kennst du einige gute Jugendmitarbeiter?« Du brauchst nicht noch »...die einen neuen Job suchen« dazufügen. Frag einfach nach ein paar Namen und Gemeinden und schreibe sie auf. Dann schick diesen Leuten einen Brief und erzähle ihnen von deiner offenen Stelle. (Bitte nicht die Leute darum, die dir den Namen gegeben haben. Es ist deine Aufgabe.) Die meisten guten Mitarbeiter werden gefunden und suchen nicht nach dir.

- *Führe Bewerbungsgespräche mit Integrität*
  Erzähle während des Bewerbungsprozesses ehrlich über das, was in deiner Jugendarbeit bis jetzt passiert ist. Kein neuer Mitarbeiter will überrascht werden und dann brummeln: »Warum habt ihr mir das nicht vorher gesagt?« Jede Gemeinde hat Stärken und Schwächen – sage die Wahrheit über beide. Es ist unethisch, jemanden anzustellen, ohne von den Leichen im Keller zu erzählen.

Eine Gemeinde hat neulich einen meiner Freunde angestellt. Zwei Wochen nach dem er dort angefangen hat, hat die Gemeindeleitung ihm gesagt, dass das Budget für den Jugendbereich schon um 250 Prozent überzogen war und er in den nächsten neun Monaten kein Geld ausgeben darf. Hätte er das vorher gewusst, hätte er trotzdem den Job angenommen, aber seine Erwartungen wären realtischer gewesen. Statt dessen ist er bitter und hat ein wenig Angst vor der Gemeindeleitung, weil sie ihm nicht von Anfang an die Wahrheit gesagt hat.

- *Schüre eine Erwartungshaltung*
  Roll den Roten Teppich aus, wenn dein neuer Jugendmitarbeiter ankommt. Bitte Familien aus deiner Gemeinde, den neuen Mitarbeiter (und seine Familie) zum Abendessen einzuladen. Bereite den Schreibtisch vor, schliess den Computer an und schreibe ein paar ermutigende Nachrichten und lege sie auf den Schreibtisch. Du möchtest gerne eine »Jetzt-geht's-los«-Atmosphäre für deinen neuen Mitarbeiter kreieren, weil das »oh nein« der Jugendarbeit schon bald um die Ecke kommen wird. Ausserdem sind die ersten paar Wochen im Job einsam. Zeige von Anfang an, dass du eine Gemeinde bist, die sich um ihre Mitarbeiter kümmert.

- *Gib Lernmöglichkeiten*
  Wenn ein Jugendmitarbeiter mit Lernen aufhört, hört er gleichzeitig auch auf, ein guter Leiter zu sein. Wenn du dich entscheidest, in deinen Jugendleiter zu investieren, dann investiere in seine weitere Ausbildung. Stelle finanzielle Mittel zur Verfügung, damit er Konferenzen und Seminare besuchen oder Bücher kaufen kann, die hilfreich sind.

- *Unterstütze seine Familie*
  Es ist ein Geschenk für den Ehepartner und die Kinder deines Jugendmitarbeiters, wenn deine Gemeinde sie unterstützt. Eine von vielen Dingen, die ich bei Saddleback Church liebe ist, dass sich die Menschen dort um meine Familie kümmern. In meiner Jobbeschreibung steht, dass ich nicht mehr als 3 Abende pro Woche für dienstliche Aufgaben von zu Hause weg sein darf. Was noch wichtiger ist: Meine Kinder bekommen für Camps und Aktivitäten einen Rabatt. Und meine Frau wird für ihre Rolle als Ehefrau wertgeschätzt, egal wie viel sie mitarbeitet. In einem Satz: Meine Familie freut sich, dass ich in meiner Gemeinde arbeite.

- *Biete regelmäßige Feedbacks an*
  Jeder Angestellte sollte das Priveleg haben, zu wissen, wie er seine Arbeit tut. Genauso sollte eine Gemeinde allen Mitarbeitern eine Auswertung, basierend auf der Jobbeschreibung, anbieten.

- *Biete die Möglichkeit des Mentorings an*
  Ich schlage nicht vor, dass du einen Mentor für deinen Jugendleiter suchen sollst, aber ich würde dich ermutigen, deinem neuen Mitarbeiter ein paar weise Menschen in der

Gemeinde vorzustellen, die sich um ihn kümmern und eine Rolle in seinem Leben spielen könnten. Der richtige Mentor kann viele Jahre zum Durchhaltevermögen eines Mitarbeiters dazufügen.

- *Sei großzügig mit Lob*
  Angestellte verlassen nur selten einen Arbeitsplatz an dem sie wertgeschätzt werden. Und das ist der lauteste Aufschrei, den ich von Jugendmitarbeitern höre. Lob muss global sein, denn je länger jemand in einer Gemeinde arbeitet, desto weniger Lob wird er bekommen. Ein einfacher Kommentar, wie z.B. »Ich finde es gut, was du mit den Jugendlichen machst und wie du als Mensch bist.« wird immer wieder frischen Atem in das Leben eines müden und entmutigten Jugendarbeiters hauchen.

4. Welche Fragen sollte ich in meinem ersten Vorstellungsgepsräch bei einem möglichen neuen Arbeitgeber stellen?

Das ist eine sehr wichtige Frage! Viele von meinen Freunden, die von einer Gemeinde entlassen wurden, haben gesagt, »Hätte ich bei meinem ersten Interview nur bessere Fragen gestellt.« Hier ist eine Liste mit ein paar wichtigen Fragen:

- Wie sieht Erfolg in den ersten drei (sechs, zwölf) Monaten aus?
- Warum ist der vorherige Jugendpastor gegangen?
- Erzählt mir von einem Jugendmitarbeiter, der nicht erfolgreich war. Und die Gründe dafür.
- Erzählt mir von einem Jugendmitarbeier, der ein »Held« war.
- Stellt ihr mich an, um für jeden Jugendlichen selbst der Pastor zu sein oder um andere Erwachsene für diese Rolle auszurüsten.
- Wie werden Gehaltserhöhungen bestimmt?
- Was war bis jetzt das Budget für die Jugendarbeit? Wie wird sich das in Zukunft ändern? Ist das Gehalt des Jugendpastors darin enthalten?
- Was sind die Erwartungen der Gemeinde an geistliches und zahlenmässiges Wachstum?
- Wie oft werden Feedbacks für den Job angeboten? Wer bietet sie an?
- Wer ist mein direkter Vorgesetzter? Wie viel Zeit pro Woche werde ich mit dieser Person (Gruppe) verbringen?
- Wie sieht der Entscheidungsprozess im Jugendbereich aus?
- Welche Erwartungen werden an den Jugendpastor ausserhalb der Jugendarbeit gestellt?
- Kam es schon mal vor, dass die Gehälter nicht ausgezahlt werden konnten, weil die Gemeinde nicht genug Geld hatte?
- Was passiert, wenn die Gemeinde das Budget überschreitet?
- Wie sieht eine typische Arbeitswoche aus?

5. Woher weiß ich, wann es an der Zeit ist, meinen Job aufzugeben?

Es gibt nie einen Grund dafür, übers Aufgeben nachzudenken, wenn Dinge gut laufen – aber wenn Dinge schlecht laufen, denkt man ständig darüber nach. Das ist eine schwierige Frage und man kann sie kaum beantworten, ohne alle Details der jeweiligen Jugendarbeit zu kennen. Ein Prinzip, das ich gelehrt bekommen habe ist, dass man nie ans Aufgeben denken sollte, wenn man entmutig ist. Wenn man am Boden ist, dann sieht alles dunkel aus – und du weißt ja, dass viele Umstände einen Jugendmitarbeiter in seinem Job runterziehen können:

- Wenn du von jemandem in der Gemeinde verletzt worden bist.
- Wenn du mit anderen im Konflikt bist.
- Wenn deine Arbeit scheinbar stecken geblieben ist.
- Wenn du Ärger für wirklich schlimme Dinge bekommst, wie zum Beispiel die Stifte nicht wieder in die richte Box legen.

Die gute Nachricht ist, dass gute Jugendpastoren überall gebraucht werden und Gemeinden immer auf der Suche sind. Deswegen wird es wahrscheinlich immer eine Gemeinde geben, die mehr bezahlt und die von außen so aussieht, als hätte sie keine Probleme. Vielleicht ist ein anderer Job wirklich besser bezahlt, aber lass dich nicht täuschen – es gibt keine problemfreie Gemeinde oder Jugendarbeit. Wenn du eine Gemeinde wegen Problemen verlässt, oder weil du verletzt worden bist, tauschst du nur deine alten Probleme gegen neue aus.
Zusätzlich zu regelmäßigem Gebet und Ratschlägen musst du dir selbst ein paar harte Fragen stellen. Mein Freund Duffy Robbins schreibt in seinem Buch (Youth Ministry Nuts & Bolts) ein paar wichtige Fragen auf, über die du nachdenken solltest, bevor du weiter gehst:

- Bin ich schon lange genug hier gewesen, um meine effektivsten Jahre zu erleben?
- Habe ich einen Traum für diese Arbeit?
- Passen meine geistlichen Gaben mit dem zusammen, was in dieser Position gebraucht wird?
- Ist meine »Dienstphilosophie« mit der meiner Gemeinde kompatibel?
- Sind Menschen bereit, mir zu folgen?

Zusätzlich zu den Fragen von Duffy kannst du noch diese Fragen stellen:

- Hat Gott mein Herz darauf vorbereitet, dass ich den Job verlassen werde? Z.B. durch ständiges Nachdenken darüber?
- Möchte ich wegziehen, um meinen derzeitigen Problemen aus dem Weg zu gehen?
- Hat meine Gemeinde einen ständigen Mangel an Unterstützung aufgewiesen?
- Kann ich an diesem Ort weiterhin wachsen und mich weiter entwickeln? Habe ich in dieser Gemeinde alles versucht, um alle meine Gaben zu entdecken?
- Gibt es ein Problem an Integrität, das meinen eigenen Standard verletzt?

Ich bin sicher, dass du noch mehr Fragen beantworten musst, um den Unterschied zwischen Gottes Berufung und deinem Wunsch, die Gemeinde zu verlassen, herauszufinden. Ich habe mit tausenden von Jugendarbeitern geredet und weiß, dass diese Entscheidung immer ein Kampf ist. Und ich habe auch gelernt, dass Gott Jugendmitarbeiter benutzt, die in einer unperfekten Umgebung arbeiten.

6. Wie sieht ein typischer Jahresablauf aus?

Ich glaube daran, dass es nicht nur *einen* richtigen Weg gibt, um etwas zu tun, aber trotzdem habe ich eine Faustregel, die ich normalerweise an junge Leiter weiter gebe.
Zusätzlich zu deinen wöchentlichen Veranstaltungen würde ich etwa 8 bis 12 zusätzliche Aktivitäten pro Jahr als gesund bezeichnen. Sie müssen nicht alle verrückt und wild sein, damit sie in den Bereich der Aktivitäten fallen. Zum Beispiel veranstaltest du in einem Monat etwas, was Spaß macht (Lade deine Freunde ein/Evangelisation) und den nächsten Monat arbeitest du an einem Projekt (Dienst). Ich möchte dich ermutigen, dass du nicht irgendwelche Aktivitäten unterstützt, nur damit dein Kalender voll aussieht und deine Jugendlichen beschäftigt sind. Wenn du eine Veranstaltung planst, dann solltest du eine Antwort auf die Frage »Warum?« haben (siehe Kapitel 10). Ausserdem würde ich Camps und Freizeiten ebenfalls in diese Kategorie einordnen, so dass du schon mal ein oder zwei (Sommercamp und Winterfreizeit) Aktivitäten hast. Die richtige Auswahl und Balance von Aktivitäten kann sehr stark zur Gesundheit einer Jugendarbeit beitragen.

7. Wie entscheide ich, welche Themen ich durchnehme?

Die folgenden Gedanken könnten dir bei der Erstellung eines Themenplans helfen:

- *Das Lehren von geistlicher Wahrheit sollte persönlich sein.* Das heißt, welches Thema auch immer du behandeln möchtest, es sollte seinen Ursprung in einer Leidenschaft für dieses Thema und für die Jugendlichen haben. Als Leiter sind wir dazu berufen, nicht einfach nur eine Serie von theologischen Wahrheiten zu verbreiten. Statt dessen sollten wir über unsere Erfahrungen mit dem Heiligen Geist und Gottes Wort berichten.

- *Themen sollten zwar voller Leidenschaft, aber auch in Balance sein.* Oftmals ist es eine Versuchung, nur die Themen zu behandeln, mit denen wir uns auskennen. Das führt allerdings zu Einseitigkeit und wird, wie ich glaube, unser Wachstum behindern. Du solltest also eine Liste mit all den Themen machen, die du behandeln möchtest und eine Liste mit all den Themen, von denen du glaubst, dass du sie behandeln solltest – egal, wie viel du darüber weißt und wieviel Erfahrung du mit diesem Thema hast. Du kannst z.B. auch eine Systematische Theologie dazu benutzen, um herauszufinden, welche Themen du behandeln kannst.
- *Wenn du einen groben Plan deiner Themen aufgeschrieben hast, dann folge diesem Plan.*

Aber du brauchst ihn nicht unter allen Umständen umzusetzen. Dein Dienst wird durch verschiedene Zeiten gehen und du wirst sehen, wo du deinen Plan verändern und nochmal neu überdenken musst.

- *Wenn du deine Themen planst, denk über deine Zuhörer nach.* Jugendliche, die deine »Einstiegsveranstaltung« besuchen, brauchen wahrscheinlich etwas anderes, als deine Hingegebenen Christen. Es ist wichtig, dass du die Balance behältst zwischen dem, was die Jugendlichen hören wollen (gefühlte Bedürfnisse) und dem, was sie hören müssen (Gottes Wahrheit).

  Zum Beipiel reden wir in unserem Einstiegsprogramm über eine Menge unterschiedlicher Themen, die sowohl für Christen als auch für Nicht-Christen sind (unsere Zielgruppe). Viele unserer Themen basieren auf Grundlagen des Glaubens – dem Leben Jesu, Gnade, Sünde, der Bibel etc. Wir lehren Gottes Wahrheiten auch so, dass sie mit dem Leben der Jugendlichen etwas zu tun haben – Sex, Familie, Sucht, Freundschaft etc.

  In unseren Kleingruppen ist die Zielgruppe Jugendliche, die schon gläubig sind. In den Kleingruppen arbeiten wir uns entweder durch ein Buch der Bibel oder schauen uns eine biblische Person genauer an.

Noch einmal, es gibt nicht nur einen richtigen Weg, um einen Themenplan zu entwickeln. Experimentier einfach mal. Schau dir unterschiedliche Materialien an und übernimm das, was mit deiner Leidenschaft übereinstimmt und zu deiner Gruppe passt. Bleibe bei Gottes Wort, sei ehrlich über das, was er in deinem Leben tut, verstehe, was Jugendliche brauchen und bring es so rüber, dass sie es verstehen. Wenn du das hinkriegst, wirst du gewinnen.

8. Ich bin ein neuer Mitarbeiter und die Jugendlichen scheinen mich nicht zu mögen. Sie vermissen immer noch den vorherigen Leiter. Irgendwelche Vorschläge?

Die meisten Teenager hatten schon mehrere Erwachsene, die in ihrem Leben aus und eingegangen sind. Sie haben gelernt, vorsichtig zu sein. Einige Jugendliche denken vielleicht darüber nach, ob du wohl in einem Jahr noch da sein oder ob du, so wie die anderen Erwachsenen in ihrem Leben, sie irgendwann wieder verlässt. Du musst mir in diesem Punkt wahrscheinlich einfach nur vertrauen: Sie werden dir eine Chance geben... das dauert halt nur etwas. Es ist normal, dass Jugendliche ihren ehemaligen Leiter, Mitarbeiter, Kleingruppenleiter, etc. vermissen. Menschen, die Leben beeinflussen, werden vermisst und nicht so einfach vergessen. Mein Vorschlag ist, dass du sie offen über das reden lässt, was sie von den anderen Leuten besonders vermissen. Es ist für dich eine Gelegenheit zu lernen. Sprich immer sehr hoch über deine Vorgänger.
Und verhalte dich nicht so, wie die meisten Erwachsenen, wenn sie gerne möchten, dass Teenager sie mögen und sie beeindrucken wollen... tu nicht so, als wärst du ein Teenager. Was Jugendliche wirklich beeindruckt, ist, wenn du dich so verhältst wie du. Jugendliche brauchen keine Erwachsenen, die so tun, als wären sie Teenager, sie brauchen Erwachsene, die liebevoll sind, sich um sie kümmern, nett, fröhlich, einfühlsam und fürsorglich sind (im Grunde genom-

men Menschen, die die Frucht des Geistes widerpiegeln). Wenn du Gott liebst und beständig bist, dann wirst du am Ende das Vertrauen der Jugendlichen, die Gott dir über den Weg geschickt hat, gewinnen.
Plane einfach, länger dabei zu bleiben und deine Kritiker zu überdauern – dann werden Jugendliche auf deine Liebe und Fürsorglichkeit reagieren. Wenn du Jugendlichen das gibst, dann wirst du deine Chance bekommen. Eigentlich noch viel mehr als eine Chance, du wirst ihr Leben für immer beeinflussen.
Konzentriere dich auf Jesus, der dich so akzeptiert, wie du bist. Erlaube ihm, durch dich zu arbeiten und du wirst sehen, dass Jugendliche dich auch akzeptieren werden (leider nicht so schnell wie Jesus dich akzeptiert).

9. Wie kann ich Krisen bewältigen (Tod, Unfall)?

Es gibt keinen richtigen Weg, um alle Krisen zu bewältigen. Mein Vorschlag: Wenn Menschen ausserhalb der Gemeinde über eine Krisensituation reden, dann ist es wahrscheinlich auch ein guter Zeitpunkt, um darüber auch in der Gemeinde zu reden. Ich unterbreche dann unseren normalen Themenplan, um über das aktuelle Problem zu reden. Bomben, Selbstmord, Katastrophen in Schulen oder jegliche Krisensituation, die in den Nachrichten erwähnt wird, ist es wert, auf biblischem Hintergrund in der Gemeinde behandelt zu werden. Die meisten Jugendlichen hören in der Schule nichts darüber, wie die Bibel Schmerz, Leiden, Gott oder das Böse bewertet. Sie müssen wissen, dass die Bibel Leitlinien und Hoffnung gibt.
Krisenzeiten sind gut, um Jugendliche auf Jesus hinzuweisen, aber tu nicht so, als ob du alle Antworten parat hättest (das hast du nicht!). Verstelle nicht deine Gefühle und gib zu, dass du nicht alle tröstenden Antworten kennst.
Krisen sind eine Gelegenheit, die Massen anzusprechen. Du brauchst nicht jede Frage zu beantworten, du musst den Jugendlichen nur zeigen, dass du sie liebst und dass du gerne möchtest, dass sie denjenigen kennen lernen, der inmitten schwieriger Zeiten immer noch alles unter Kontrolle hat: Gott.

10. Wie kann ich weitere Fragen stellen?

Auf www.simplyyouthministry.de/podcast kannst du deine Fragen los werden. Wir versuchen sie dann in einem der folgenden Podcasts zu beantworten. Wir möchten auch gerne, dass du Fragen beantwortest, so dass eine Art Online-Mentoring von Jugendmitarbeitern für Jugendmitarbeiter entstehen kann. Wir sind gespannt.

»Ein Buch wie klug_bauen habe ich schon immer gesucht: kurz undpräzise, anschaulich und das Spaß macht zu lesen. Die ganze biblische Botschaft, ideal auch zum Verschenken!«

Wie bekommt meine Beziehung zu Gott mehr Tiefe? Wie erlebe ich mehr mit Gott im Alltag? Wie wird mein Glaube lebendiger? Die Beziehung zu Gott gewinnt nicht zwingend durch mehr Wissen, mehr Spiritualität oder mehr Aktivität an Tiefe. Entscheidend für eine lebendige Gottesbeziehung sind die richtigen Grundlagen. »klug_bauen« möchte genau dabei helfen. Finde den richtigen Bauplatz für dein Lebenshaus. Entdecke, warum Jesus das einzige Fundament für ein Lebensgebäude ist, das auch in stürmischen Zeiten standhält und dir Erfüllung und Lebensfreude gibt. Wähle die richtigen Ecksteine und lass dein Leben so zu einem Ort werden, an dem du gerne zu Hause bist. Fang mit »klug_bauen« an – und erlebe, wie Gott dein Leben verändert!

Über den Autor:

Dr. Stephen Beck wurde 1955 in New York geboren, ist in Deutschland aufgewachsen und war nach seiner theologischen Ausbildung Pastor und Gemeindegründer in den USA und Kanada. Seit 2005 ist er Dozent für Praktische Theologie an der Freien Theologischen Akademie in Gießen und Mentor für Gemeindegründungsprojekte in deutschen Großstädten. Er ist mit Susan verheiratet und hat vier Kinder.

pulsmedien